“十四五”职业教育国家规划教材

职业教育汽车类专业“互联网 +”创新教材

# 电动汽车结构与检修（配技能训练）

主　编　余茂生

副主编　许　苘　林振昺　高　辉　王　亮

参　编　王　钊　王孝全　童忠跃　谢翠玲

　　　　周金良　陈贵福　邵　鹭　陈于思

主　审　林俊标

机 械 工 业 出 版 社

本书是“十四五”职业教育国家规划教材。

本书是2018年福建省中青年教师教育科研项目（职业院校专项）课题“基于工作过程的《电动汽车结构与检修》立体化教材开发研究”的研究成果，是校企深度合作创新教材，是福建省第四批精品在线开放课程建设的主要作品。本书是理实一体化教材，包括理论知识和技能训练两部分。理论知识包括电动汽车概述、高压电系统防护、动力蓄电池系统、驱动电机系统、整车控制器、充电系统、电气系统、高压辅助系统八个项目。技能训练部分分别对应每个项目，以接受工作任务、信息收集、制订计划、计划实施、质量检查、评价反馈为主线，结合理论知识内容进行实践操作，形成理实一体化教学模式。

本书彩色印刷、图片清晰美观、内容新颖全面，同时运用了“互联网+”技术，在理论知识部分以二维码的形式嵌入视频、动画，方便读者理解相关知识，以便更深入地学习。

本书可作为职业院校新能源汽车技术专业及汽车类相关专业的教学用书，也可作为汽车维修企业内部培训资料，还可作为汽车维修技术人员和4S店工作人员的参考书。

为方便教学，本书配有电子课件、电子教案、技能训练答案等资源，凡选用本书作为授课教材的教师均可登录机械工业出版社教育服务网（www. cmpedu. com）注册后免费下载，或来电咨询：010-88379201。

**图书在版编目（CIP）数据**

电动汽车结构与检修：配技能训练/余茂生主编. —北京：机械工业出版社，2020. 11（2025. 6重印）
职业教育汽车类专业“互联网+”创新教材
ISBN 978-7-111-66575-5

Ⅰ. ①电… Ⅱ. ①余… Ⅲ. ①电动汽车-结构-职业教育-教材 ②电动汽车-车辆修理-职业教育-教材 Ⅳ. ①U469. 72

中国版本图书馆CIP数据核字（2020）第179879号

机械工业出版社（北京市百万庄大街22号 邮政编码100037）
策划编辑：师 哲 责任编辑：师 哲
责任校对：陈 越 封面设计：张 静
责任印制：李 昂
涿州市般润文化传播有限公司印刷
2025年6月第1版第7次印刷
184mm×260mm · 11印张 · 250千字
标准书号：ISBN 978-7-111-66575-5
定价：44.00元（含技能训练）

| 电话服务 | 网络服务 |
| --- | --- |
| 客服电话：010-88361066 | 机 工 官 网：www. cmpbook. com |
| 010-88379833 | 机 工 官 博：weibo. com/cmp1952 |
| 010-68326294 | 金 书 网：www. golden-book. com |
| **封底无防伪标均为盗版** | 机工教育服务网：www. cmpedu. com |

# 关于“十四五”职业教育<br>国家规划教材的出版说明

为贯彻落实《中共中央关于认真学习宣传贯彻党的二十大精神的决定》《习近平新时代中国特色社会主义思想进课程教材指南》《职业院校教材管理办法》等文件精神，机械工业出版社与教材编写团队一道，认真执行思政内容进教材、进课堂、进头脑要求，尊重教育规律，遵循学科特点，对教材内容进行了更新，着力落实以下要求：

1. 提升教材铸魂育人功能，培育、践行社会主义核心价值观，教育引导学生树立共产主义远大理想和中国特色社会主义共同理想，坚定“四个自信”，厚植爱国主义情怀，把爱国情、强国志、报国行自觉融入建设社会主义现代化强国、实现中华民族伟大复兴的奋斗之中。同时，弘扬中华优秀传统文化，深入开展宪法法治教育。

2. 注重科学思维方法训练和科学伦理教育，培养学生探索未知、追求真理、勇攀科学高峰的责任感和使命感；强化学生工程伦理教育，培养学生精益求精的大国工匠精神，激发学生科技报国的家国情怀和使命担当。加快构建中国特色哲学社会科学学科体系、学术体系、话语体系。帮助学生了解相关专业和行业领域的国家战略、法律法规和相关政策，引导学生深入社会实践、关注现实问题，培育学生经世济民、诚信服务、德法兼修的职业素养。

3. 教育引导学生深刻理解并自觉实践各行业的职业精神、职业规范，增强职业责任感，培养遵纪守法、爱岗敬业、无私奉献、诚实守信、公道办事、开拓创新的职业品格和行为习惯。

在此基础上，及时更新教材知识内容，体现产业发展的新技术、新工艺、新规范、新标准。加强教材数字化建设，丰富配套资源，形成可听、可视、可练、可互动的融媒体教材。

教材建设需要各方的共同努力，也欢迎相关教材使用院校的师生及时反馈意见和建议，我们将认真组织力量进行研究，在后续重印及再版时吸纳改进，不断推动高质量教材出版。

机械工业出版社

# 二维码索引

| 序号 | 名　称 | 二　维　码 | 页码 | 序号 | 名　称 | 二　维　码 | 页码 |
|---|---|---|---|---|---|---|---|
| 1 | 汽车数字万用表的认知与使用 | | 17 | 6 | 驱动电机的拆装与检测 | | 46 |
| 2 | 电动汽车维护作业前安全防护准备工作 | | 21 | 7 | 新能源汽车的上电与下电 | | 62 |
| 3 | 动力蓄电池的拆装 | | 28 | 8 | 充电系统的认知与维护 | | 81 |
| 4 | 动力蓄电池控制系统构造和工作原理 | | 31 | 9 | 车载充电机的拆装 | | 82 |
| 5 | 动力蓄电池控制系统的检修 | | 31 | 10 | 新能源汽车高压部件的认知 | | 101 |

# 前 言

教材是课程实施的载体，也是串联教师教和学生学的关键，教材结构编排和模式设置是开展教书育人工作的具体依据，是让学生获得专业知识、提高教学效率的重要载体。《国务院关于加快发展现代职业教育的决定》（国发【2014】19号）中提出："建立国家职业标准与专业教学标准联动开发机制。推进专业设置、专业课程内容与职业标准相衔接，推进中等和高等职业教育培养目标、专业设置、教学过程等方面的衔接，形成对接紧密、特色鲜明、动态调整的职业教育课程体系。"编者以上述文件精神为指导，结合职业院校新能源汽车装调与检修专业建设的需要，校企密切合作，以满足学生职业岗位胜任能力和后续学习能力为目的，按照"基于工作过程的教材建构思路"编写了本书。全书在编写过程中，力求突出以下建构特性：

1. 在教材编写方向上，坚持立德树人，面向新能源汽车制造、汽车检修等企业，提供新能源汽车装配线操作、新能源汽车零部件装配与调试、新能源汽车整车试车质检、新能源汽车零配件质检等环节必备的理论知识，培养初步的检修能力。

2. 在教材定位上，突出以工作过程为导向，以职业能力为核心；教材结构着重反映产品构造和技能点，把工作岗位所需技能分成若干单元，从每个单元中选取若干典型任务，每个任务采用实例分析或案例导入的形式编写，通过学以致用的方式激发学生的学习兴趣。

3. 拓展教材呈现形式突出立体化、新形态，力求直观特色，除教材本身图文配合得当外，辅以视频、动画等，将文字不易表现的工作场景、生产过程和设备构造加以电子演示，以真实生动的展示增进学生的理解，配套微课、微视频、电子课件、电子教案等数字化资源，实现线上、线下混合式教学，促进互联网技术在教学中的应用，使学生时时处处可学、乐学，提高教学效率。

4. 配套编写了技能训练，以行动导向展开，让学生以个体或小组合作的方式围绕明确的学习目标，通过完成一系列的综合性任务学习新的知识与技能、提高综合职业能力，实现"行动过程完整"（获取信息、制订计划、计划实施和行动反馈）和"手脑并用"（理实一体化学习）的教学方法。

5. 校企深度合作，结合区域经济发展需要，与福建省首批产教融合型企业东南（福建）汽车工业有限公司合作，借用真实的实践环境，以工作岗位对职业能力的要求为编写主线，编写基于工作过程的立体化教材，具有较强的前瞻性和实效性。

基于上述建构特性，结合职业院校新能源汽车装调与检修专业教学标准和新能源汽车专业相关课程标准，本书将内容分为8个项目（建议授课总课时为96个）：项目一电动汽车概述、项目二高压电系统防护、项目三动力蓄电池系统、项目四驱动电机系统、项目五整车控制器、项目六充电系统、项目七电气系统、项目八高压辅助系统。

本书由福建工业学校和东南（福建）汽车工业有限公司新能源汽车研究院共同完成，是“校企双元合作”教材。余茂生担任主编，许苘、林振昺、高辉、王亮担任副主编，其他参与编写或录制视频的还有王钊、王孝全、童忠跃、谢翠玲、周金良、陈贵福、邵鹭、陈于思。全书由林俊标负责主审。

本书在编写过程中得到东南（福建）汽车工业有限公司相关领导及管理部人员的大力支持，在此深表感谢！

由于编者水平有限，书中疏漏之处在所难免，敬请广大读者批评指正。

编　者

# 目　录

# 项目一

# 电动汽车概述

## 学习目标

1. 了解电动汽车的含义、发展历史和优缺点。
2. 掌握电动汽车的结构、工作原理和基本特点。
3. 了解电动汽车的关键技术。
4. 了解不同类型的典型电动汽车的实例。

## 任务描述

燃油汽车主要由发动机、底盘、车身和电气 4 大部分组成，纯电动汽车的结构与燃油汽车相比，主要是采用了电力驱动控制系统，取消了发动机。通过本项目的学习，了解电动汽车，明确电动汽车的优势及劣势，对电动汽车的结构与工作原理有基本认知，认识几款不同的电动汽车。

## 知识储备

### 一、电动汽车的基础知识

随堂笔记

#### 1. 电动汽车的含义

根据《电动汽车术语》（GB/T 19596—2017）规定，电动汽车包括纯电动汽车、混合动力电动汽车和燃料电池电动汽车。纯电动汽车是指驱动能量完全由电能提供的、由电机驱动的汽车，电机的驱动电能来源于车载可充电储能系统或其他能量储存装置；混合动力电动汽车是指能够至少从可消耗的燃料、可再充电能/能量储存装置两类车载储存的能量中获得动力的汽车；燃料电池电动汽车是指以燃料电池系统作为单一动力源或者是以燃料电池系统与可充电储能系统作为混合动力源的电动汽车。本书所述电动汽车主要为纯电动汽车。

#### 2. 电动汽车的发展历史

1835 年，荷兰教授斯布兰德斯·斯特拉廷斯设计了一款小型电动汽车，并由助手克里斯托弗·贝克负责制造了第一款小型电力驱动车，如图 1-1 所示。

1881 年，法国人卡米尔·阿尔方斯·福尔改进了铅酸蓄电池，完成了由不可充电电池向可充电电池的跨越，使其可以大量应用于早期的电动汽车。图 1-2 所示为第一款可充电电力驱动车。镍铁电池在 1901 年被托马斯·爱迪生改进后用在了电动汽车上，实现了该时期电动汽车续驶里程的大幅提升，之后电动汽车经历了 3 个黄金时期。

图 1-1　第一款小型电力驱动车

图 1-2　第一款可充电电力驱动车

（1）第一次黄金时期（1885—1915 年）　这个时期电动汽车的销量远远超过其他动力的汽车，而这要归功于当时电动汽车相比同时代的其他动力汽车具有的非常明显的优势，没有振动，没有难闻的废气（零排放），也没有汽油机巨大的噪声，并且易于操控。第一次黄金时期的电力驱动车如图 1-3 所示。

（2）第二次黄金时期（1967—1975 年）　能源危机和污染预防促使很多国家重新开始重视电动汽车的开发，在 1970 年美国颁布了《清洁空气法案》，再加上 1973 年和 1978 年爆发的石油危机，引起了人们开发燃油汽车替代品的兴趣。到 1976 年，美国通过了电动和混合动力汽车研究开发和示范法案，该法案由美国能源部授权，用于支持和开发电动汽车和混合动力汽车。第二次黄金时期的电力驱动车如图 1-4 所示。

随堂笔记

图 1-3　第一次黄金时期的电力驱动车

图 1-4　第二次黄金时期的电力驱动车

（3）第三次黄金时期　20 世纪 90 年代以来不可再生能源日益匮乏，环境污染愈加严重，大城市生活变得越来越拥堵，这一切都迫使人们不断寻求新的出行方式。电动汽车也终于重返舞台再次成为出行的焦点。智能化、车联网、安全便捷、低碳环保成了新的出行追求。第三次黄金时期的电力驱动车如图 1-5 所示。

**3. 电动汽车的优缺点**

（1）电动汽车的优点　电能的来源广泛，电动汽车发展潜力巨大；电动汽车由动力蓄电池供电驱动电机运转，实现零排放，环境污染小；能量转换效率高；易于实现制动能量回收，提高能量的利用效率；使用单一的电能源，省去了发动机、燃油箱和排气系统，结构较简单，噪声低；电动汽车结构相对简单，使用维修方便；可在用电低峰时进行汽车充电，可以平抑电网的峰谷差，使发电设备得到充分利用；相同行驶里程下，电动汽车比传统燃油汽车的使用成本低。

图 1-5　第三次黄金时期的电力驱动车

（2）电动汽车的缺点　动力蓄电池的储电量有限，大多数车型的续驶里程较短，无法满足人们对长距离出行的需要；与传统燃油汽车燃油箱加油相比，动力蓄电池的充电时间较长，充电不方便；采用动力蓄电池及电机控制器成本较高，维护成本也较高；动力蓄电池在长时间使用后会出现容量下降的现象，使用寿命相对较短；电动汽车比同级别性能的传统燃油汽车成本相对要高。

### 4. 电动汽车的关键参数

目前，影响电动汽车发展的主要因素之一是其续驶里程。按照国家标准，通常采用工况法和等速法进行试验测定电动汽车的能量消耗。

（1）电动汽车的续驶里程　电动汽车续驶里程的影响因素有滚动阻力系数、空气阻力系数、机械效率、整车质量和动力蓄电池参数。

（2）电动汽车的能量消耗　大部分电动汽车是基于传统汽车的架构改造或优化的，将发动机和燃油箱用动力蓄电池和驱动电机代替，仍保留了如万向传动装置、半轴等传统部件，所以其能耗计算是借鉴传统汽车的能耗计算方式。电动汽车的能量消耗指标采用单位里程的能耗、百公里的能耗和百公里综合耗电量进行评价。

随堂笔记

## 二、电动汽车的结构

电动汽车主要由动力蓄电池系统、电力驱动系统和辅助控制系统三大部分组成，如图 1-6 所示。动力蓄电池系统由动力蓄电池组、蓄电池管理系统和充电系统构成；电力驱动系统由电机控制器、DC/DC 变换器、驱动电机、机械传动装置和驱动车轮等组成；辅助控制系统具有动力转向、温度控制和辅助动力供给等功能。电动汽车辅助控制系统与传统燃油汽车的辅助控制系统结构功能类似，不再赘述。

（1）动力蓄电池系统　动力蓄电池系统为电动汽车的驱动电机提供电能，驱动电机将动力蓄电池的电能转化成机械能。目前制约电动汽车快速发展的关键因素是动力蓄电池技术。传统最广泛的电源是铅酸蓄电池，但其具有能量低、充电速度慢、使用寿命短等缺点，已被新型蓄电池替代。正在发展的动力蓄电池有钠硫电池、镍镉电池、锂离子蓄电池、燃料电池等。其中锂离子蓄电池一般采用含有锂元素的材料作为电极，是现代高性能电池的代表。目前市场上的锂离子蓄电池正极材料主要是钴酸锂、锰酸锂、镍酸锂、磷酸铁锂以及三元材料镍钴酸锂。图 1-7 所示为电动汽车上使用的动力蓄电池。

动力蓄电池系统是整车的能量源，为整车提供驱动电能。蓄电池系统的体积、形状和技术参数会影响电动汽车的行驶性能，是电动汽车最重要的子系统之一。电动汽车要求动力蓄电池具有以下性能特点：

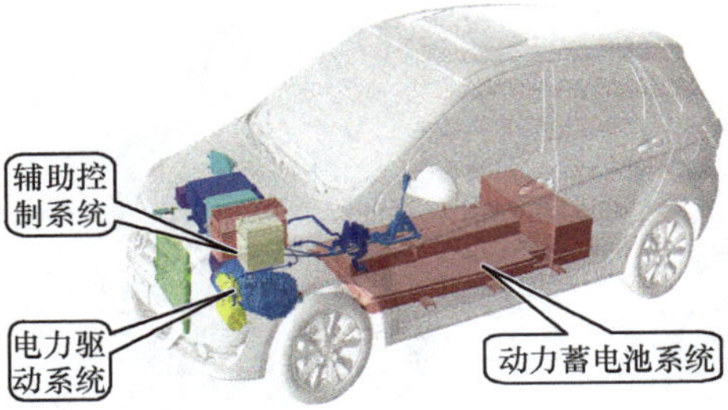


图 1-6　电动汽车的基本结构

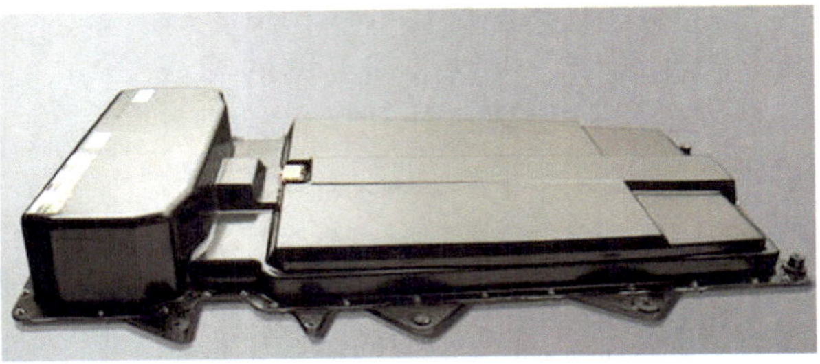

图 1-7　电动汽车上使用的动力蓄电池

① 能量密度高，以提高运行效率和续驶里程。

② 输出功率密度高，以满足驾驶性能要求。

③ 工作温度范围广，以满足夏季高温和冬季低温的运行需要。

④ 循环寿命长，保证动力蓄电池的使用年限和行驶总里程。

⑤ 无记忆效应，以满足车辆在使用时常处于非完全放电状态下的充电需要。

⑥ 自放电率小，满足车辆较长时间的搁置需求。

⑦ 安全性好，可靠性高以及可循环利用。

（2）电力驱动系统　电力驱动系统是电动汽车的心脏部分，是电动汽车运行的核心单元，担负着整车驱动控制、能量管理 、整车安全及故障诊断和信息处理等功能，是实现电动汽车安全、高效运行的必要保障，也是区别于内燃机汽车的最大不同点。其主要任务是在驾驶人的控制下，高效地将动力蓄电池的能量转化成车轮的动能，或制动时将车轮的动能反馈到动力蓄电池中。

随堂笔记

电动汽车电力驱动系统主要由电机控制器、驱动电机、DC/DC 变换器、各种传感器（加速踏板位置传感器、制动踏板开关、转向盘转角传感器等）、机械传动装置（变速器和差速器）和驱动车轮等组成，如图 1-8 所示。

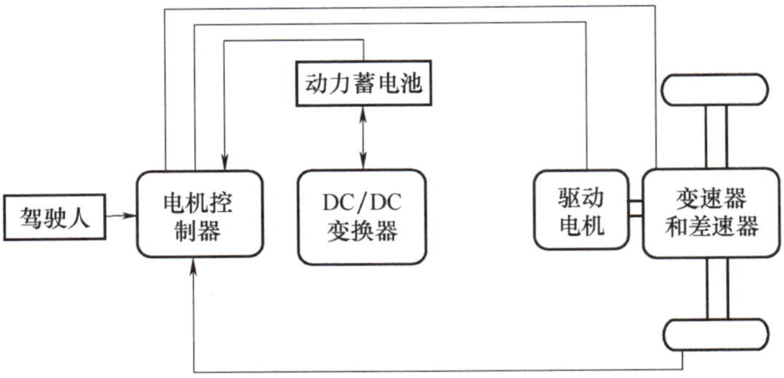


图 1-8　电力驱动系统的结构

电力驱动系统的工作过程：如图 1-9 所示，控制系统以驾驶人的操作（主要是以加速踏板位置的变化）为输入，经过驱动系统电机控制器的变换后，输出转矩给定值提供给 DC/DC 变换器，DC/DC 变换器控制驱动电机的输出转矩，从而使电动汽车以驾驶人预期的状态行驶。当电机控制器同时收到制动和加速信号时，以制动信号优先。其中，最关键的是 DC/

DC 变换器。DC/DC 变换器的主要功能是调节驱动电机和动力蓄电池之间的电流频率和幅值，使其达到匹配，将动力蓄电池的直流电逆变成交流电提供给驱动电机，将电能转换成机械能，驱动电机输出的转矩经传动系统驱动车轮，使电动汽车行驶。图 1-10 所示为电力驱动控制系统中的驱动电机和电机控制器。

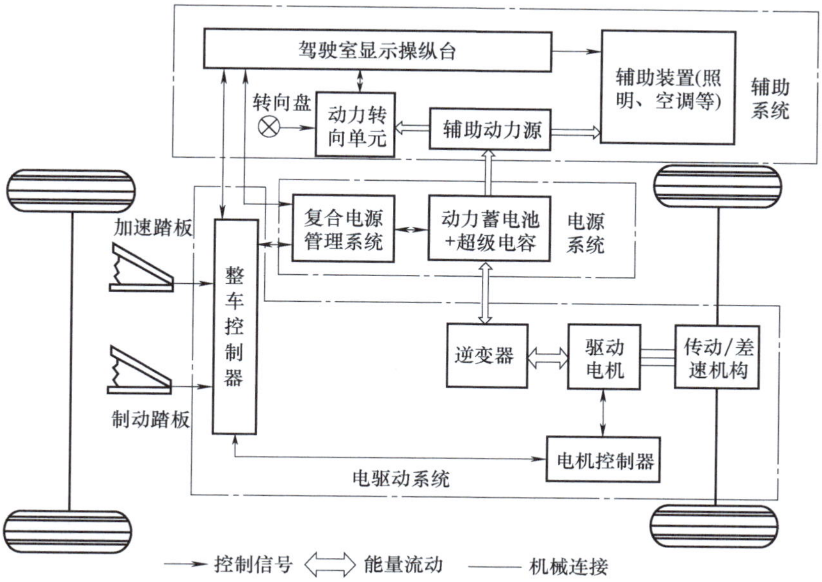


图 1-9　电力驱动系统的工作过程

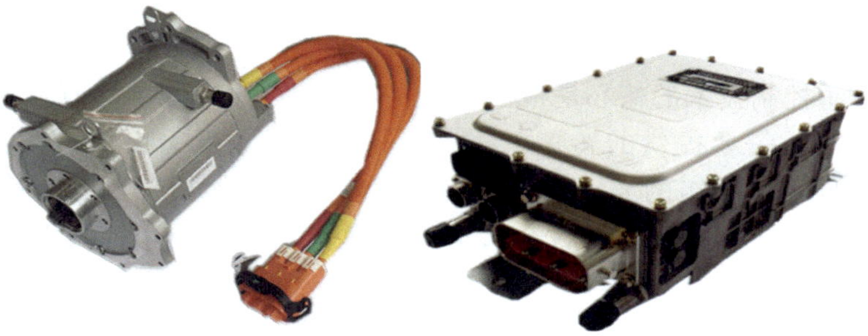

图 1-10　驱动电机和电机控制器

## 三、电动汽车关键技术概述

### 1. 电动汽车的关键技术

（1）动力蓄电池技术　动力蓄电池是电动汽车的动力源，也是一直制约电动汽车发展的关键因素。动力蓄电池的主要性能指标是比能量、能量密度、比功率、循环寿命和成本等。

（2）驱动电机及其控制技术　驱动电机与驱动系统是电动汽车的关键部件，要使电动汽车有良好的使用性能，驱动电机应具有调速范围宽、转速高、起动转矩大、体积小、质量小、效率高且有动态制动性能强和能量回馈等特性。

随堂笔记

（3）电动汽车整车技术　电动汽车是高科技综合性产品，除动力蓄电池、驱动电机外，车体本身也包含很多高新技术，有些节能措施比提高电池储能能力易于实现。例如，采用轻质材料如镁、铝、优质钢材及复合材料，优化结构，可使汽车自身质量减小30%～50%；采用高弹性材料制成的高气压子午线轮胎，可使汽车的滚动阻力减小50%；汽车车身特别是汽车底部更加流线型化，可使汽车的空气阻力减小50%。

（4）整车控制系统　整车控制系统由整车控制器、通信系统、部件控制器以及驾驶人操纵系统构成，如图1-11所示，主要功能是根据驾驶人的操作和当前的工况，在保证安全和动力性要求的前提下选择尽可能优化的工作模式。

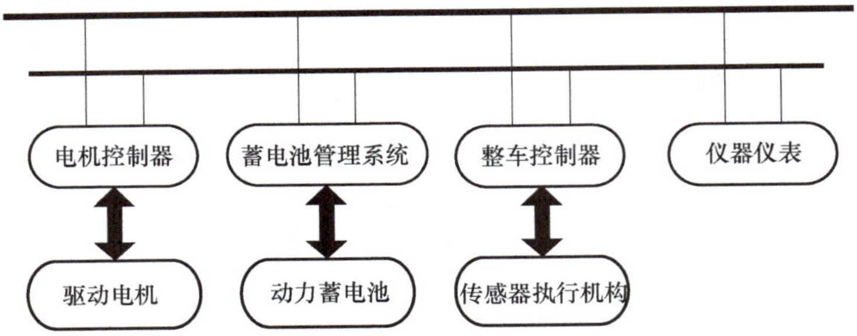


图1-11　整车控制系统的组成

（5）能量管理技术　动力蓄电池是电动汽车的储能动力源，电动汽车要获得非常好的动力特性，必须具有比能量高、使用寿命长、比功率大的动力蓄电池作为动力源。能量管理系统是电动汽车的智能核心。在电动汽车上实现能量管理的难点在于根据所采集的每个电池单元的电压、温度和充放电电流的历史数据建立能够精确计算电池单元瞬时能量的数学模型。

随堂笔记

电动汽车整车控制技术的核心是根据驾驶人的动作，综合整车动力系统状态，根据行驶条件计算驱动电机需要提供的转矩，从而向驱动电机系统发出信号，满足行驶要求。基于不同行驶条件下对转矩的要求，整车控制策略有加速转矩控制、制动能量回收、驱动转矩的功率限制、怠速行驶等。图1-12所示为某电动汽车整车控制策略下驱动转矩的控制策略图。

**2. 电动汽车的能量管理系统**

（1）电动汽车的能量管理系统的要求

1）实时测量单体蓄电池的电压，并能够对电压值的大小是否合适做出相应的指示。

2）实时测量动力蓄电池的工作电流，并通过车载计算机进行动力蓄电池荷电状态值的计算。

3）实时测量动力蓄电池的工作温度，并对各种测量值进行温度系数校正。

4）对异常的单体蓄电池能够进行故障诊断，并实时报告故障电池信息。

5）能够对独立单体蓄电池电压实现均衡充、放电管理，保证单体蓄电池性能的一致性。

6）蓄电池电压采集模块与整车控制器间实现电压隔离，利用通信网络实现实时数据传输与蓄电池数据共享。

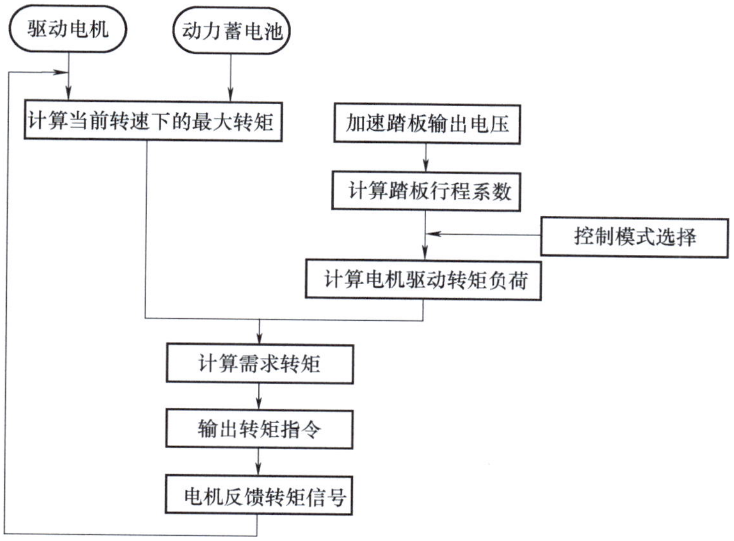


图 1-12　某电动汽车整车控制策略下驱动转矩的控制策略图

（2）整体结构与常规功能　电动汽车蓄电池管理系统具有智能性的特点，其总体结构如图 1-13 所示。

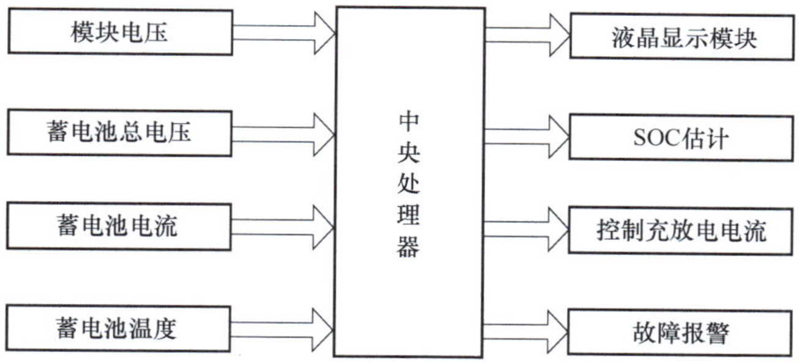


图 1-13　电动汽车蓄电池管理系统总体结构

根据以上设计要求，蓄电池管理系统的功能具体如下：

1）动力蓄电池剩余电量估算：在蓄电池管理系统中占据重要的地位，是蓄电池管理系统中软件处理的核心部分。

2）预测行驶里程：驾驶人通过智能预测系统来选择想要的行驶里程及运行工况，方便驾驶人操作。

3）故障诊断：主要针对动力蓄电池中的单体蓄电池进行诊断，以便用户适时维护、更换，使汽车保持良好的运行工况。

4）短路保护：电动汽车工作电压较高，一般为 300V 以上，因此蓄电池管理系统应具有监控主回路供电状况的功能，以防短路对设备及人造成伤害。

5）显示报警功能：经 ECU 运算处理后，把动力蓄电池运行工况等相关信息发送到显示单元，进行人机交换处理。

6）实时跟踪监测动力蓄电池系统运行状态参数。

随堂笔记

要实现以上功能，蓄电池管理系统对其硬件与软件设计都有着严格的要求。

燃油汽车的制动过程通常是利用制动装置将汽车行驶的动能通过机械摩擦方式转化为热能而散发掉，从而达到汽车制动或减速的目的。对电动汽车而言，这些能量需要通过相应转化设备转化为电能储存到动力蓄电池中，从而延长电动汽车的续驶里程，其转化过程如图 1-14 所示。

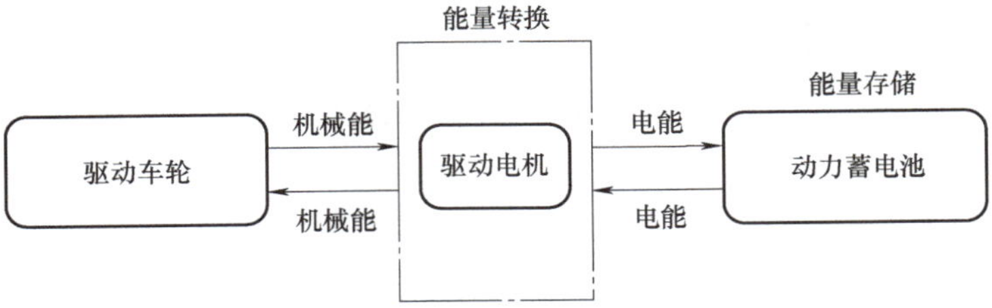


图 1-14　能量转换过程

## 四、电动汽车的实例

电动汽车经历了长期发展，技术逐步成熟，国内外各大传统汽车生产商纷纷投入到电动汽车的研发生产中，如上汽大众新能源汽车、福建东南新能源汽车、北汽新能源汽车、比亚迪新能源汽车、蔚来汽车、云度新能源汽车、特斯拉（tesla）等。部分电动汽车实例如图 1-15 ~ 图 1-21 所示。

图 1-15　上汽大众朗逸纯电动汽车

| 参　　数 | 数　　据 |
|---|---|
| 动力蓄电池类型 | 三元锂离子蓄电池 |
| 动力蓄电池能量 | 38. 1kW · h |
| 驱动电机类型 | 永磁同步电机 |
| 驱动电机总功率 | 100kW |
| 最高车速 | 150km/h |
| 快充时间 | 35min 可达 80% |
| 慢充时间 | 5. 5h |
| 60km/h 等速续驶里程 | 278km |

| 参　　数 | 数　　据 |
|---|---|
| 动力蓄电池类型 | 三元锂离子蓄电池 |
| 动力蓄电池能量 | 50. 12kW · h |
| 驱动电机类型 | 永磁同步电机 |
| 驱动电机总功率 | 90kW |
| 最高车速 | 125km/h |
| 快充时间 | 30min 可达 80% |
| 慢充时间 | 8h |
| 工信部纯电续驶里程 | 351km |

图 1-16　东南 DX3 EV400

随堂笔记

图 1-17 北汽新能源 EU5

| 参 数 | 数 据 |
| --- | --- |
| 动力蓄电池类型 | 三元锂离子蓄电池 |
| 动力蓄电池能量 | 51kW · h |
| 驱动电机类型 | 永磁同步电机 |
| 驱动电机总功率 | 160kW |
| 最高车速 | 155km/h |
| 快充时间 | 30min 可达 80% |
| 慢充时间 | 8h |
| 工信部纯电续驶里程 | 416km |

图 1-18 上汽荣威 Ei5

| 参 数 | 数 据 |
| --- | --- |
| 动力蓄电池类型 | 三元锂离子蓄电池 |
| 动力蓄电池能量 | 52.5kW · h |
| 驱动电机类型 | 永磁同步电机 |
| 驱动电机总功率 | 85kW |
| 最高车速 | 150km/h |
| 快充时间 | 38min 可达 80% |
| 慢充时间 | 8.5h |
| 工信部纯电续驶里程 | 420km |

| 参 数 | 数 据 |
| --- | --- |
| 动力蓄电池类型 | 三元锂离子蓄电池 |
| 动力蓄电池能量 | 70kW · h |
| 驱动电机类型 | 永磁同步电机 |
| 前驱动电机总功率 | 160kW |
| 后驱动电机总功率 | 160kW |
| 最高车速 | 200km/h |
| 快充时间 | 50min 可达 80% |
| 慢充时间 | 10h |
| 工信部纯电续驶里程 | 420km |

图 1-19 蔚来 ES6

随堂笔记

图 1-20 比亚迪 e6

| 参 数 | 数 据 |
| --- | --- |
| 动力蓄电池类型 | 磷酸铁锂离子蓄电池 |
| 动力蓄电池能量 | 82kW · h |
| 驱动电机类型 | 永磁同步电机 |
| 驱动电机总功率 | 120kW |
| 最高车速 | 140km/h |
| 快充时间 | 90min |
| 慢充时间 | 8h |
| 工信部纯电续驶里程 | 400km |

| 参　数 | 数　据 |
| --- | --- |
| 动力蓄电池类型 | 三元锂离子蓄电池 |
| 动力蓄电池能量 | 100kW·h |
| 前驱动电机类型 | 永磁同步电机 |
| 后驱动电机类型 | 交流异步电机 |
| 前驱动电机总功率 | 202kW |
| 后驱动电机总功率 | 285kW |
| 最高车速 | 250km/h |
| 快充时间 | 60min 可达 80% |
| 慢充时间 | 10h |
| 工信部纯电续驶里程 | 650km |

图 1-21　特斯拉 Model S

## 知识拓展　再生制动系统

### 一、再生制动系统的结构

在电动汽车上，再生制动系统又称制动能量回收系统。通常，再生制动系统是在传统液压制动系统的基础上增加了动力蓄电池、驱动电机、转矩合成器、再生制动控制器、电机控制器等，同时在每个车轮上还分别安装了轮速传感器以测量车轮转速。典型再生制动系统示意图如图 1-22 所示。

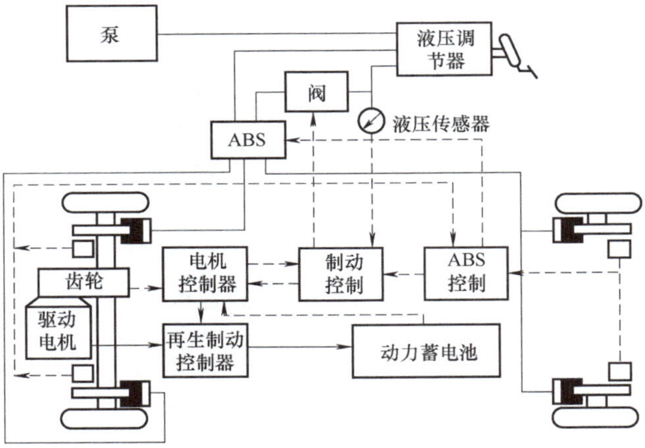


图 1-22　典型再生制动系统示意图

### 二、再生制动系统的工作过程

踩下制动踏板时，再生制动控制器与电机控制器协同工作，对电动汽车的再生制动力矩和前、后车轮的液压制动力矩进行分配。电动液压泵使制动管路压力升高，产生需要的液压制动力。再生制动时，再生制动控制器控制驱动电机以发电机状态工作，回收制动能量并反馈到动力蓄电池中，以便在驱动模式工作时动力蓄电池中的电能通过电机控制器供应给驱动电机。ABS 调节机构有两个高压蓄能器和两个低压蓄能器，其中高压蓄能器在保压模式下蓄存由液压泵输送的高压制动液，低压蓄能器主要功用是减小在增减压工作模式切换时产生的压力波动，这种波动现象在车轮发生抱死现象时尤为明显。

随堂笔记

# 项目二

# 高压电系统防护

## 任务一　整车高压电系统的认知

### 学习目标

1. 了解电动汽车整车高压电安全的设计理念。
2. 理解高压电安全系统的工作原理。
3. 了解国内外高压电的标准与法规。

### 任务描述

学校实训室将对全校进行电动汽车整车高压电安全系统宣传，请你根据本任务的学习目标对电动汽车高压安全系统进行资料收集，并从设计理念、设计方案及防护措施方面制订完整的宣传教育方案。

### 知识储备

随堂笔记

#### 一、高压电安全的认知

**1. 高压电安全的概念**

高压电系统的功能是保证整车系统动力电能稳定地传输，并随时检测整个高压电系统的绝缘故障、断路故障、接地故障和高压故障等。高压电技术以保证各高压设备和人员安全为首要任务，也是电动车辆产业化的关键技术之一。自1970年开始，国际标准化组织和美国、欧盟、日本等国家都先后成立了开展电动车辆标准研究和制订工作的标准化组织和机构，相继发布了若干电动车辆的技术标准。人们对电动车辆的高压电安全及控制制订了较为严格的标准和要求，并规定了高压电系统必须具备高压自动切断装置。其中与纯电动汽车安全有关的电气特性有：绝缘特性、漏电流、高压设备的过流特性、爬电距离及电气间隙等。

纯电动汽车高压电安全保护的执行要点是高压电源等的运行安全和高压电的接通必须具备既定的先决条件，以及基于外部故障诊断的自动断开和被动断开。

**2. 高压电安全的现状**

典型的电动汽车高压电系统结构如图2-1所示，可将其分为两大部分：一部分是电动汽车自身的高压电系统，主要为电动汽车提供驱动动力；另一部分是电动汽车充电时的高压电系统，主要功能是从电网获取电能，将其储存在动力蓄电池中。

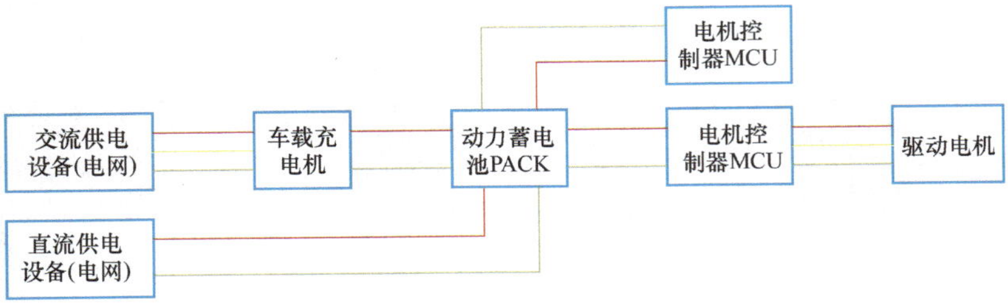


图 2-1　电动汽车高压电系统结构

一般情况下，可通过物理隔离的方法，如绝缘线缆、绝缘外壳或其他可防止直接接触高压电路的屏护等进行充分隔离。在一些特殊情况下，这种保护作用会弱化，因此必须通过某些方法对电气绝缘性能进行实时监测，从而及时采取措施来缓解这种弱化作用，例如危险电压自动断开、危险电压手动断开、高压互锁设计、爬电距离、等电位联结等。

在电动汽车高压电安全标准法规的制订方面，国际的两大标准化组织 ISO、IEC 和美国、欧盟国家、日本都早已开展了工作，并相继发布了一些标准。我国的国家标准委员会依据我国现状于 2001 年起发布了一系列有关电动汽车的国家标准，这些标准对电动汽车的许多方面做出了较详尽的规定。

国际标准及法规：

1）欧洲电动车认证规范：ECE—R100。

2）国际标准化组织：ISO6469—1/2/3。

3）GTR 全球技术法规：正在起草的 EVS 电动车安全国际法规。

4）美国汽车安全技术法规：FMVSS305 电动汽车电解液溢出及电机事故防护。

国内标准：

随堂笔记

1）GB/T 18384—2015《电动汽车安全要求》。

2）GB/T 31498—2015《电动汽车碰撞后安全要求》。

3）GB/T 18487—2015《电动汽车传导充电系统》。

4）GB/T 20234—2015《电动汽车传导充电用连接装置》。

5）GB/T 24347—2009《电动汽车 DC/DC 变换器》。

6）GB/T 18488—2015《电动汽车用驱动电机系统》。

高压电安全相关法规标准对高压部件和高压电系统提出了结构、性能和策略等方面的要求，如图 2-2 所示，且日渐成熟完整，逐步受到国内、外企业的重视。

| 标准/法规/规范 | 高压标识 |
|---|---|
| ECE R100 | √ |
| FMVSS305 | |
| ISO6469－1/2/3 | √ |
| EVS-GTR | √ |
| GB/T18384.3—2015 | √ |
| GB/T31498—2015 | |

图 2-2　标准、法规现状

### 3. 高压电安全的意义

纯电动汽车从结构上看，高压部件通过高压线束进行连接，但是所有高压部件均涉及绝缘问题，且电动汽车工作在振动、温度变化剧烈、湿度差异大的环境下，都会引起绝缘的损伤，导致绝缘性能下降。如果高电压电路与车身之间发生多点绝缘性能失效，会导致漏电回路的热积累效应，造成车辆的电气火灾事故，因此，高压电安全是电动汽车极其重要的一项指标。

高压电安全技术的作用是防止高压接触对人体造成触电伤害，高压安全的合理设计可以使电动汽车产品符合相关安全要求，可以保证驾乘人员在电动汽车使用中的用电安全，同时可以保证相关从业人员的安全。

## 二、高压电安全系统方案

电动汽车高压电系统主要包括动力蓄电池 PACK、MCU、OBC、DC/DC 变换器、VCU、PDU。

### 1. 高压电安全系统设计

高压电安全设计分为主动安全设计和被动安全设计。

（1）主动安全　主动安全就是采用物理的方法将整车及动力系统相关部件绝缘，如图 2-3 所示。

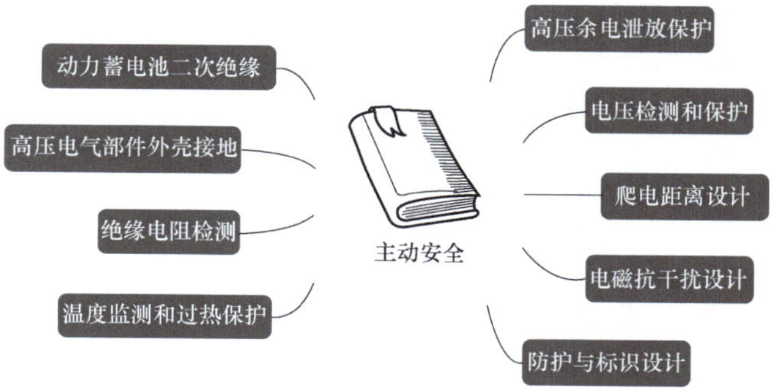


图 2-3　主动安全的组成

1）动力蓄电池二次绝缘。从设计上动力蓄电池与箱体绝缘，箱体与车体绝缘。

2）高压电气部件外壳接地。高压电器外壳接地，确保人体可触及的部位与人体是同一电位。

3）绝缘电阻检测。基于国标 GB/T18384. 1—2015 进行设计。对高压线与高压部件进行绝缘电阻检测，当低于安全限制时，及时采取相关措施。

4）温度监测和过热保护。主要针对动力蓄电池、驱动电机、电机控制器、OBC、DC/DC 变换器等高压设备的温度进行监测，当其温度高于限值时，必须采取行之有效的过热保护措施。

5）高压余电泄放保护。因高压电路中存在大量的容性负载，高压电切断后，供电回路中仍余很高的电压和电能，为避免可能带来的危害，在高压电源切断后应采用余电泄放的方法。

6）电压检测和保护。主要是总电压和蓄电池模块电压检测。

7）爬电距离设计。根据 GB/T 18384—2015 的要求：

① 两个连接端子间的爬电距离为 $d \geqslant 0.25U+5$（$d$——被测试验用动力蓄电池的爬电距离，单位为 mm；$U$——动力蓄电池两个连接端子间的标称电压，单位为 V）。

② 带电部件与底盘之间的爬电距离为 $d \geqslant 0.125U+5$。

8）电磁抗干扰设计。由于纯电动汽车上存在高压交流系统，具有较强的电磁干扰性，因此高压线束设计时高压线与信号线尽量隔离或分开配线，并且高压导线及高压接插件在不确定电磁干扰强度大小的情况下一般选用屏蔽导线和带屏蔽的高压接插件。

9）防护与标识设计。高压部件的防护主要包括防水、机械防护及高压警示标识等。尤其是布置在前机舱内的部件，如驱动电机及电机控制器、OBC 等及它们中间的连接接口，都需要达到一定的防水和防护等级，并且高压部件应具有高压危险警告标识，以警示用户或维修人员在维护或维修时注意这些高压部件。由于纯电动汽车线束包括低压线束和高压线束，为提示和警示用户和维修人员，高压线束应采用橙色线缆并用橙色波纹管对其进行防护。同时，高压插接器应标识为橙色，起到警示作用，并且所选高压接插件应达到 IP67 防护等级。

（2）被动安全　被动安全是指车辆在出现故障时能自行切断电源，其组成如图 2-4 所示。

1）自动危险电压断开。在车辆发生碰撞事故、探测到强电线缆或是部件绝缘下降到低于安全限制时，自动将危险电压隔离。自动危险电压断开装置应具备自恢复功能，在初始条件清除后恢复牵引电压。

随堂笔记

2）手动危险电压断开。在车辆维修维护时可以通过切断高压插接器实现断开电源。

3）系统互锁。断开动力电源，高压电路上电压降至安全电压。

4）熔断。用合适的熔丝实现过电流中断电路。

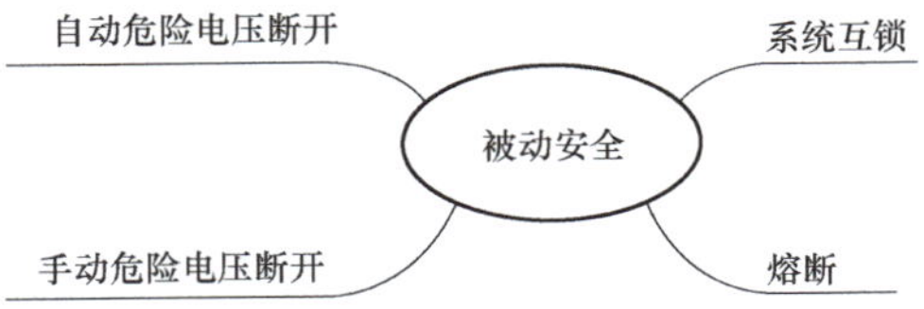


图 2-4　被动安全的组成

**2. 高压电系统主要功能模块**

1）具备预充回路，如图 2-5 所示，可降低系统因存在电容而造成大电流冲击。

2）具备绝缘检测模块，如图 2-6 所示，在蓄电池管理系统内，负责整个高压电系统的绝缘状态检测。

3）具备高压电系统下电后的主动高压余电泄放功能，如图 2-7 所示。

4）具备快、慢充电口高压隔离功能，实现充电时充电口不带电，如图 2-8 所示。

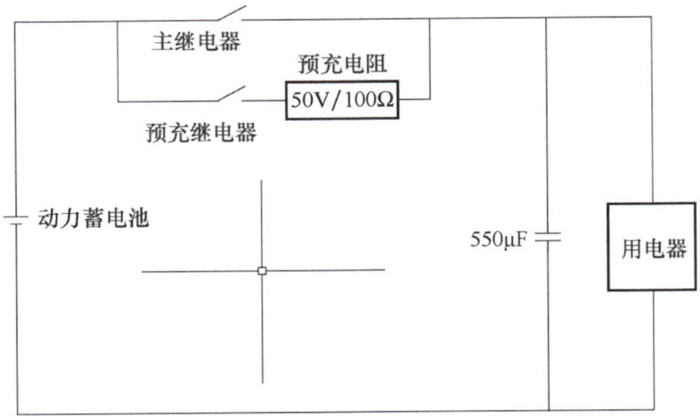


图 2-5　预充回路的设计

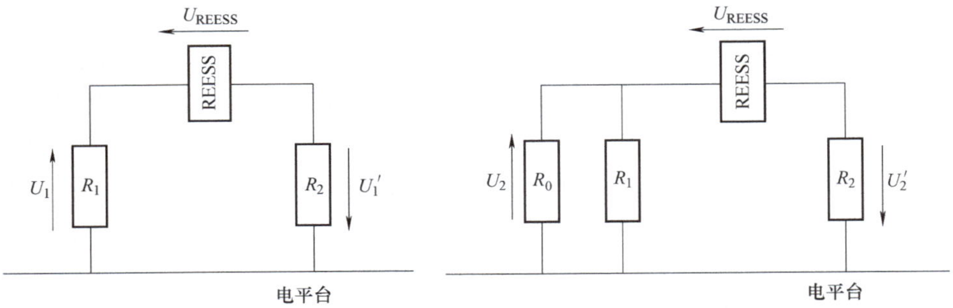


a) $U_1$和$U_1'$的测量　　b) 添加测量电阻$R_0$，测量$U_2$和$U_2'$

图 2-6　绝缘电阻的测量

5）具备高压互锁检测功能，互锁信号可由硬件判断实现。

6）高压接插件具备防误插结构，如图 2-9 所示。

7）高压电系统内的每一路高压回路设置有必要的过载/短路保护装置，如图 2-10 所示。

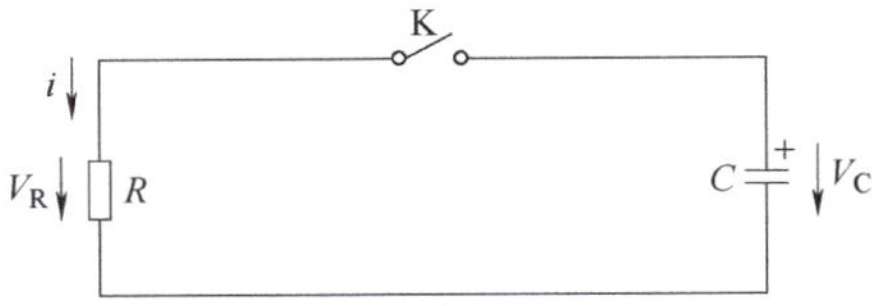


图 2-7　主动放电等效电路

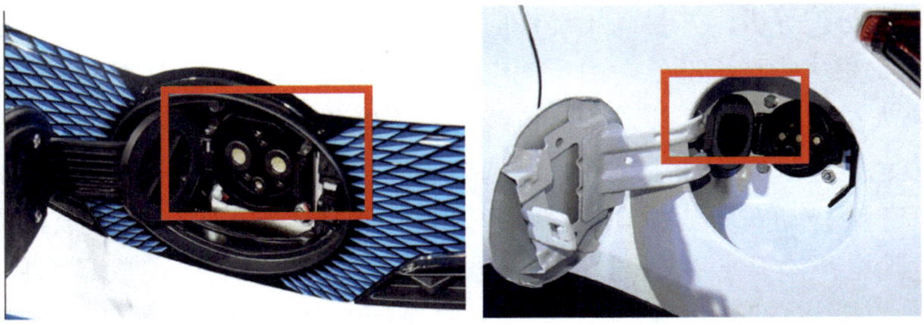

图 2-8　快、慢充口

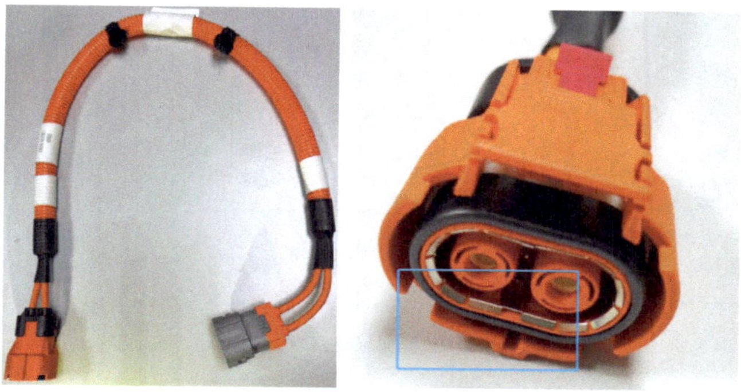

图 2-9　高压接插件键位防误插

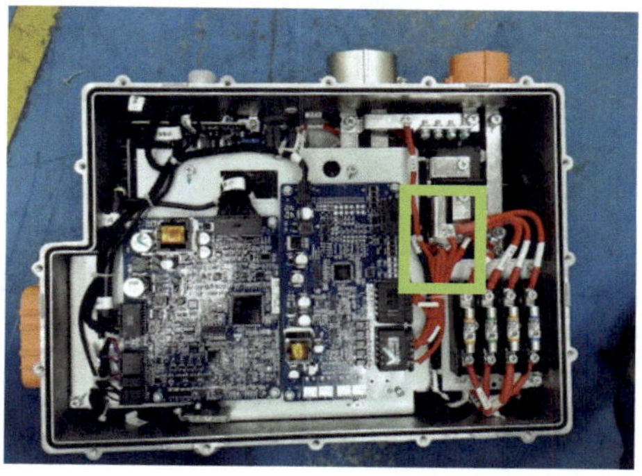

图 2-10　过载/短路保护装置——熔断器

## 三、高压电系统防护措施

### 1. 电器安装和仪器的防护措施

（1）基本保护　所谓的基本保护是通过覆盖包装来包裹或绝缘化带电部件防止与其直接接触。覆盖包装或外壳必须符合与使用地点、应用区域相对应的保护标准。绝缘保护只能通过毁坏绝缘物质去除。图 2-11 所示为电器安装的基本保护。

a) 安装用电线　　b) 简单外壳

图 2-11　电器安装的基本保护

随堂笔记

（2）容错保护　容错保护的保护装置应当防止在基本保护失效情况下产生的伤害以及导电部件上危险接触电压的产生。例如，在家庭安装电路中的容错保护由一个电流自动断路器（在过高电流下短路）以及所有导体的“接地”构成。它具体体现为所有金属管路和其他房屋结构中的金属部件于一个总接地汇流排连接，插座上连接的用电器同样通过电气设备的地线与一个电位均衡器相连，危险的电位差可以由此减弱甚至消除。图 2-12 所示为电器安装的容错保护。

（3）额外保护　在基本保护和/或容错保护失效的情况下，在使用者疏忽大意以及特殊条件下，故障电流保护系统能够提供额外的人员保护。RCD 线路集成在电路的往、返回路中，它通过磁动势平衡互感器来对比往、返回路中的电流大小，当两路电流不相等时将电路切断。图 2-13 所示为电器安装的额外保护。

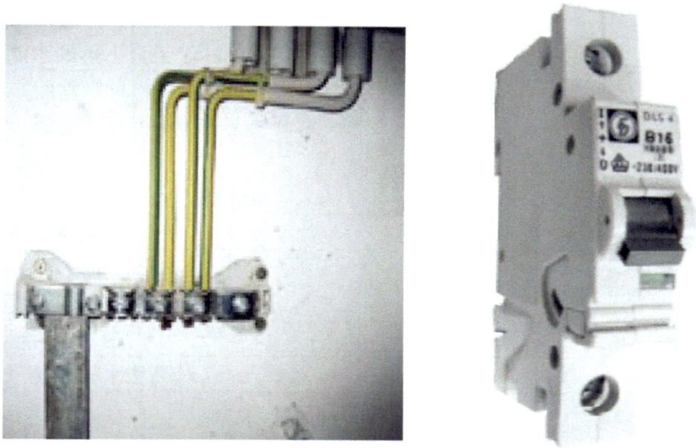

a) 家庭安装电路的接地汇流排　　b) 自动断路器

图 2-12　电器安装的容错保护

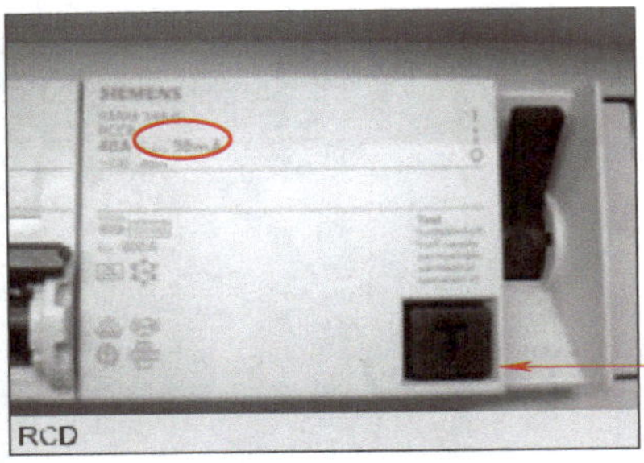


a) RCD线路集成器

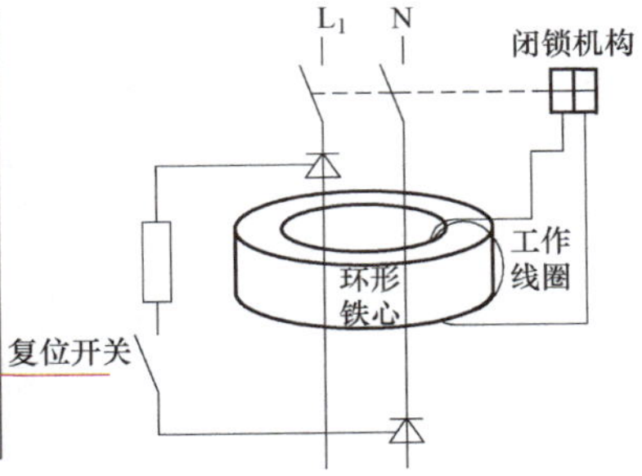


b) RCD线路集成电路

图 2-13　电器安装的额外保护

## 2. 仪器外壳的保护标准

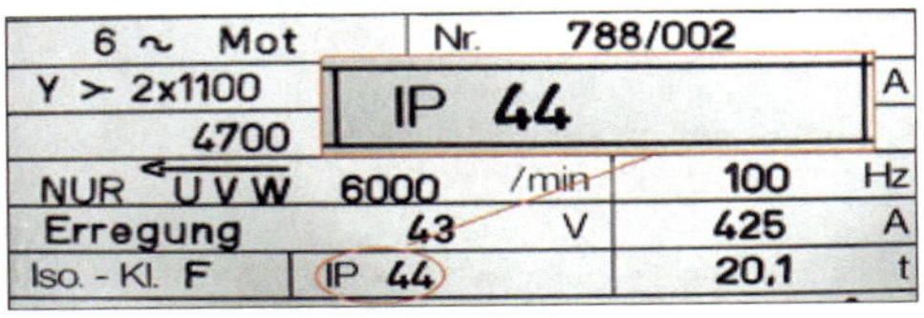


图 2-14　图例：特别标出的 IP 码

对于电子设备的外壳及包装需要按照其使用地点及使用功能满足不同的要求。因此例如触碰防护、异物入侵防护和防水保护等重要属性都由 IP 等级确定，如图 2-14 所示。DIN 标准 EN60529 和 40050 第 9 项（仅公路机动车）明确了相应 IP 码的标准。IP 码由最少 2 项、最多 4 项说明组成，具体数字意义详见表 2-1 和表 2-2。

表 2-1　第一部分数字的意义

| 数字 | 触 碰 防 护 | 异物入侵的防护 |
|---|---|---|
| 0 | 无保护 | 无保护 |
| 1 | 手大面积接触保护 | 防止直径大于等于 50mm 的异物进入 |
| 2 | 手指触碰保护 | 防止直径大于等于 12mm 的异物进入 |
| 3 | 直径大于等于 2.5mm 的工具、金属线等接触保护 | 防止直径大于等于 2.5mm 的异物进入 |
| 4 | 直径大于等于 1mm 的工具、金属线等接触保护 | 防止直径大于等于 1mm 的异物进入 |
| 5K | 完全接触保护 | 内部积灰保护 |
| 6K | 完全接触保护 | 完全灰尘异物保护 |

注：根据 DIN40050 第 9 项，触碰防护及异物入侵防护的保护标准。

表 2-2　第二部分数字的意义

| 数字 | 防 水 保 护 |
|---|---|
| 0 | 无防水保护 |
| 1 | 对竖直下落的水滴具备防水保护 |
| 2 | 对倾斜至 15°（相对铅垂面）下落的水滴具备防水保护 |
| 3 | 对倾斜至 60°（相对铅垂面）下落的水滴具备防水保护 |
| 4 | 对任意方向的喷溅水具备防水保护 |
| 5 | 对任意方向由单喷嘴喷出的水柱具备防水保护 |
| 6 | 对大流量水柱具备防水保护 |
| 6K | 对较高压力水柱具备防水保护 |
| 7 | 短时间浸泡防水保护 |
| 8 | 长时间浸泡防水保护 |
| 9K | 对高压水柱及蒸气具备防水保护 |

注：根据 DIN40050 第 9 项，防水的保护标准。

## 3. 对高压电系统进行操作时的注意事项

所有橙色电缆都带有威胁生命的高压电；不要将浇淋水管或高压清洁水管正对着高压电组

随堂笔记

件；不要让润滑油、油脂、触点喷剂等接触到高压电接头；在靠近带高压电的组件附近进行操作时，要切断系统电源；在需要使用拆卸工具或锋利工具的焊接操作之前，必须将系统断电；必须防止灰尘和湿气沾染到所有断开的高压电连接装置；高压电连接装置必须始终保持干燥且由裸金属制成；必须用螺钉旋具或其他工具把接触表面清理干净（接触表面的刮痕会产生过渡电阻）。

对高压电系统进行操作时还应注意：务必更换受损的电缆，身体上或身体内佩戴电子/医疗生命和健康维持设备（如起搏器）的人员不得操作高压电系统（包括点火系统）；所有使用的测量仪器应适当而且是经过批准的；小心地操作潮湿的高压电系统；道路用盐和水会形成具有高导电性的电解液，如果高压电系统受损或者存在接地故障，尤其是在湿润的情况下，系统会威胁到人员的生命；环境中的湿度过大对高压电系统来说是一个严重的问题，因为在这种情况下所有组件表面都会有附有水汽（此现象的一个显著迹象是：所有车窗都蒙上一层水汽）。

**小提示**

使用以下植入装置和医疗设备的人员不允许对高压电系统进行操作，或者不允许在高压电组件附近进行操作：镇痛泵、起搏器、深部脑刺激、胰岛素泵、助听器。

不仅高压电会对上述人员产生生命危险，组件和驱动电机的磁效应对他们也会产生生命危险。

# 任务二 高压电安全操作

## 学习目标

1. 掌握常用仪表及工具设备的使用方法。
2. 掌握人身防护用具的使用方法。
3. 掌握电气操作资质及其相关要求。

随堂笔记

## 任务描述

电动汽车的维修与燃油汽车有很大的区别，电动汽车维修更多地需要测试数据，根据数据来判断车辆的故障原因，那么电动汽车的维修需要使用哪些绝缘工具和检测设备，才能确保检修过程中人员和设备的安全呢？本任务将学习电动汽车检修工具的使用和电动汽车安全操作。

## 知识储备

### 一、电动汽车专业检测设备

扫一扫

汽车数字万用表的认知与使用

（1）万用表 万用表是用于测量电压、电流、电阻等参数的测量仪表，可用来检测车辆电子、电气零部件的状态与性能。很多万用表自带测量电容、二极管、晶体管等功能。

数字式万用表已经基本取代了传统的指针式测试仪表，一个测量参数的测量值直接以数列形式给出。数字式万用表的优点是耐用、精度相对较高而且操作者更容易读取数据，适用于测量电压、电流和电阻等。测量参数和量程用一个旋转开关来设定，在许多测量仪表中能够自动切换。仪表中常常带有分段形式的模拟显示。常见的指针式万用表和数字式万用表如图 2-15 所示。

**小提示**

万用表使用时的常规注意事项：表笔破损时必须更换并换上同样型号或相同电气规格的表笔。在使用表笔时，使用者的手指必须放在表笔手指保护环之后；当仪表在直流电压或交流有效值电压下工作时应多加小心，此时会有电击的危险；应将仪表置于正确的档位进行测量，严禁在测量进行中转换档位以防损坏仪表；不允许使用电流测试端子或在电流档测试电压。

**（2）绝缘电阻表（兆欧表）** 图 2-16 所示为两种绝缘电阻表，它的刻度是以兆欧（MΩ）为单位的。绝缘电阻表由中大规模集成电路组成。本表输出功率大，短路电流值高，输出电压等级多（每种机型有 4 个电压等级）。绝缘电阻表是电力、邮电、通信、机电安装和维修以及利用电力作为工业动力或能源的工业企业部门常用而必不可少的仪表。

图 2-15 指针式万用表和数字式万用表

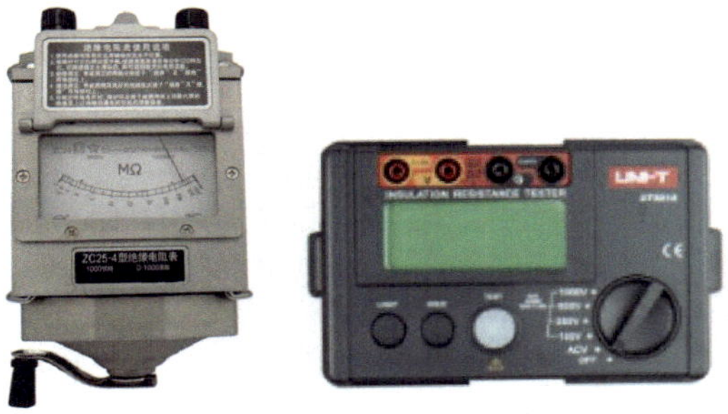


a) b)

图 2-16 两种绝缘电阻表

随堂笔记

测量绝缘电阻必须在测量端施加一个高电压，此高压值在绝缘电阻表国标中规定为 50V、100V、250V、500V、1000V、2500V、5000V 等。

直流高压的产生一般有 3 种方法：第一种手摇发电机式，目前我国生产的绝缘电阻表约 80% 采用这种方法（故俗称摇表）（图 2-16a）；第二种是通过市电变压器升压，整流得到直流高压，一般市电式绝缘电阻表采用此方法（图 2-16b）；第三种是利用晶体管振荡式或专用脉宽调制电路来产生直流高压，一般电池式和市电式的绝缘电阻表采用此方法。

**小知识**

测量准备工作：当被测对象接有电源时，在测量前应将其退出运行状态，切断电源，禁止被测对象带电进行测试，否则非但测不准绝缘电阻，还会损坏绝缘电阻表并造成人身触电事故及其他事故。只有在被测对象自身不带电又不可能受到其他电源感应而带电的情况下，才能进行绝缘电阻的测量。为确保测试结果的准确性，对被测对象的测量部分必须进行清洁处理，应消除一切积尘、油污和锈迹，减小接触电阻，保证电接触的可靠性和准确性。

接线规则：绝缘电阻表上的3个端钮“L”（线路）、“E”（地线）和“G”（屏蔽）与被测对象之间应正确地连接，不可随意颠倒，否则将给测量带来很大的误差，甚至造成无法测量。通常，“L”端连接被测对象的高电位（导电工作部分），“E”端连接被测对象的外壳或低电位，“G”端连接被测对象的保护遮蔽部分或其他不参加测量的部分。

摇测与读数：把绝缘电阻表置于水平且稳固的地方，对于手摇式绝缘电阻表，转动摇柄由慢渐快达到并保持120r/min的速度，允许有±20%的变化范围，但切忌忽快忽慢，否则表针会摇摆不定。对于普通电器的测量，在测量1min后待指针指示稳定或显示的数字基本上不再跳变时，即可从刻度尺或显示屏上读出被测对象的绝缘电阻值。对于大电容量被测对象，应使摇柄的转速尽可能地保持稳定，使指针尽量减小摆幅。无论采用哪种绝缘电阻表，测试结果应该以测量1~3min后，表针或显示的数字稳定不变时的读数为准。由于测试过程受被测对象的结构、绝缘材料的成分、泄漏电流各组分的比例关系、测试环境等诸多复杂因素的影响，为确保绝缘电阻测试结果的可靠性，最好重复测量两次以上。

在现代实际测试需求中，数字绝缘电阻表采用全新设计以及大规模集成电路和数字电路相组合，完成绝缘电阻、直流电压、交流电压等参数的测量；功能更全，准确度更高，性能稳定，操作方便可靠；适用于测量变压器、电机、电缆、开关、电器等各种电气设备及绝缘材料的绝缘电阻，对各种电气设备进行维修保养、试验及检定。

## 二、人身防护用具

### 1. 常用的高压电操作防护用品

随堂笔记

常用的高压电操作防护用品见表2-3。

表2-3　常用防护用品的名称、用途及检查要求

| 名称 | | 用途 | 检查要求 |
|---|---|---|---|
| 警示牌 |  | 在地面或车辆附近明显位置放置 | 通常无有效期，应具备电气绝缘性能 |
| 绝缘手套 | 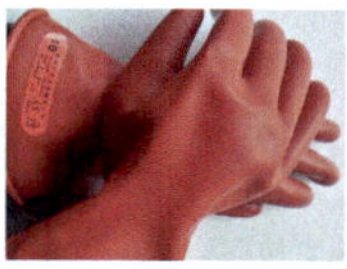 | 拆除及安装高压部件 | 通常有效期为两年，绝缘等级应在1000V/300A以上，需要进行出厂前试验，外观检查应无油污、潮湿、进水、粘连、裂纹、漏气 |
| 隔离栅 |  | 用于设置安全作业区域，隔离危险区域，防止作业人员超越安全作业区、误入危险区域 | 通常无有效期，外观检查应无开焊、无断裂，隔离杆机械锁止装置完好 |

（续）

| 名称 | | 用途 | 检查要求 |
|---|---|---|---|
| 绝缘鞋 |  | 辅助安全用具，隔离工作人员与地面的接触 | 通常有效期为两年，需要进行出厂前试验，外观检查应无油污、潮湿、进水、外伤、裂纹、孔洞、毛刺、断底、断帮等 |
| 护目镜 |  | 辅助安全用具，保护工作人员的眼睛 | 通常无有效期，需要进行出厂前试验，外观检查应镜片无裂痕或严重磨损，张紧带无老化，镜架镜带连接可靠 |
| 绝缘帽 |  | 辅助安全用具，保护工作人员的头部 | 通常有效期为两年半，需要进行出厂前试验，外观检查应帽壳无龟裂、凹陷、裂痕或严重磨损，帽箍、顶衬、下颚带、后扣（或帽箍扣）等组件应完好无损 |
| 绝缘垫 |  | 辅助安全用具，隔离电动汽车和地面的接触，防止作业人员触电 | 通常有效期为两年，需要进行出厂前试验，外观检查应无油污、潮湿、孔洞、割裂、破损、金属粉末附着、厚度减薄等 |
| 绝缘工具 | 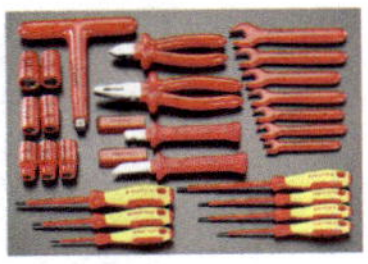 | 拆除及安装高压部件，防止触电或短路 | 无有效期限，需要进行出厂前试验，外观检查应无油污、潮湿、松动、裂纹、露金、断裂、损伤。绝缘工具必须独立存放，不准与其他物品混放，避免与金属锐利物接触，以防破坏绝缘 |

随堂笔记

### 2. 高压用电警示标识

按照高压电操作规范，在进行高压电操作时必须根据固有危险性对所有带高压电的组件进行标识。某些情况下需提供额外信息标识，尤其是在动力蓄电池上，通过看图即可明白其含义。带至维修车间的车辆必须为所有员工清楚地做好标识。只要车辆在车间，高压电技师就需要对车辆负全责。图 2-17 所示为常见的警示标识。

电压危险！

接触可能造成电击或烧伤！操作前关闭高压电系统

注意！

零部件带有高压电。操作前断开高压电系统，并阅读维修资料

图 2-17　常见的警示标识

维修车间内配备有高压装置的车辆，必须做上标识表明该车属于带有高压电系统的车辆，并且阐述清楚车辆目前处于怎样的状态。各种标识的作用及可执行的操作见表 2-4。

表 2-4　各种标识的作用及可执行的操作

| 标　　识 | 需要标明的车辆状态 | 可执行的操作 |
|---|---|---|
|  | 高压电系统已经接通，且高压触点暴露在外 | 只能由车辆技术电气专业人员（高压电专业技师）操作 |
|  | 高压电系统已经断路 | 仅由受过培训的普通维修人员在车辆上进行操作，未经指定人员验证，不得重新接通电源 |
|  | 高压电系统已经接通，没有高压触点暴露在外 | 仅由受过培训的人员在车辆上进行操作，特别留意起动开关的位置，如果闭合开关，高压部件可能意外起动 |

### 3. 作业前场地准备

维修区域仅允许具备足够资质和知识的人员对车辆高压电系统进行操作，仅允许单独的房间或实验室或分割并标识的独立区域，并按表 2-5 作业流程做好作业前场地准备。维修区域的隔离如图 2-18 所示。

扫一扫

电动汽车维护作业前安全防护准备工作

表 2-5　作业前准备流程

| 序　　号 | 作 业 项 目 | 操 作 要 点 |
|---|---|---|
| 1 | 车辆停放检查及安全防护 | 车辆停放可靠，安装三件套 |
| 2 | 维修作业安全警戒 | 布置区域警戒线、安全标识 |
| 3 | 高压安全工具及设备检查 | 检查个人防护用具、维修工具 |
| 4 | 车辆作业区域高压安全检测 | 测量绝缘地垫的绝缘性能 |
| 5 | 车身漆面防护 | 铺设翼子板垫 |

随堂笔记

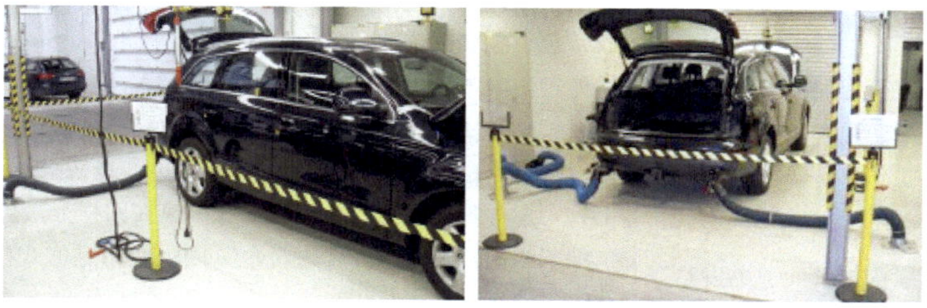

图 2-18　维修区域的隔离

## 三、电气操作资质

### 1. 电动汽车维修操作资质

有权利在车间内参与电动汽车维修维护的人员分为两个级别，见表 2-6。电动汽车电气作业中的一般准则见表 2-7。

表 2-6　电动汽车维修维护的人员的两个级别

| 级别名称 | 职　　责 | 资　　格 |
| --- | --- | --- |
| 高压电资格技师 | ✓ 负责指导“普通技师”学习高压电汽车维修知识以及相关低级别操作<br>✓ 有权授权并管理“普通技师”进行相关特定的检修工作<br>✓ 负责确定高压电系统断电或者上电状态，并给车辆做高压电状态标识<br>✓ 负责高压维修工作区域的保护<br>✓ 所有高压元器件以及相关电气安全锁件的保管 | ✓ 获得国家安监局认证的电工作业资格<br>✓ 经销商内部可以执行车辆高压电系统维修工作的机电维修人员<br>✓ 受过电动汽车高压电气系统资格培训，并且资格考试合格 |
| 经过培训合格的普通技师 | ✓ 在高压电资格技师的管理下完成相关特定车辆检修科目，原则上没有权利确认车辆高压电系统状态，只对自己局部的检修工作负责 | ✓ 经销商内部可以执行车辆维修工作的机电维修人员<br>✓ 受过电动汽车高压电系统资格培训，并且资格考试合格 |

注：佩戴任何电子生命辅助系统的人都严禁参与任何电动汽车的检修工作，也不被允许接近电动汽车维修区域；每个进行高电压车辆维修工作的人，至少是一名“经过培训并合格的普通技师”。“经过培训并合格的普通技师”必须了解高压电系统的大致结构、高压电系统的危险以及工作权限。高压电资格技师必须对这些人进行口试和笔试确认。高压电资格技师和“经过培训并合格的普通技师”必须签署书面证明表示达到上岗水平。

表 2-7　电动汽车电气作业中的一般准则

| 危险事项 | 一般准则 |
| --- | --- |
| 接触强电回路发生触电 | 确认动力蓄电池有无漏电（测量车身和动力蓄电池电极间的电压） |
| 拆卸动力蓄电池时发生触电 | 减少（分割）动力蓄电池的串联个数，降低电压。为此，开始时就拆下正中间的配线（包括维护开关） |
| 接触带电导线部位的回路发生触电 | 事前确认有无通电；使用保护用具、防护用具；用手指示意并大声提示，消除漫不经心、心不在焉的心态 |
| 因开关接通的示意确认失误，发生触电或者短路 | 几个员工作业时为保持密切联系，应设置指挥人员 |
| 因静电容量的残留电荷发生触电 | 电源关闭后不久的时间内不得接触电路（12V 系统等待 30s 以上），高压电系统等待 5min 以上 |
| 从端子拆下的导线与其他物品接触发生短接或短路 | 应正确放置导线终端 |
| 衣服碰到发生短路 | 作业服不得带有金属物 |
| 使用工具落下发生短路 | 不轻易地将工具盒、金属物放入兜袋；尽可能地使用绝缘工具或利用胶带包裹金属部位 |
| 工具碰到其他端子发生短路 | 使用绝缘工具 |
| 忘记放工具，打开电源出现短路 | 对工具严格进行数次检查；不携带超过所需数量的工具 |
| 误配线出现短路 | 严格进行极性确认（通电前应严格进行检查）；在临时拆下的配线加上判别用标牌；根据图样进行配线时应在图样上做标记 |
| 端子松动，因暂缓紧固放置而上电发热 | 端子紧固件在通电前要进行再紧固；使用定值式扭力扳手紧固，紧固转矩不能超过额定转矩 |

随堂笔记

### 2. 电动汽车的相关安全检测

（1）等电势检测　等电势是指属于高压部件暴露的导电部件（如外壳保护盖、分隔墙）互相连在一起，并连接到车辆地线上。对于属于高压部件的导电盖子或外壳，应达到足够低的等电势。可以采用导线（编织带）连接高压零部件的外壳跟地，以达到等电势；零部件可以使用支架与车身相连达到等电势。

如果高压部件的盖子或外壳由若干单独的部件组成，那么在盖子或外壳表面的任何位置均应满足等电势要求。距离小于 2m 的两个裸露部件的测量，可通过这两部件的电压降和电流进行计算。

当两高压部件距离小于 2m，其高压部件之间的等电势电阻≤100mΩ；不考虑距离，高压部件至车身地任何一点之间的等电势电阻≤100mΩ；高压部件至其最近车身地之间的等电势电阻≤40mΩ；非直连车身地的高压部件，与其相邻支架或其他接触部件之间的等电势电阻≤10mΩ。图 2-19 所示为等电势电位的测试方法。等电势电位测试也称为接地电阻测试。

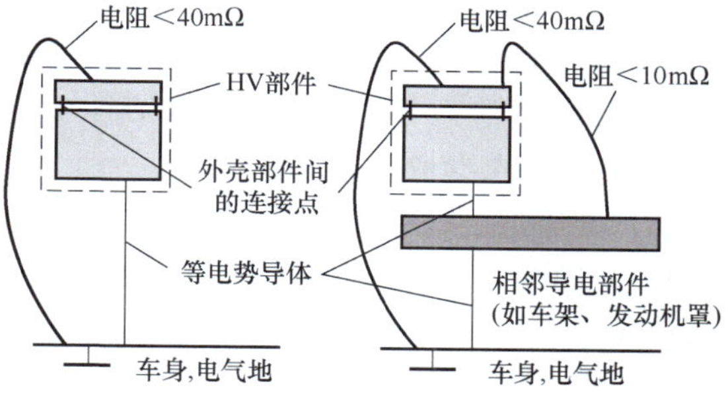


图 2-19　为等电势电位的测试方法

（2）绝缘电阻检测　电动汽车的每个电路和电底盘及其他电路之间应有一个绝缘电阻。常用绝缘电阻测量仪器有绝缘电阻表等。通常绝缘电阻测量的位置在动力系统与车辆电底盘之间，或在动力系统与辅助电路之间。

绝缘电阻测量要求：使用一个至少为动力系统额定电压 1.5 倍的试验电压或 500V 直流电压（两者取较高值），施加电压时间应足够长，以便获得稳定的读数。动力蓄电池和辅助蓄电池应断开，辅助电路的两端应与车辆电底盘相连。动力绝缘电阻要求值见表 2-8。

表 2-8　动力绝缘电阻要求值

| 设备类型 | 测量阶段最小瞬间绝缘电阻 | 测量阶段计算的最小绝缘电阻 |
|---|---|---|
| Ⅰ类 | 0.1kΩ/V | 1kΩ/V |
| Ⅱ类 | 0.5kΩ/V | 5kΩ/V |

动力蓄电池（以及高压用电器）的绝缘检测：我国电动汽车安全要求标准对人员的触电防护提出了明确的要求，其中包括对绝缘电阻值的最低要求。根据 GB/T18384.3—2015 第 6.2.2 条规定，动力系统的测量阶段最小瞬间绝缘电阻为 0.5kΩ/V。各整车厂开发的纯电动汽车，应根据各自设定的电压等级来确定动力系统的绝缘电阻报警阀值。在进行手动测量时，为确保准确，需要先检测动力蓄电池的开路电压，根据电压来计算出安全的绝缘电阻数值。确认动力蓄电池的电压，电动汽车先断开高压电，然后将 12V 电气系统的正、负极电缆从辅助蓄电池上取下并连接到车身地，再断开被测动力蓄电池两端与动力驱动电路的连接，最后用内阻不小于 10MΩ 的万用表进行电压测量。动力蓄电池检测位置与要求见表 2-9。

随堂笔记

表 2-9　动力蓄电池检测位置与要求

| 检测位置 | | 判断标准 | 断电要求 | 安全要求 |
|---|---|---|---|---|
| 表笔 A（“正极”） | 表笔 B（“GND”） | | | |
| 动力蓄电池（或其他高压用电器）正极 | 车辆电底盘 | ≥500Ω/V | 汽车起动钥匙关闭并拔下、动力蓄电池维护开关断开、辅助蓄电池连接断开 | 绝缘电阻表在测量时会有设定量程的电压输出，请注意（为安全起见请佩戴绝缘手套） |
| 动力蓄电池（或其他高压用电器）负极 | 车辆电底盘 | ≥500Ω/V | | |
| 动力蓄电池（或其他高压用电器）正极 | 动力蓄电池（或其他高压用电器）负极 | ≥500Ω/V | | |

（3）动力回路绝缘电阻检测　除动力蓄电池外的高压零部件同样需要进行绝缘电阻检测。根据 ISO6469 的要求，如果交流高压回路采用了双重绝缘或加强绝缘，则其直流高压回路绝缘电阻可降低到 100Ω/V。目前，整车漏电传感器的一般漏电报警判定值为 500Ω/V，严重漏电报警判定值为 100Ω/V。结合 ISO6469 的要求，目前对绝缘电阻的判定值为 >500Ω/V（断电与安全要求参考表 2-9）。

（4）充电口绝缘电阻检测　交流充电口绝缘电阻的要求：首先，车辆充电口应与外部电源地（电网地）有导通连接，并且应该有一个端子把车辆的车身地连接到电网地；其次，充电枪（含有充电期间与电网连接的电路）在充电连接断开的情况下，其总绝缘电阻应大于 1MΩ，参考 IEC61851 的要求。

直流充电口绝缘电阻的要求：首先，车辆充电口应与外部电源地（电网地）有导通连接，如有等电势要求，应该有一个端子把车辆与外部充电器的车身地连接到电网地；其次，充电枪（含有充电期间与充电口连接的电路）在充电连接断开的情况下，其总的绝缘电阻应大于 500Ω/V。

### 3. 电动汽车安全断电操作标准流程

（1）操作前准备工作

1）维修人员应铺设并佩戴好有效的防护用具。

2）观察车辆状态，仔细阅读有关维修说明。

（2）断电操作

1）关掉起动开关（如果有，拔掉充电插头）。

2）切断 12V 辅助蓄电池的负极搭铁线。

3）按规定的方法拔下动力蓄电池上的橙色维护开关。注意在拔下维修开关的同时，按规定操作维修开关的解锁机关以免造成损坏。

（3）高压部件管理

1）将智能钥匙移至控制的探测范围以外，并且由相关负责人管理好。

2）拆下的维修开关由相关负责人进行管理。

3）用绝缘胶带包裹被断开的高压线及插接器。

（4）验电操作

1）等待 10min 或更长时间后进行下一步操作，以便让功率转换器总成内的高压电容器充分放完所存储的电荷。一些电动汽车自带主动放电功能，时间会短一些，以维修手册推荐的时间为准。

2）测量电动汽车上的变频器输入和输出线端子的电压，确认无电压后才可接触电路元器件。

（5）确认断电及工作区域安全隔离

1）确认车辆无有害电压，相关高压触头已经做好保护，相关锁具、钥匙已经保管妥当。

2）在车辆顶部或明显部位安放警示标识，表明车辆状态。

3）将车辆的维修区域用护栏围起来，无资质人员或无关人员不得进入维修区域。

随堂笔记

# 项目三

# 动力蓄电池系统

## 任务一　动力蓄电池系统的认知

### 学习目标

1. 熟悉动力蓄电池的功能和作用。
2. 了解不同种类的动力蓄电池的优缺点。
3. 了解动力蓄电池的发展历史及未来前景。

### 任务描述

生活中总能见到各种各样的蓄电池，如纽扣形状的蓄电池、圆柱状的蓄电池、长方体的蓄电池。这些蓄电池有的用于手表，有的用于手机，有的用于电动汽车。它们可以交换安装使用吗？它们的功能是否一样呢？请结合本任务所学知识对上述问题给同学们做一个概括性的回答。

### 知识储备

**1. 动力蓄电池的分类**

随堂笔记

动力蓄电池系统（电池包，Battery pack）如图3-1所示，是一个电能存储装置，通常由电池组、机械结构、电控单元、热交换组件及高压电气元器件等构成。动力蓄电池系统可以通过化学反应在电能与化学能之间进行能量转换，来实现电能的存储和释放。

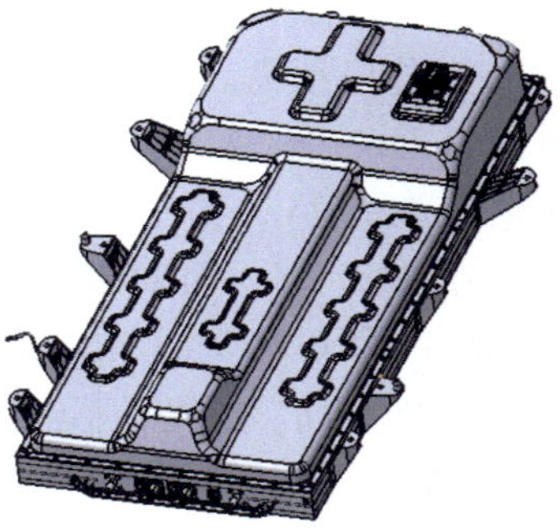

图3-1　DX3 EV400 动力蓄电池系统

动力蓄电池系统为电动汽车核心“三电”系统之一，为电动汽车的驱动提供能源。电动汽车蓄电池主要分成两大类：动力蓄电池和燃料电池。其中，燃料电池因为成本及技术等原因尚未大规模普及，所以动力蓄电池成为市面上电动汽车主流的电池类型，它主要包括铅酸蓄电池、金属氢化物镍电池及锂离子蓄电池等。

（1）铅酸蓄电池　正极活性物质使用二氧化铅，负极活性物质使用铅，并以硫酸溶液为电解液的蓄电池，如图3-2所示。铅酸蓄电池应用广泛，在交通、通信、电力、军事、航海、航天、航空等各个领域均有大量的使用，是全世界使用范围最为广泛的化学电池产品。

优点：电压稳定、价格便宜；缺点：能量密度低、使用寿命短、日常维护频繁。

电动汽车发展初期，铅酸蓄电池一直是电动汽车的首选储能装置，也曾获得大规模应用，但因其能量密度低、大而笨重、循环寿命短、维护频繁等缺点，导致电动汽车在续驶里程、使用寿命等方面始终无法与燃油汽车竞争，不得不退出历史的舞台。

图 3-2　铅酸蓄电池

（2）金属氢化物镍蓄电池　正极使用镍氧化物，负极使用可吸收释放氢的贮氢合金，以氢氧化钾为电解液的蓄电池，如图 3-3 所示。金属氢化物镍蓄电池在 20 世纪 90 年代以后迅速发展起来，在笔记本电脑、便携式摄影机、数码相机及电动自行车等领域得到广泛应用。

**优点：**能量密度较铅酸蓄电池高、高速放电能力强、循环寿命较铅酸蓄电池长、成本较锂离子蓄电池低。

**缺点：**重量与记忆效应较锂离子蓄电池大、电压平台低、使用过程忌过充电、耐高温性能差。

在电动汽车领域，金属氢化物镍蓄电池主要应用于混合动力电动汽车。随着锂离子蓄电池的快速发展，其优越的性能全面超越金属氢化物镍蓄电池，因此在电动汽车领域，金属氢化物镍蓄电池逐渐被锂离子蓄电池取代。

图 3-3　金属氢化物镍蓄电池

（3）锂离子蓄电池　锂离子蓄电池是利用锂离子作为导电离子，在阳极和阴极之间移动，通过化学能和电能相互转化实现充电的蓄电池，如图 3-4 所示。锂离子蓄电池因具有能量密度高、循环寿命长、无记忆效应等显著优点，商业化应用速度非常快，已经普及到各种应用化学电源的场合。

相对于其他类型的电池，锂离子蓄电池具有以下显著的优点：

① 工作电压高。钴酸锂离子蓄电池的工作电压为 3.6～3.7V，锰酸锂离子蓄电池的工作电压为 3.7V，磷酸铁锂离子蓄电池的工作电压为 3.2V，而镍氢、镍镉蓄电池的工作电压仅为 1.2V。

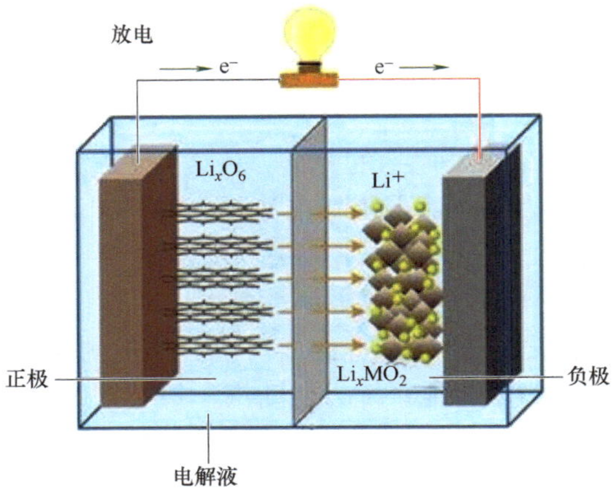


图 3-4　锂离子蓄电池

② 比能量高。锂离子蓄电池正极材料的理论比能量可达 350W·h/kg 以上，实际应用中由于不可逆容量损失，比能量通常低于这个数值，但目前量产电芯已可达到 280～300W·h/kg，是镍氢、镍镉蓄电池比能量的数倍。

③ 循环寿命长。目前，锂离子蓄电池在深度放电情况下，循环次数可达 1000 次以上，其性能远远优于其他蓄电池。

④ 自放电小。锂离子蓄电池月自放电率仅为总电容量的 3%～9%，大大缓解了传统的二次电池放置时由自放电所引起的电能损失问题。

⑤ 无记忆效应。

随堂笔记

⑥ 环保性高。相对于传统的铅酸蓄电池、镍镉蓄电池甚至镍氢蓄电池废弃可能造成的环境污染问题，锂离子蓄电池中不含汞、铅、镉等有害元素，所以无污染。

锂离子蓄电池因其优异的性能和特点，成为发展最为迅速的二次电池。在电动汽车领域，锂离子蓄电池已全面替代镍氢蓄电池，成为电动汽车首选的动力蓄电池类型。但目前锂离子蓄电池的充电速度、循环寿命、安全性以及成本等原因还制约着其在电动汽车领域的发展，未来还需不断优化提升以更加适应电动汽车领域。

### 2. 锂离子蓄电池电芯种类及优缺点

现阶段根据电芯的外形及封装方式不同，主要有 3 种常见形状：圆柱形、方形及软包。因其封装方式不同，其特点也不尽相同。

（1）圆柱形电芯　外形为圆柱形的硬壳电芯，如图 3-5 所示。电动汽车上常用的为 18650 及 21700 两种，一般采用钢壳，部分采用铝壳。

优点：易于 PACK 结构布置；能量密度高；生产工艺成熟，成本较低。

缺点：PACK 成组方式及液冷系统较为复杂；对 BMS 要求较高，循环寿命较低。

（2）方形电芯　外形为方形的硬壳电芯，如图 3-6 所示。方形电芯早期钢壳居多，现在铝壳居多（从整包轻量化及能量密度角度考虑）。

优点：安全性较高；循环寿命较高；充、放电倍率较高。

缺点：电芯制造成本较高；对布置空间要求较高。

（3）软包电芯　采用铝塑膜作为外包装的电芯，如图 3-7 所示。软包电芯因没有硬壳结构，重量相对较轻，且外形形状可根据客户需求进行定制，设计较为灵活。

优点：能量密度较高；安全性好，不易发生爆炸；充放电倍率较圆柱形电芯高，循环寿命较高。

缺点：机械载荷能力差，封口工艺较难，易破损和漏液；成组结构复杂，散热设计不易；成本较高。

随堂笔记

图 3-5　圆柱形电芯

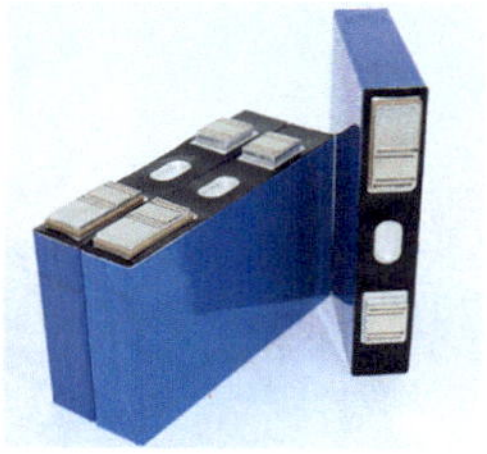

图 3-6　方形电芯

图 3-7　软包电芯

## 任务二　动力蓄电池系统的结构及工作原理

### 学习目标

1. 熟悉动力蓄电池系统外部和内部的构造与组成。
2. 能指出动力蓄电池系统不同零部件的位置与功能。
3. 理解动力蓄电池系统的工作原理。

## 任务描述

4S 店接收了一辆因动力蓄电池系统零部件丢失导致无法起动的电动汽车，作为 4S 店维修接待人员，请你根据本任务所学知识给客户详细地讲解所丢失的零部件有哪些以及它们的功能与工作原理。

## 知识储备

扫一扫

动力蓄电池的拆装

### 1. 动力蓄电池系统的结构

动力蓄电池系统是新能源汽车的核心部分，动力蓄电池系统结构是保障其功能完整性、安全性的重要部分。

动力蓄电池系统如图 3-8 所示，下面以东南 DX3 EV400 动力蓄电池为例进行介绍。

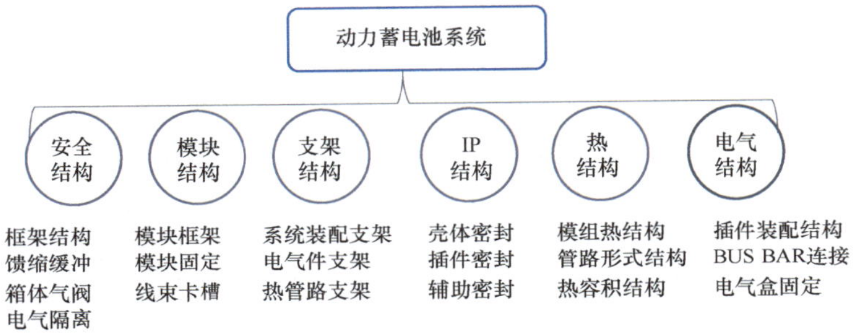

图 3-8　动力蓄电池系统结构

**（1）动力蓄电池箱（安全结构、IP 结构）** 动力蓄电池箱是 6 结构中的“灵魂”，重点在安全，作用是固定动力蓄电池内部组件（即热结构、模块结构、支架结构和电气结构）并且将电芯与外界环境隔离开；高强度的箱体可以对动力蓄电池进行碰撞防护同时加强了车身刚度，既完成对动力蓄电池系统的承载，也通过动力蓄电池吊耳或支架，完成和车身的装配结合，集承重、加强、防护等诸多功能于一体。箱体上安装部分电气部件：高、低压插接器插座，进、出水管口座（含湿度传感器），维修开关插座（MSD）。动力蓄电池箱的结构如图 3-9 所示。

随堂笔记

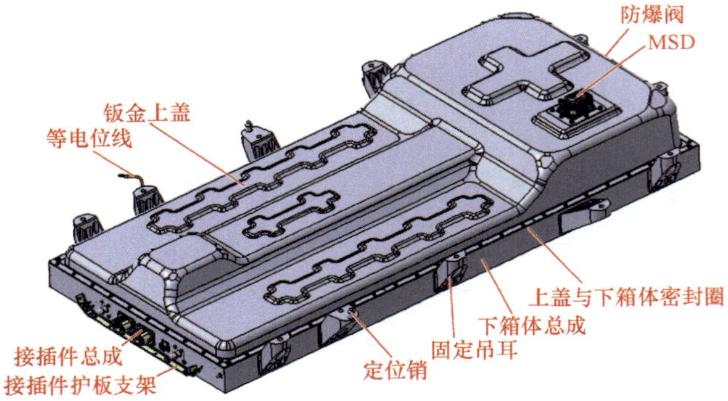

图 3-9　东南 DX3 EV400 电池包箱的结构

因市场对纯电动汽车续驶里程增加的需求，对于动力蓄电池系统能量密度要求越来越高，基于安全性保证情况下，对动力蓄电池结构各部件的轻量化设计也提出了更高的要求，特别是质量占比最大的上、下箱体。市场上出现了多种不同轻量化材质的箱体材料，如图 3-10 所示。

**（2）蓄电池模块（模块结构、支架结构）** 蓄电池模块是动力蓄电池的能源模块，是由几颗到数百颗电芯经由并联及串联组成的。电芯成组的方式有 3 种：先并联后串联、先串联后并联、混联。先并联后串联方式需求的 BMS 管理通道少，成本较低，但过电流能力较差，多应用于乘用车；先串联后并联方式则正相反，过电流能力好，但需求 BMS 管理通道多，增加成本，多用于大巴车等。动力蓄电池系统通常利用并联的方式提高动力蓄电池的容量，然后利用串联的方式提高动力蓄电池的电压。蓄电池模块结构根据电芯类型不同大致可分为 3 种，如图 3-11 ~ 图 3-13 所示。

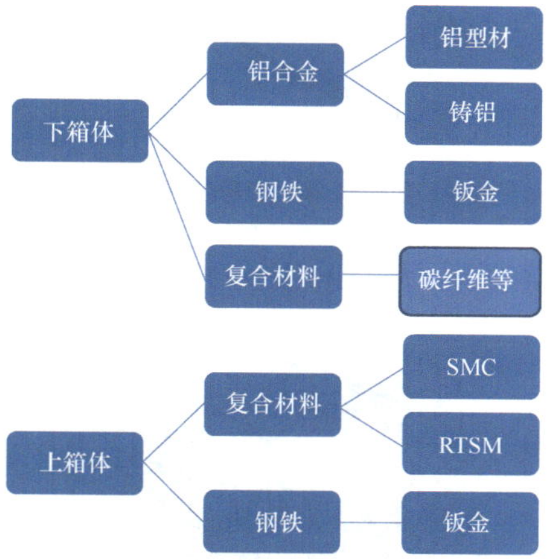


图 3-10　常用动力蓄电池箱体材料

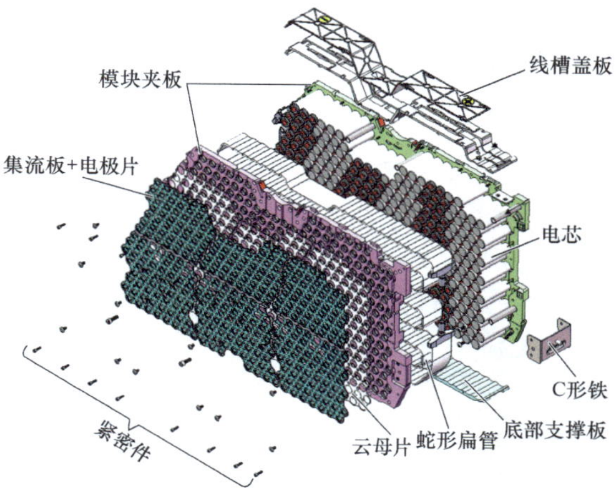


图 3-11　圆柱形电池模块结构

（3）热管理系统结构　以东南 DX3 EV400 动力蓄电池为例（图 3-14），热管理系统结构包含水冷板、水管接头、管路、硅胶垫、减振泡棉等。

（4）BMS 硬件及线束（电气结构）　BMS 硬件包含 BMS 主控盒、BMS 从控盒、唤醒模块、低压线束等。东南 DX3 EV400 动力蓄电池 BMS 硬件及线束结构局部如图 3-15 所示。

（5）高压电气元件（电气结构、支架结构）　高压电气元件包括模块间软连接铜排/高压线（图 3-16）、高压安全控制模块（BDU，包含 BDU 壳体、继电器、传感器等，见图 3-17）、熔断器（MSD，见图 3-18）等。

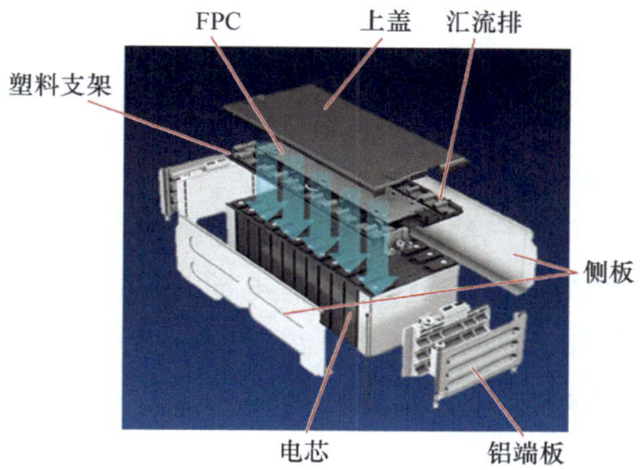


图 3-12　方形电池模块结构

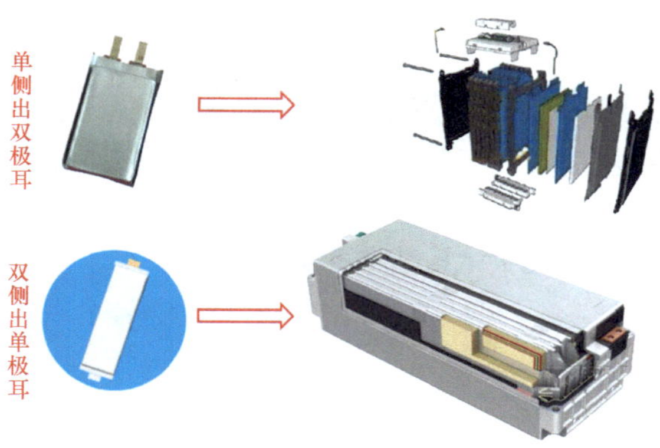


图 3-13　软包蓄电池模块结构

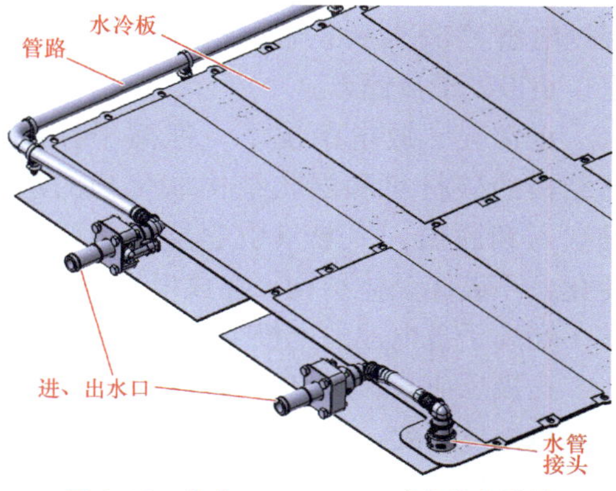


图 3-14　东南 DX3 EV400 动力蓄电池热管理系统结构局部

随堂笔记

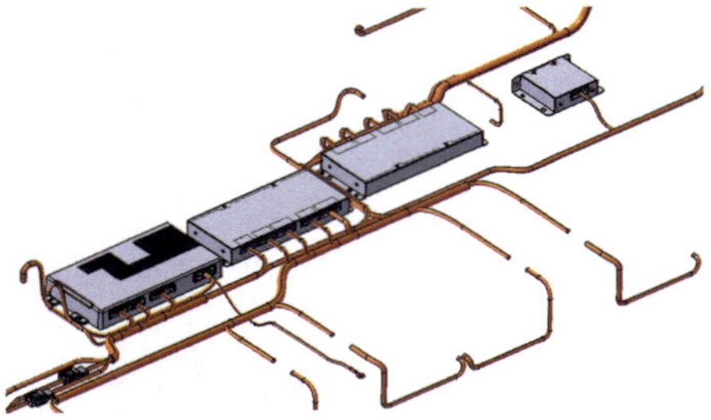

图 3-15　东南 DX3 EV400 动力蓄电池 BMS 主控、从控、唤醒模块

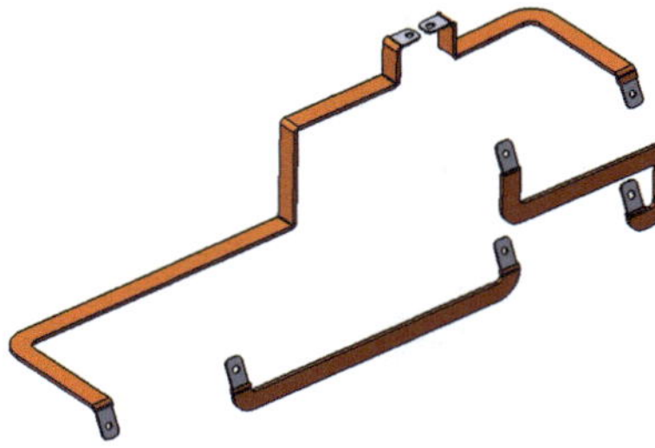

图 3-16　东南 DX3 EV400 部分铜排结构

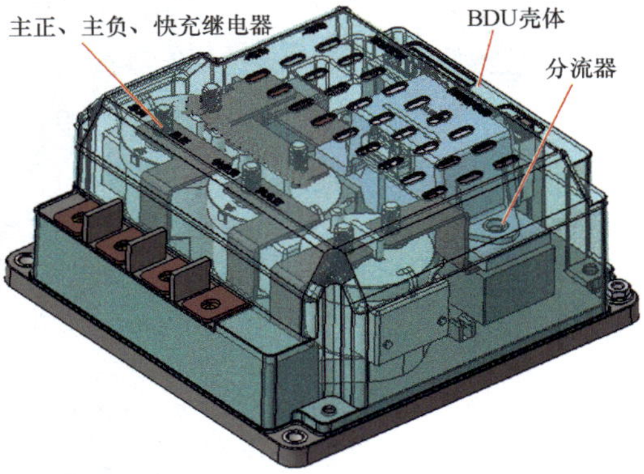


图 3-17　东南 DX3 EV400 BDU 模块

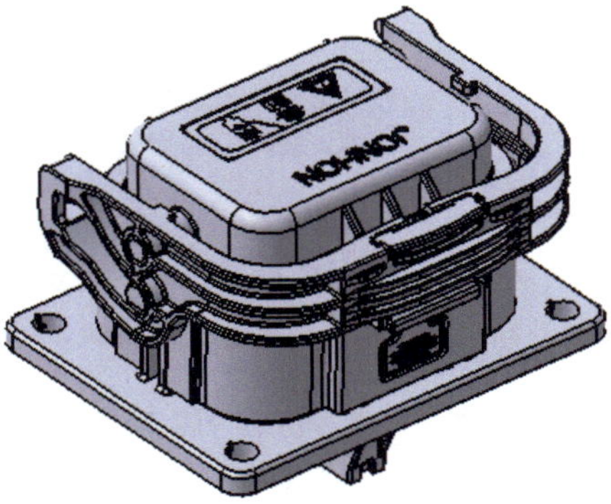

图 3-18　东南 DX3 EV400 MSD

### 2. 动力蓄电池的工作原理

随堂笔记

锂离子蓄电池的工作原理：如图 3-19 所示，锂离子蓄电池以碳素材料作负极，以含锂的化合物作正极。锂离子蓄电池的充、放电过程就是锂离子在正、负极间的往返嵌入和脱嵌的过程。充电时，锂离子正极脱嵌经过电解液嵌入负极，负极处于富锂态，正极处于贫锂态，同时电子的补偿电荷从外电路供给到碳负极，保持负极的电平衡。放电时则相反，锂离子从负极脱嵌，经过电解液嵌入到正极，正极处于富锂态，负极处于贫锂态。

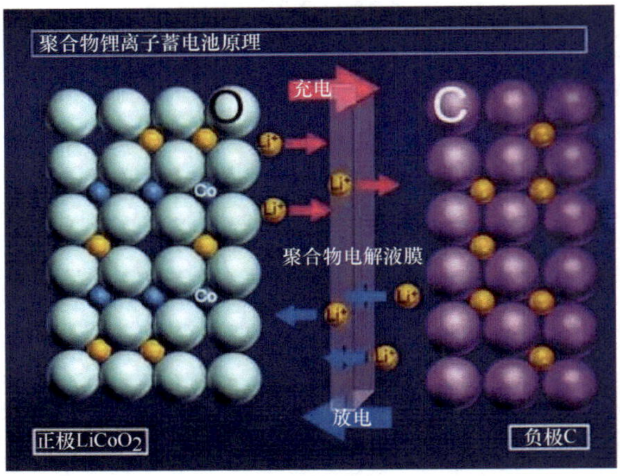


图 3-19　锂离子蓄电池的工作原理

正常充、放电情况下，锂离子在层状结构的碳材料和层状结构氧化物的层间嵌入和脱出，一般只引起层面间距的变化，不破坏晶体结构；在放电过程中，负极材料的化学结构基本不变。

锂离子蓄电池的电极反应表达式分别为

正极反应式：$LiMO_2 \rightarrow Li_{(1-x)}MO_2 + xLi^+ + xe$；

负极反应式：$nC + xLi^+ + xe \rightarrow Li_xC_n$；

电池反应式：$LiMO_2 + nC \rightarrow Li_{(1-x)}MO_2 + Li_xC_x$；

式中　M——Co、Ni、W、Mn 等金属元素。

# 任务三　BMS 的认知

## 学习目标

1. 熟悉 BMS 的基本功能和作用。
2. 理解 BMS 在充、放电过程中的工作原理。
3. 了解 BMS 工作中信息收集和处理的工作模式。

## 任务描述

王先生的电动汽车在最近的使用过程中经常出现难以充电的现象，王先生将车开到4S 店检测动力蓄电池的使用状态。作为一名专业维修人员，请你针对王先生电动汽车动力蓄电池所出现的问题进行检测，并根据本任务所学知识为王先生做出合理解答。

扫一扫

动力蓄电池控制系统构造和工作原理

扫一扫

动力蓄电池控制系统的检修

## 知识储备

### 1. BMS 概述

BMS（Battery Management System）即蓄电池管理系统，在整车系统中的位置如图 3-20 所示，

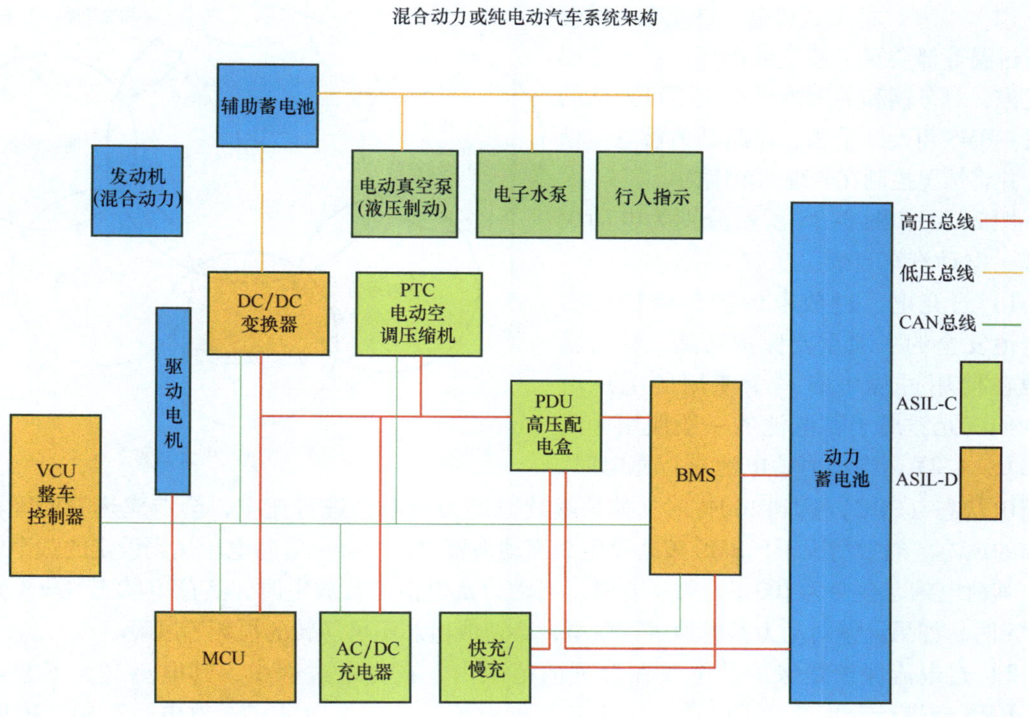


图 3-20　BMS 在整车系统中的位置

随堂笔记

主要用来对动力蓄电池系统进行管理，提高动力蓄电池的利用效率。动力蓄电池为整个车辆提供动力输出，是由一个个小的电芯通过串、并联的方式组成蓄电池组，再由蓄电池组最终组成车辆的动力蓄电池系统，BMS 则对这些蓄电池组进行管理。另一方面，BMS 负责和其他系统的交互，例如 VCU、OBC、MCU 等。

常见的 BMS 拓扑结构为一主多从式，即一个主板（图 3-21）、多个从板（图 3-22）。主板的作用是负责 BMS 主要的功能，例如 BMS 和其他系统的交互、充放电的管理、电池均衡管理；从板的主要作用是采集电芯的电压和温度。

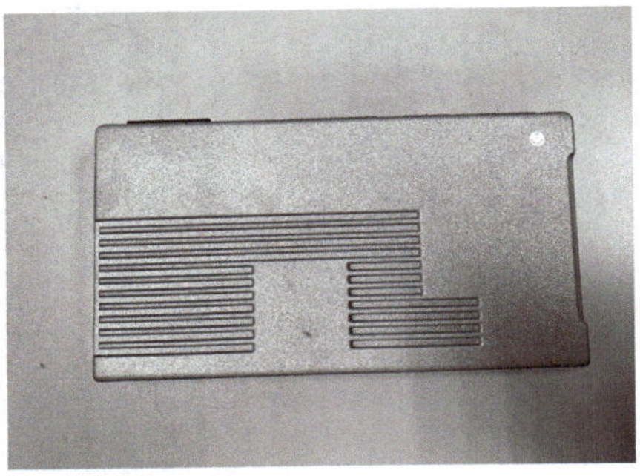

图 3-21　BMS 主板

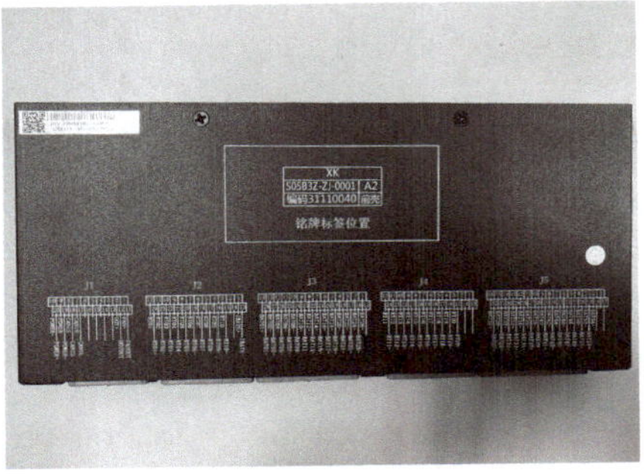

图 3-22　BMS 从板

## 2. BMS 的功能

BMS 在整车系统中发挥着巨大的作用，主要有八大功能，如图 3-23 所示。

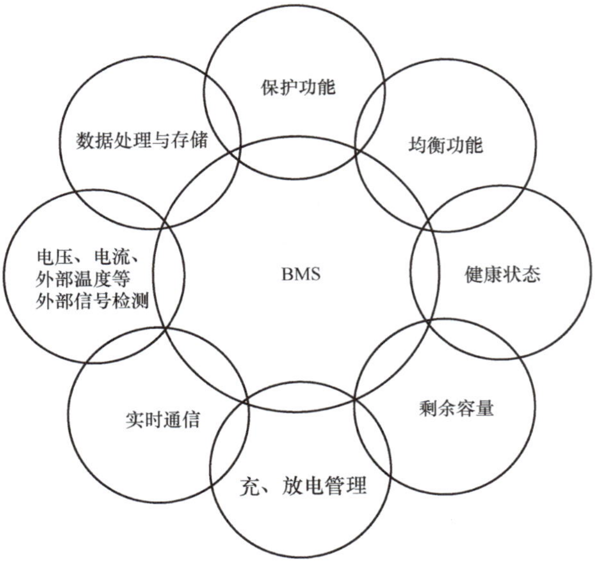


图 3-23　BMS 八大功能

（1）保护功能　过放电、过充电、过电流、过温等都会对电芯造成损坏，甚至造成热失控，对车辆和周围财产造成不可预估的损失。BMS 可及时采集、监测动力蓄电池信息，并将情况控制在合理的范围内。

随堂笔记

图 3-24 和图 3-25 所示分别为电动大巴车、电动汽车自燃。

1）过充电、过放电保护是保护动力蓄电池安全的一项重要保护功能。动力蓄电池在使用过程中有一个使用的电压区间，如三元锂离子蓄电池的一般使用区间为 3.0～4.2V，当动力蓄电池进行充电时，其荷电状态（SOC）达到 100% 时，如果继续对动力蓄电池进行充电，会造成热失控等不可预知的风险。通常情况下，BMS 策略设定为当动力蓄电池中某一电芯电压达到设定的截至电压时，其荷电状态会变为 100%。另一方面，当动力蓄电池进行放电时，其荷电状态（SOC）达到 0% 时，如果继续对动力蓄电池进行放电，会造成电芯不可逆转的损坏等风险。

2）过电流保护是保护其电流在合理的范围内，在充电过程中，其电流最大不超过多少，BMS 会进行合理的请求电流，防止其充电电流过大损坏电芯；在放电过程中，BMS 会进行合理的放电电流阈值限定，防止其超过阈值，从而对动力蓄电池进行保护。

图 3-24　电动大巴车自燃

图 3-25　电动汽车自燃

3）过温保护指防止动力蓄电池温度升高，且对温度升高进行报警，以防危险事件的发生。动力蓄电池是由许多化工产品组成的，其含有大量的能量，温度的调节和预警是保证动力蓄电池安全的基本条件。温度的调节可以通过 BMS 控制热管理系统进行，在发生某一电芯温度突然升高时，及时地切断动力蓄电池高压动力输出，并对驾驶人员进行预警提醒，也是过温保护的基本功能。图 3-26 所示为 BMS 上位机信息读取。

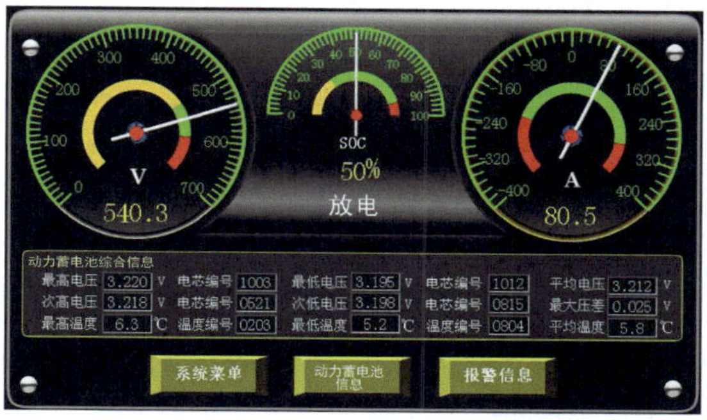


图 3-26　BMS 上位机信息读取

（2）均衡功能　BMS 均衡功能主要平衡电芯的一致性。生产制造和使用过程的差异性导致动力蓄电池电芯天然就存在着不一致性。不一致性主要表现在电芯容量、内阻、自放电率、充放电效率等方面。电芯的不一致性传导至动力蓄电池，必然带来动力蓄电池容量的损失，进而造成使用寿命的下降。有研究表明，电芯 20% 的容量差异会带来动力蓄电池 40% 的容量损失。

电芯的不一致性会随时间的推移，在温度以及振动条件等随机因素的影响下进一步恶化，使得参数向着离散化方向发展，从而进一步恶化。趋势无法逆转，但可以干预，降低它的恶化速率，方法之一就是通过 BMS 对电芯实施均衡。

均衡功能分为主动均衡和被动均衡两种。主动均衡：运用储能器件等将荷载较多能量的电芯部分能量转移到能量较少的电芯，是能量的转移；被动均衡：运用电阻器将高电压或高荷电量电芯的能量消耗掉，以达到减小不同电芯之间差距的目的，是一种能量的消耗。考虑到技术难度和成本，目前市面上大部分使用的是被动均衡，如图 3-27 所示。

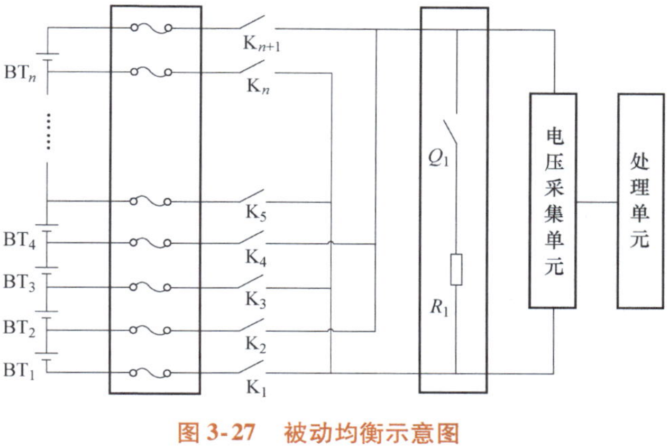


图 3-27　被动均衡示意图

（3）健康状态　动力蓄电池健康状态（State of Health，SOH）即动力蓄电池的健康状态，广义来说即是电芯容量的衰减。电动汽车随着充电使用次数的增加，其动力蓄电池内会发生微小的化学反应，游离的锂离子数

随堂笔记

量会减少，表现为动力蓄电池容量的降低。

目前，市面上最多的 SOH 估算方法为累计循环寿命线性插值法，即通过计算累计充放电循环次数来估算 SOH。计算公式如下：

$$SOH = 1 - \frac{n}{N \times 80\%} \times (1 - 80\%)$$

其中，$N$ 为总的最大允许充电次数，取动力蓄电池 80% 的循环寿命累计循环次数为 $N \times 80\%$（经验值），$n$ 为目前已经充电次数。例如 $N$ 为 2000 次，$n$ 为 1000 次，则 SOH 计算结果为 0.875。

（4）剩余容量　剩余容量即动力蓄电池剩余的可用容量，如图 3-28 所示，类比剩余能量（State of Energy，SOE）。剩余容量等于额定容量乘以荷电状态，额定可用容量需根据动力蓄电池温度和循环寿命 SOH 等因素进行修正，计算公式如下：

$$C_r = C_{温度} \times SOH$$

图 3-28　剩余容量示意图

其中，$C_{温度}$是动力蓄电池对应温度、满电情况下可放电容量，是不同温度条件下测试获得的。剩余能量（SOE）往往跟续驶里程有关，续驶里程等于剩余能量除以百公里耗电量。

（5）充、放电管理　充、放电管理分为充电管理和放电管理。动力蓄电池的充电管理是指 BMS 在动力蓄电池充电过程中对充电电流和充电电压的大小进行优化，优化的目标包括充电时长、充电效率和充电的饱满程度。BMS 和充电桩之间会进行 CAN 交互，以发送 BMS 请求电流、请求电压等一系列信息。

图 3-29　新能源汽车和充电桩

放电控制管理是指在动力蓄电池的放电过程中根据动力蓄电池的状态对放电电流进行控制。在一个较为先进的放电管理系统中，加入放电管理可以使动力蓄电池发挥更大的作用。例如 SOC 在 20% 以下就会报出电量过低，对输出电流进行限制。电流的限制跟温度有关，温度越低，其允许放电电流也越小。图 3-29 所示为新能源汽车和充电桩，图 3-30 所示为不同温度下的放电曲线。

随堂笔记

（6）实时通信　电动汽车的任何控制都无法离开车载信息网络，BMS 也不例外，其具有内 CAN 和整车 CAN。内 CAN 用于传递 BMS 的内部信息，例如从板采集电芯的电压数据和温度数据，然后通过内 CAN 传递到主板，主板对从板进行控制。整车 CAN 是与其他系统交互的通道，它是双向通信的，一方面，BMS 将电压、电流、温度等信息发送给其他部件；另一方面，整车控制器会将其他信息发送至 BMS。

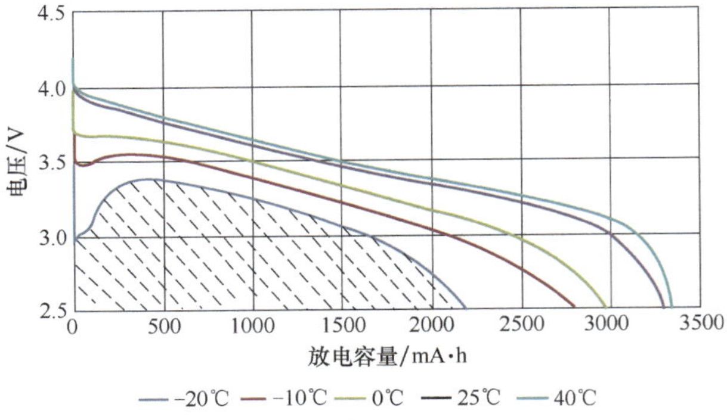

图 3-30　不同温度下的放电曲线

图 3-31　分流器

（7）电压、电流、外部温度等信号检测　动力蓄电池状态检测一般是对电压、电流、温度 3 种物理量的检测，这通常被视作 BMS 最基本的功能，因为这些信息是其他各项功能的前提和基础。电流通常是由分流器或霍尔传感器采集的。分流器（图 3-31）实际上是一个阻值很小的电阻，其精度高且温漂小，分流器阻值的选择主要依据是电动汽车电流的工作范围，阻值一定，通过采集两端电压得出其电流大小。

霍尔传感器（图 3-32）是根据霍尔效应原理来检测电流的一种电子元件，可以测量各种类型的电流（从直流电到几十千赫兹的交流电）。霍尔传感器是利用电磁感应原理来测量电流信号的。

图 3-32　霍尔传感器

电压的采集和温度采集是由从板统一进行采集的，一个动力蓄电池中往往有多个蓄电池模块，每个模块电压采集点和温度采集点个数因情况而异。快充口具有温度采集点来检测快充口的温度变化情况，防止其产生危险的事故发生。

（8）数据处理与存储　信息存储在时效上具有两种方式，即临时存储和永久存储。临时存储是利用 RAM 暂时保存动力蓄电池信息，例如暂存上 1min 估算的剩余电量和过去 1min 内电流的变化情况，以便估算出此时此刻的动力蓄电池的荷电状态；永久存储可利用 EEROM、Flash 等器件实现，可保存时间跨度较大的历史信息。图 3-33 所示为 BMS 上位机历史故障存储。

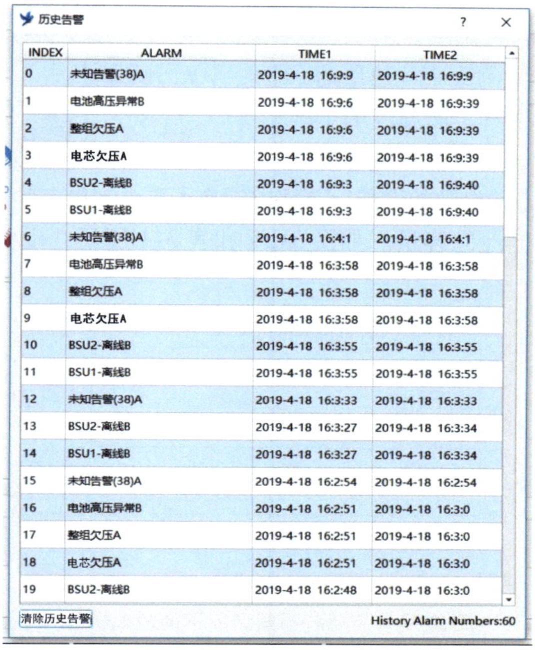

历史告警

| INDEX | ALARM | TIME1 | TIME2 |
|---|---|---|---|
| 0 | 未知告警(38)A | 2019-4-18 16:9:9 | 2019-4-18 16:9:9 |
| 1 | 电池高压异常B | 2019-4-18 16:9:6 | 2019-4-18 16:9:39 |
| 2 | 整组欠压A | 2019-4-18 16:9:6 | 2019-4-18 16:9:39 |
| 3 | 电芯欠压A | 2019-4-18 16:9:6 | 2019-4-18 16:9:39 |
| 4 | BSU2-离线B | 2019-4-18 16:9:3 | 2019-4-18 16:9:40 |
| 5 | BSU1-离线B | 2019-4-18 16:9:3 | 2019-4-18 16:9:40 |
| 6 | 未知告警(38)A | 2019-4-18 16:4:1 | 2019-4-18 16:4:1 |
| 7 | 电池高压异常B | 2019-4-18 16:3:58 | 2019-4-18 16:3:58 |
| 8 | 整组欠压A | 2019-4-18 16:3:58 | 2019-4-18 16:3:58 |
| 9 | 电芯欠压A | 2019-4-18 16:3:58 | 2019-4-18 16:3:58 |
| 10 | BSU2-离线B | 2019-4-18 16:3:55 | 2019-4-18 16:3:55 |
| 11 | BSU1-离线B | 2019-4-18 16:3:55 | 2019-4-18 16:3:55 |
| 12 | 未知告警(38)A | 2019-4-18 16:3:33 | 2019-4-18 16:3:33 |
| 13 | BSU2-离线B | 2019-4-18 16:3:27 | 2019-4-18 16:3:34 |
| 14 | BSU1-离线B | 2019-4-18 16:3:27 | 2019-4-18 16:3:34 |
| 15 | 未知告警(38)A | 2019-4-18 16:2:54 | 2019-4-18 16:2:54 |
| 16 | 电池高压异常B | 2019-4-18 16:2:51 | 2019-4-18 16:3:0 |
| 17 | 整组欠压A | 2019-4-18 16:2:51 | 2019-4-18 16:3:0 |
| 18 | 电芯欠压A | 2019-4-18 16:2:51 | 2019-4-18 16:3:0 |
| 19 | BSU2-离线B | 2019-4-18 16:2:48 | 2019-4-18 16:3:0 |

清除历史告警　History Alarm Numbers:60

图 3-33　BMS 上位机历史故障存储

随堂笔记

# 任务四　动力蓄电池热管理系统的认知

## 学习目标

1. 了解动力蓄电池热管理系统的功能和作用。
2. 能够区分不同动力蓄电池热管理系统的散热和保温方式。
3. 能够根据原理图找出相对应动力蓄电池电池热管理系统中的零部件。

## 任务描述

实训室中的纯电动汽车在驾驶性能测试后出现了发热异常的现象，请根据本任务所学知识对该车辆进行检测诊断，以小组形式讨论并将检测报告最终结果上交，由理论与实训教师共同评分。

## 知识储备

### 1. 动力蓄电池热管理系统概述

动力蓄电池热管理系统是 Battery Thermal Mangement System，简称 BTMS。

（1）动力蓄电池热量的产生　动力蓄电池的主要热量来自于动力蓄电池在使用过程中的内阻热；另一部分主要来自于动力蓄电池内部的电化学反应热。图 3-34 所示为化学反应吸热/放热的示意图。

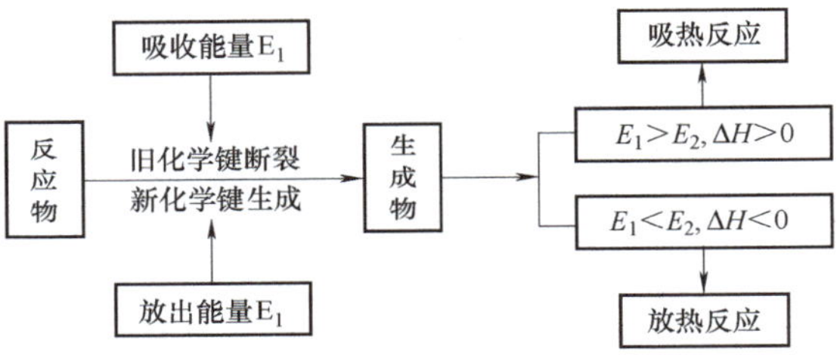


图 3-34　化学反应吸热/放热示意图

随堂笔记

（2）温度对动力蓄电池的影响　热量的产生导致动力蓄电池温度上升，而温度的上升影响动力蓄电池的性能。同时，环境温度的过高、过低同样影响动力蓄电池的性能，下面以锂离子蓄电池电芯为例进行介绍。

1）温度影响动力蓄电池的容量。如图 3-35 和表 3-1 所示，动力蓄电池在低温情况下较常温容量衰减近 30%。

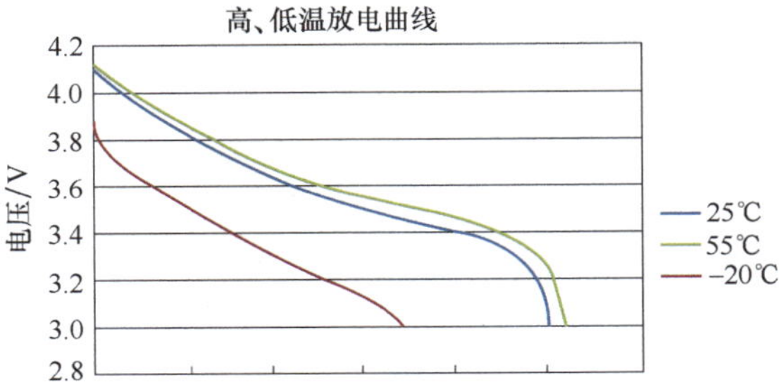


图 3-35　某电芯不同温度下的放电曲线

表 3-1　某电芯不同温度下的放电容量保持率

| 电芯序号 | 放电容量/A·h | | | 百分比（%） | | |
|---|---|---|---|---|---|---|
| | 25℃ | 55℃ | -20℃ | 25℃ | 55℃ | -20℃ |
| 1# | 17.564 | 18.147 | 12.488 | 100% | 103.3% | 71.1% |
| 2# | 17.591 | 18.372 | 12.701 | 100% | 104.4% | 72.2% |
| 平均值 | 17.577 | 18.259 | 12.594 | 100% | 103.85% | 71.6% |

2）温度影响动力蓄电池的充、放电效率及功率。某电芯的持续充、放电功率见表 3-2。

表 3-2　某电芯的持续充、放电功率表

| 电芯持续充电功率/kW | | | | | | | | | | | | | | |
|---|---|---|---|---|---|---|---|---|---|---|---|---|---|---|
| T/℃ | SOC（%） | | | | | | | | | | | | | |
| | 0 | 5 | 6 | 8 | 10 | 20 | 30 | 40 | 50 | 60 | 70 | 80 | 90 | 100 |
| <0 | 0 | 0 | 0 | 0 | 0 | 0 | 0 | 0 | 0 | 0 | 0 | 0 | 0 | 0 |
| 0 | 0.0184 | 0.0185 | 0.0185 | 0.0186 | 0.0186 | 0.0190 | 0.0185 | 0.0177 | 0.0163 | 0.0129 | 0.0132 | 0.0135 | 0.0140 | 0 |
| 5 | 0.0192 | 0.0191 | 0.0190 | 0.0192 | 0.0197 | 0.0201 | 0.0194 | 0.0187 | 0.0178 | 0.0135 | 0.0139 | 0.0141 | 0.0145 | 0 |
| 10 | 0.0421 | 0.0425 | 0.0425 | 0.0431 | 0.0434 | 0.0438 | 0.0441 | 0.0444 | 0.0321 | 0.0327 | 0.0334 | 0.0343 | 0.0353 | 0 |
| 20 | 0.0601 | 0.0606 | 0.0610 | 0.0615 | 0.0621 | 0.0625 | 0.0632 | 0.0636 | 0.0643 | 0.0656 | 0.0670 | 0.0549 | 0.0565 | 0 |
| 30 | 0.0710 | 0.0718 | 0.0719 | 0.0723 | 0.0727 | 0.0744 | 0.0754 | 0.0760 | 0.0768 | 0.0787 | 0.0807 | 0.0687 | 0.0706 | 0 |
| 40 | 0.0700 | 0.0704 | 0.0705 | 0.0732 | 0.0720 | 0.0739 | 0.0740 | 0.0742 | 0.0755 | 0.0771 | 0.0784 | 0.0688 | 0.0709 | 0 |
| 45 | 0.0591 | 0.0602 | 0.0602 | 0.0608 | 0.0608 | 0.0622 | 0.0632 | 0.0636 | 0.0643 | 0.0657 | 0.0671 | 0.0688 | 0.0709 | 0 |
| 50 | 0.0287 | 0.0299 | 0.0299 | 0.0302 | 0.0302 | 0.0309 | 0.0315 | 0.0318 | 0.0320 | 0.0327 | 0.0334 | 0.0343 | 0.0354 | 0 |
| 55 | 0.0289 | 0.0231 | 0.0291 | 0.0297 | 0.0296 | 0.0301 | 0.0304 | 0.0311 | 0.0315 | 0.0316 | 0.0326 | 0.0340 | 0.0352 | 0 |
| >55 | 0 | 0 | 0 | 0 | 0 | 0 | 0 | 0 | 0 | 0 | 0 | 0 | 0 | 0 |
| 电芯持续放电功率/kW | | | | | | | | | | | | | | |
| T/℃ | SOC（%） | | | | | | | | | | | | | |
| | 0 | 5 | 6 | 8 | 10 | 20 | 30 | 40 | 50 | 60 | 70 | 80 | 90 | 100 |
| < -20 | 0 | 0 | 0 | 0 | 0 | 0 | 0 | 0 | 0 | 0 | 0 | 0 | 0 | 0 |
| -20 | 0 | 0.0061 | 0.0061 | 0.0061 | 0.0064 | 0.0125 | 0.0190 | 0.0321 | 0.0326 | 0.0330 | 0.0336 | 0.0343 | 0.0351 | 0.0359 |
| -15 | 0 | 0.0068 | 0.0069 | 0.0068 | 0.0070 | 0.0129 | 0.0189 | 0.0320 | 0.0324 | 0.0336 | 0.0341 | 0.0343 | 0.0358 | 0.0366 |
| -10 | 0 | 0.0123 | 0.0123 | 0.0148 | 0.0160 | 0.0250 | 0.0316 | 0.0345 | 0.0341 | 0.0349 | 0.0352 | 0.0353 | 0.0363 | 0.0378 |
| -5 | 0 | 0.0126 | 0.0124 | 0.0151 | 0.0165 | 0.0257 | 0.0332 | 0.0348 | 0.0351 | 0.0357 | 0.0360 | 0.0368 | 0.0372 | 0.0386 |
| 0 | 0 | 0.0130 | 0.0131 | 0.0154 | 0.0170 | 0.0261 | 0.0339 | 0.0355 | 0.0358 | 0.0365 | 0.0371 | 0.0379 | 0.0385 | 0.0394 |
| 5 | 0 | 0.0135 | 0.0134 | 0.0158 | 0.0174 | 0.0268 | 0.0348 | 0.0360 | 0.0368 | 0.0375 | 0.0379 | 0.0385 | 0.0392 | 0.0410 |
| 10 | 0 | 0.0181 | 0.0181 | 0.0184 | 0.0184 | 0.0311 | 0.0505 | 0.0509 | 0.0514 | 0.0525 | 0.0536 | 0.0549 | 0.0565 | 0.0582 |
| 20 | 0 | 0.0303 | 0.0303 | 0.0492 | 0.0492 | 0.0625 | 0.0632 | 0.0636 | 0.0643 | 0.0656 | 0.0670 | 0.0687 | 0.0706 | 0.0728 |
| 30 | 0 | 0.0608 | 0.0608 | 0.0615 | 0.0615 | 0.0632 | 0.0641 | 0.0639 | 0.0648 | 0.0661 | 0.0682 | 0.0691 | 0.0714 | 0.0734 |
| 40 | 0 | 0.0602 | 0.0602 | 0.0608 | 0.0608 | 0.0622 | 0.0632 | 0.0636 | 0.0643 | 0.0657 | 0.0671 | 0.0688 | 0.0709 | 0.0731 |
| 45 | 0 | 0.0611 | 0.0609 | 0.0612 | 0.0614 | 0.0628 | 0.0637 | 0.0641 | 0.0648 | 0.0661 | 0.0678 | 0.0692 | 0.0712 | 0.0742 |
| 50 | 0 | 0.0299 | 0.0299 | 0.0302 | 0.0302 | 0.0309 | 0.0315 | 0.0318 | 0.0320 | 0.0327 | 0.0334 | 0.0343 | 0.0354 | 0.0364 |
| 55 | 0 | 0.0293 | 0.0291 | 0.0300 | 0.0298 | 0.0299 | 0.0311 | 0.0311 | 0.0318 | 0.0322 | 0.0331 | 0.0340 | 0.0347 | 0.0359 |
| >55 | 0 | 0 | 0 | 0 | 0 | 0 | 0 | 0 | 0 | 0 | 0 | 0 | 0 | 0 |

随堂笔记

3）温度影响动力蓄电池的安全性。当温度过高，超过限制时，存在热失控隐患，可能导致燃烧、爆炸事故，如图 3-36 和图 3-37 所示。若温度过低，充电速度过快，会导致负极处形成锂枝晶，锂枝晶变大可能刺破隔膜形成短路。

4）温度影响动力蓄电池的使用寿命。研究表明，当动力蓄电池持续工作在 45℃以上的环境时，其日历寿命及循环寿命明显降低，如图 3-38 和图 3-39 所示。

图 3-36　某城市纯电动出租车燃烧

图 3-37　某城市纯电动客车燃烧

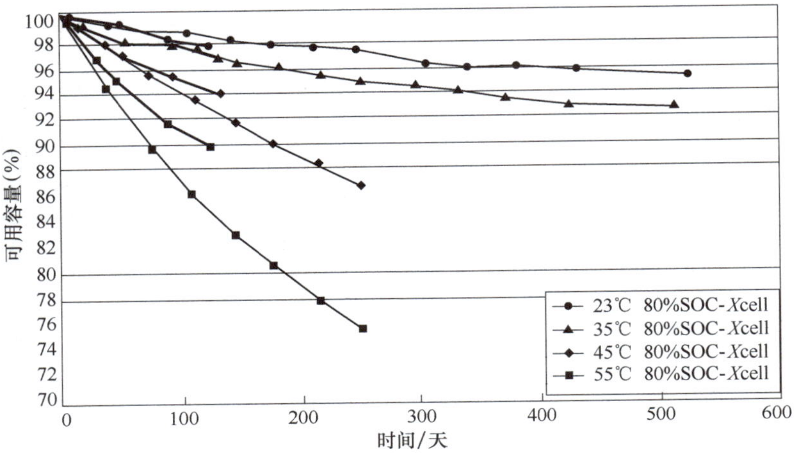


图 3-38　温度对动力蓄电池日历寿命的影响

(3) BTMS 的作用　BTMS 通过对温度进行调节和控制，使动力蓄电池在运行过程中始终保持在合适的温度范围，以提高动力蓄电池的性能和效率，延长其使用寿命，降低电动车辆的成本，保障电动车辆的安全使用。其功能包括：

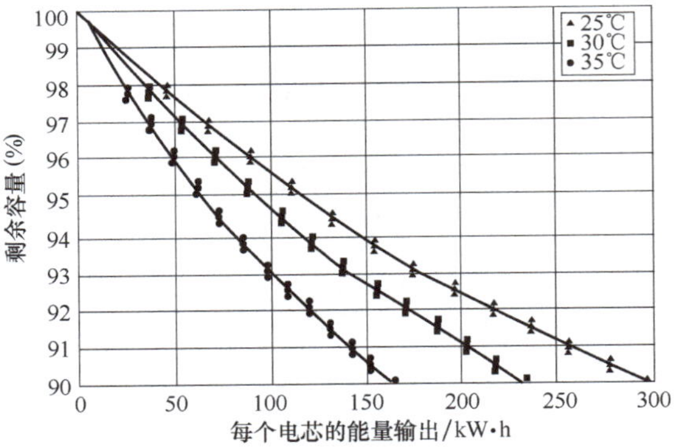


图 3-39　温度对动力蓄电池循环寿命的影响

1）动力蓄电池温度的准确测量和监控。

2）蓄电池模组温度超过限值时，能有效散热和降温。

3）低温条件下的快速加热，使动力蓄电池处于能正常运行的温度范围。

4）保证动力蓄电池温度场的均匀分布，降低电芯之间的温度差异。

**2. BTMS 的结构分类及工作原理**

不同的 BTMS，零部件的结构、重量以及系统的成本和控制方式不同，使得系统所达到的性能也不同。BTMS 包括冷却系统、加热系统和保温系统 3 个子系统。

(1) 冷却系统　冷却系统主要分为直冷系统、低温散热器冷却系统、直接冷却水冷却系统、空冷/水冷混合冷却系统及直接空气冷却系统。

1）直冷系统。如图 3-40 所示，直冷系统具有系统紧凑、重量轻以及性能好的优点，但是此系统是一个双蒸发器系统、系统没有动力蓄电池制热、没有冷凝水保护、制冷剂温度不易控制且制冷剂系统使用寿命短。

2）低温散热器冷却系统。如图 3-41 所示，低温散热器冷却系统是蓄电池的一个单独系统，由散热器、水泵和加热器组成。该冷却系统具有系统简单、成本低、低温环境下经济、节能等优点，但是此系统有着冷却性能低、夏天冷却液温度高、应用受天气限制等缺点。

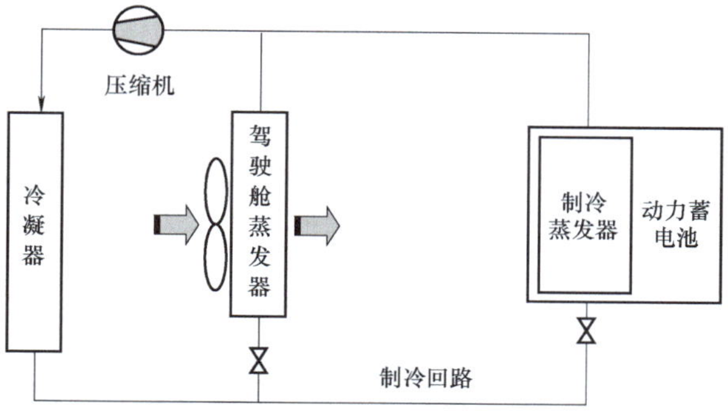


图 3-40　直冷系统原理图

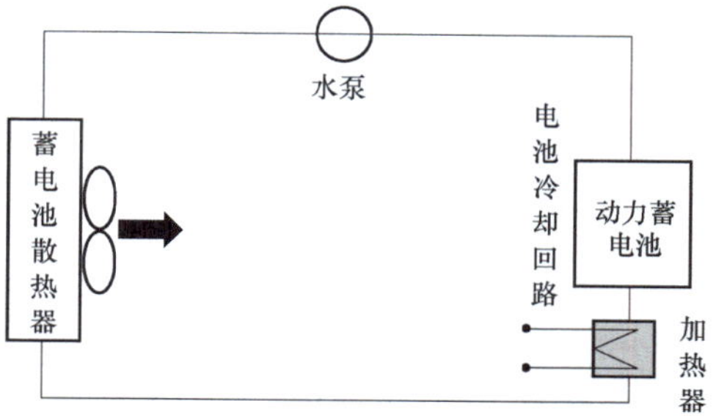


图 3-41　低温散热器冷却系统原理图

3）直接冷却水冷却系统。如图 3-42 所示，直接冷却水冷却系统具有系统紧凑、冷却性能好以及工业应用范围广等优点，但是此系统零部件比直冷多、系统复杂、燃料经济性差且压缩机负荷高。此类型的冷却系统是目前最常用的冷却系统之一。

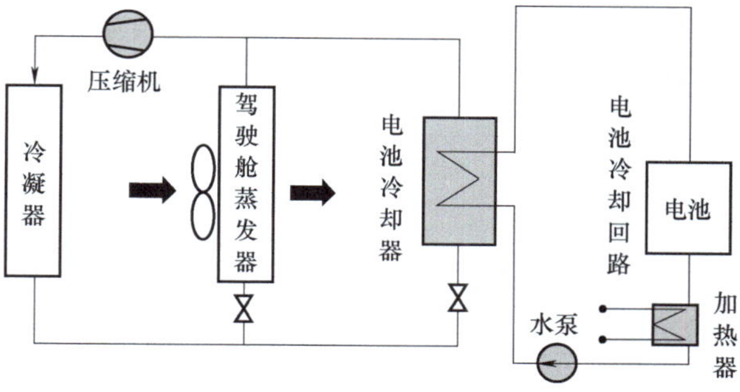


图 3-42　直接冷却水冷却系统原理图

4）直接空气冷却系统。如图 3-43 所示，此系统利用驾驶舱的低温空气对动力蓄电池进行冷却。直接空气冷却系统具有系统简单、空气温度可控以及成本低等优点，但是此系统并不是对所有类型的电芯都适合，浸湿后恢复慢且蓄电池内部会有污染的风险。

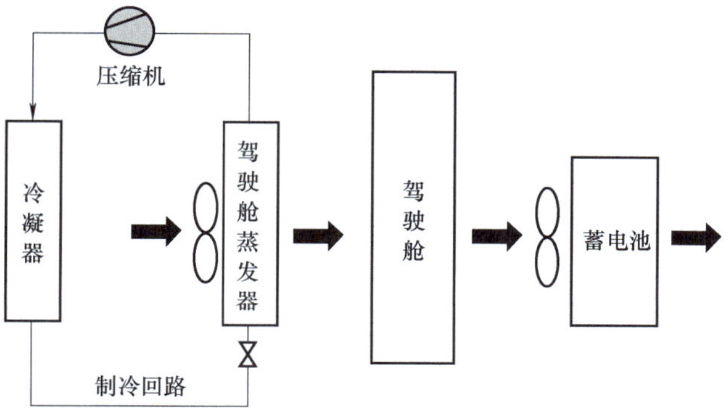


图 3-43　直接空气冷却系统原理图

随堂笔记

5）空冷/水冷混合冷却系统。如图3-44所示，空冷/水冷混合冷却系统中有水冷蓄电池冷却器、空冷蓄电池散热器两个关键部件。

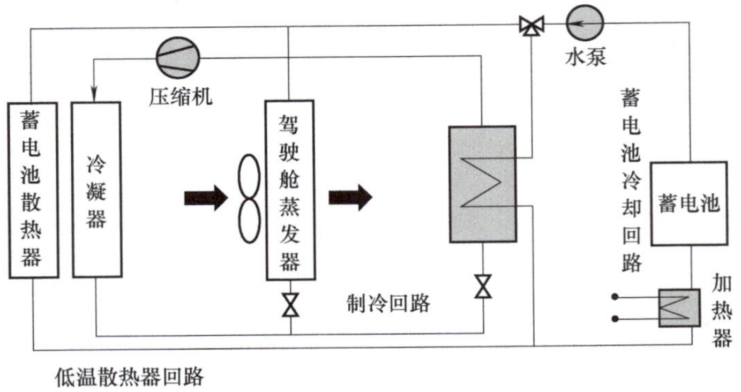


图3-44　空冷/水冷混合冷却系统原理图

空冷/水冷混合冷却系统具有系统紧凑、性能好且低温环境下经济、节能等优点，但是此系统复杂、成本高、控制复杂且可靠性要求高。

(2) 加热系统　加热系统分为电加热膜加热、PTC加热、液热。

1）电加热膜加热。电加热膜一般由电阻丝、绝缘包覆层、引出导线和接插线组成。图3-45所示为加热膜加热高压回路示意图。

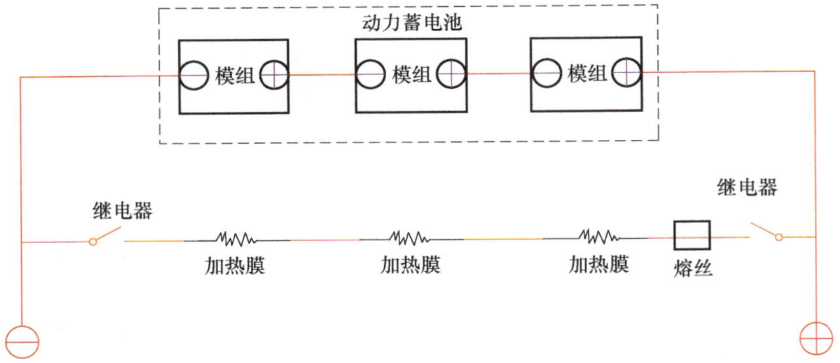


图3-45　电加热膜加热高压回路示意图

2）PTC加热。PTC加热是利用材料的电阻随温度的升高而增加的特性进行加热。当加热器温度升高时，其内阻增大引起加热功率减小，自身温度下降；当加热温度下降时，其内阻减小引起加热功率增大，自身温度升高。PTC加热器由PTC原件、导热金属板和引出导线组成。图3-46所示为PTC加热器加热高压回路示意图。

3）液热。液热是建立在液冷系统（直接冷却水冷却系统）之上的一种加热形式，通过在外循环回路中并联/串联一个加热回路，实现对动力蓄电池的加热。

(3) 保温系统　保温系统的功用是当动力蓄电池遇到高、低温环境时，提升冷却和加热的效率，在较大程度上减少BTMS的能耗。

### 3. 东南DX3 EV400 BTMS介绍

1）结构。东南DX3 EV400根据动力蓄电池发热量选择目前业内主流BTMS方案，具备液体冷却和液体加热功能。图3-47所示为东南DX3 EV400 BTMS结构示意图。

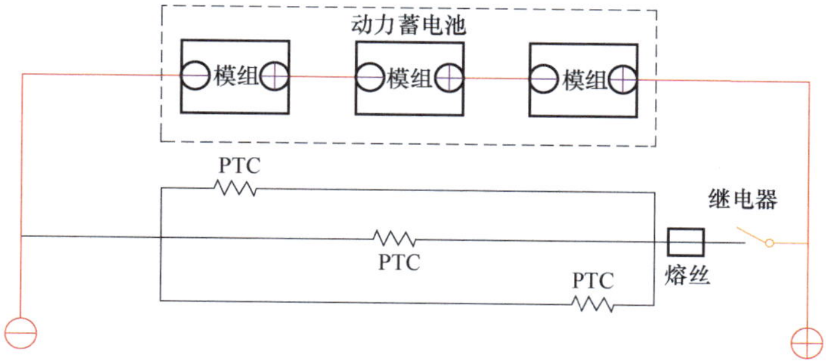


图 3-46　PTC 加热器加热高压回路示意图

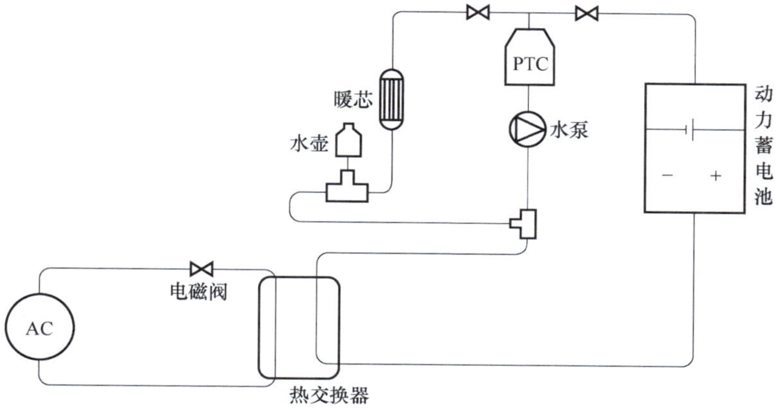


图 3-47　DX3 EV400 BTMS 结构示意图

2）与空调系统的交互。东南 DX3 EV400 空调暖风回路与动力蓄电池加热共用 PTC 和水泵，动力蓄电池冷却回路需空调的冷媒介质与热交换器热交换实现动力蓄电池的冷却；BMS 采集温度后判断并发送动力蓄电池加热冷却需求给空调，空调根据软件策略控制各零部件的开闭。

动力蓄电池面对长续驶里程、高能量密度、长使用寿命等性能需求，对于 BTMS 的要求越来越高。目前，广泛运用的 BTMS 还只能满足基本需求，需要积极地探索更加高效的 BTMS 方案。

随堂笔记

# 项目四

# 驱动电机系统

## 任务一　驱动电机系统的认知

### 学习目标

1. 熟悉电动汽车驱动电机的组成与种类。
2. 理解电动汽车驱动电机的主要参数以及设计要求。
3. 了解电动汽车驱动电机的未来发展趋势。

### 任务描述

车展期间，李先生到车展现场咨询某车型电动汽车价格，有购置意向，但李先生是一个比较传统的人，之前购买的车辆是燃油汽车，对电动汽车驱动电机不太了解。作为该品牌的资深销售顾问，请结合本任务所学习的知识为李先生介绍该车型电动汽车的驱动电机与传统汽油发动机的各自优缺点，打消李先生购车的疑虑，完成销售引导。

### 知识储备

随堂笔记

#### 一、驱动电机系统概述

**1. 驱动电机系统的组成与类型**

（1）驱动电机系统的组成　驱动电机系统是电动汽车的“心脏”，它由驱动电机、电机控制器、各种检测传感器等组成，其任务是在驾驶人的控制下，高效率地将动力蓄电池的电能转化为车轮的动能，或者将车轮的动能反馈到蓄电池中。图 4-1 所示为驱动电机系统在整车电气架构图中的位置。

（2）驱动电机的类型　电动汽车驱动电机的分类如图 4-2 所示。

驱动电机按工作电源种类划分可分为直流电机和交流电机。

1）直流电机按结构及工作原理可划分为无刷直流电机和有刷直流电机。有刷直流电机可划分为永磁直流电机和励磁直流电机。

2）交流电机可划分为单相电机、三相电机和开关磁阻电机。三相电机按结构和工作原理可分为异步电机和同步电机。同步电机可划分为永磁同步电机和励磁同步电机。异步电机可划分为绕线式异步电机和笼式异步电机。

目前，纯电动汽车驱动电机主要采用直流电机、永磁同步电机和交流感应电机。这 3 种驱动电机的特点对比见表 4-1。

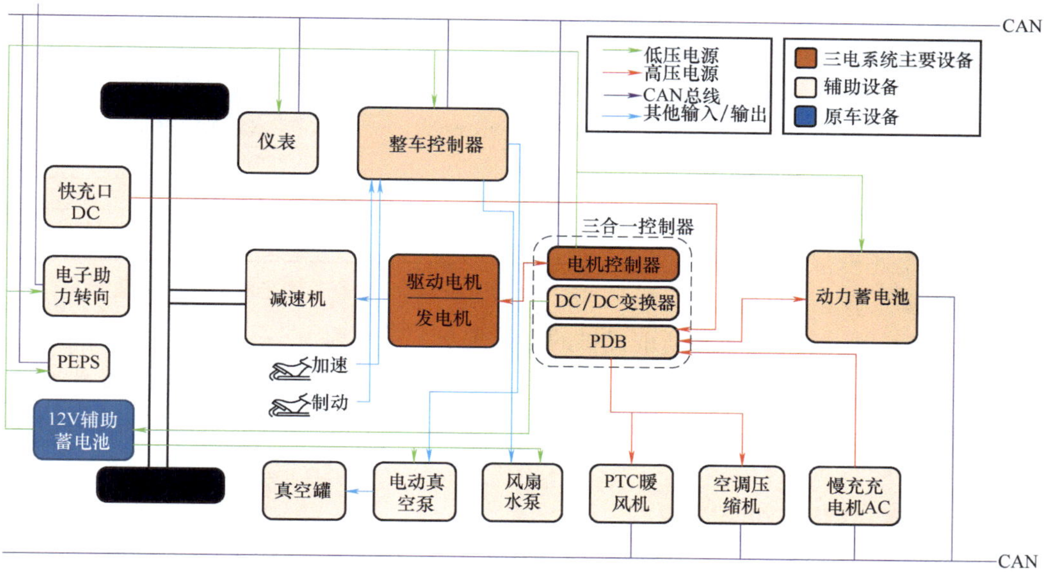


图 4-1 驱动电机系统在整车电气架构图中的位置

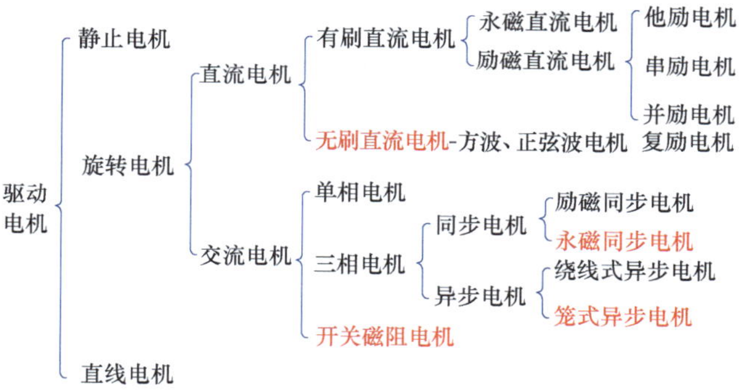


图 4-2 电动汽车驱动电机的分类

表 4-1 3 种驱动电机类型的特性比较

| 参 数 | 类 型 | | |
|---|---|---|---|
| | 直 流 电 机 | 永磁同步电机 | 交流感应电机 |
| 比功率 | 低 | 高 | 中 |
| 峰值效率/% | 85 ~ 89 | 95 ~ 97 | 94 ~ 95 |
| 负荷效率/% | 80 ~ 87 | 85 ~ 97 | 90 ~ 92 |
| 转速范围/(r/min) | 4000 ~ 6000 | 4000 ~ 10000 | 12000 ~ 15000 |
| 可靠性 | 一般 | 好 | 较好 |
| 尺寸 | 大 | 小 | 中 |
| 代表车型 | 蓄电池代步车 | 比亚迪秦、唐 | 特斯拉 model S |
| 成本 | 低 | 中 | 低 |
| 控制难度 | 低 | 一般 | 高 |

## 2. 永磁同步电机的常见指标

图 4-3 所示为某永磁同步电机铭牌参数，其中各参数含义为：

（1）持续功率　驱动电机可以持续运行、长期高效率持续工作的功率值，是根据车辆用途和常规车速进行节能设计和可靠性评估的重要指标，单位为 kW。

（2）持续转矩　驱动电机运行时可以持续输出，长期工作下可以达到温升平衡的转矩，是评价常规车速及高效区分布的重要指标，单位为 N·m。

永磁同步电机

| | |
|---|---|
| 型号 | 冷却方式：水冷 |
| 额定电压：345V | 峰值转矩：280N·m |
| 持续转矩：135N·m | 峰值功率：90kW |
| 持续功率：45kW | 最高转速：10000r/min |
| 相数：　3 | 绝缘等级：H |
| 工作制：　S9 | 防护等级：IP67 |
| 质量：　53kg | 生产日期：×××.××.×× |

图 4-3　某永磁同步电机铭牌参数

（3）额定电压　动力蓄电池所能提供的电压大小，单位为 V。

（4）峰值转矩　驱动电机所能输出的最大转矩，一般等于堵转转矩，单位为 N·m。

（5）最高转速　额定电压下，驱动电机带载运行克服反电动势所能达到的最高转速，单位为 r/min。

### 3. 电动汽车对驱动电机的要求

电动汽车在行驶过程中，经常频繁地起动/停车、加速/减速等，这就要求电动汽车的驱动电机比一般工业应用的驱动电机性能更高，其基本要求如图 4-4 所示。

1）驱动电机的运行特性要满足电动汽车的要求。在恒转矩区，要求低速运行时具有大转矩，以满足电动汽车起步和爬坡的要求；在恒功率区，要求低转矩时具有高速度，以满足电动汽车在平坦的路面能够高速行驶的要求。

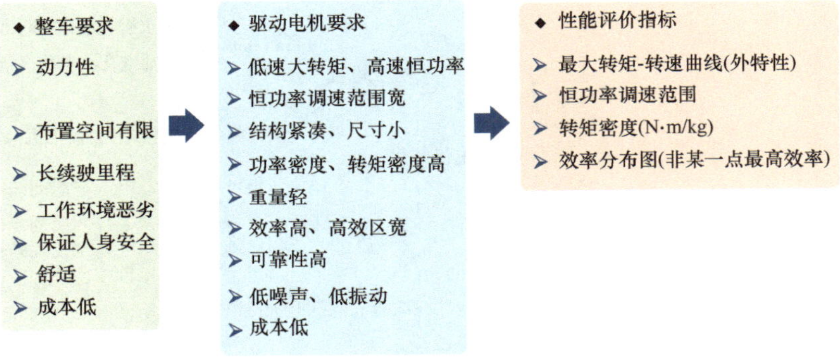


图 4-4　电动汽车驱动电机的要求

随堂笔记

2）驱动电机应具有瞬时功率大、带负载起动性能好、过载能力强，加速性好，噪声低、使用寿命长的特点。

3）驱动电机应在整个运行范围内具有很高的效率，以提高一次充电的续驶里程。

4）驱动电机应能够在汽车减速时实现再生制动，将能量回收并反馈给动力蓄电池，使得电动汽车具有最佳的能量利用率。

5）驱动电机应可靠性好，能够在较恶劣的环境下长期工作。

6）驱动电机应体积小，重量轻，一般为工业用驱动电机的 1/3～1/2。

7）驱动电机的结构应简单坚固，适合批量生产，便于使用和维护。

8）驱动电机的价格应便宜，从而能够减少整体电动汽车的价格，提高性价比。

### 4. 电动汽车驱动电机的发展趋势

1）驱动电机的功率密度不断提高，永磁同步电机应用范围不断扩大。

**小知识　驱动电机永磁化**

高功率密度、高可靠性电驱动系统的研发和产业化，构建自主可控的产业链；建立和健全富锂层氧化物正极材料/硅基合金体系锂离子蓄电池、全固态锂离子蓄电池、金属空气电池、锂硫电池等下一代锂离子动力蓄电池和新体系动力蓄电池的产业链，并推动高功率密度、高效化、轻量化、小型化的驱动电机的研发。

工信部《中国制造2025》功率密度目标：2025年达到4kW/kg。

2）驱动电机的工作转速不断提高，回馈制动的高效区不断拓宽。图4-5所示为永磁同步电机弱磁方式。

3）电驱动系统的集成化和一体化趋势更加明显，如图4-6所示。

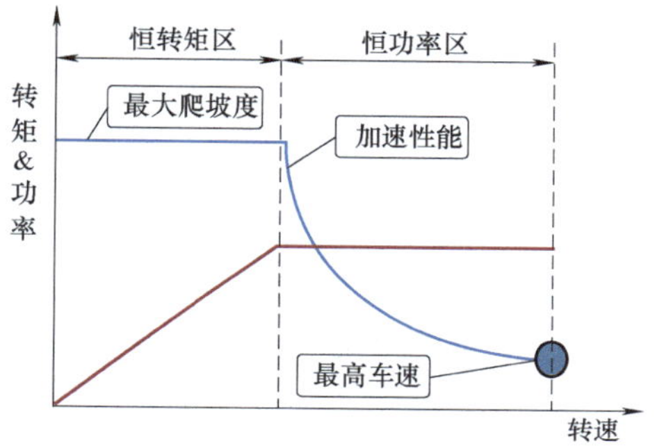


图4-5　永磁同步电机弱磁方式

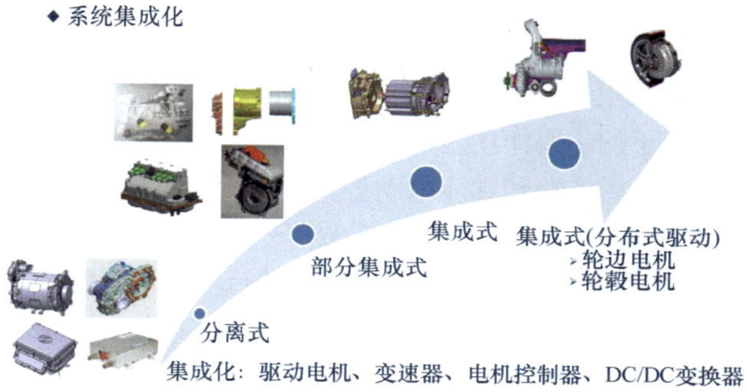


图4-6　电驱动系统的集成化和一体化

4）电机控制器功率模块新材料（如碳化硅SiC）应用加快，系统效率不断提高，如图4-7所示。

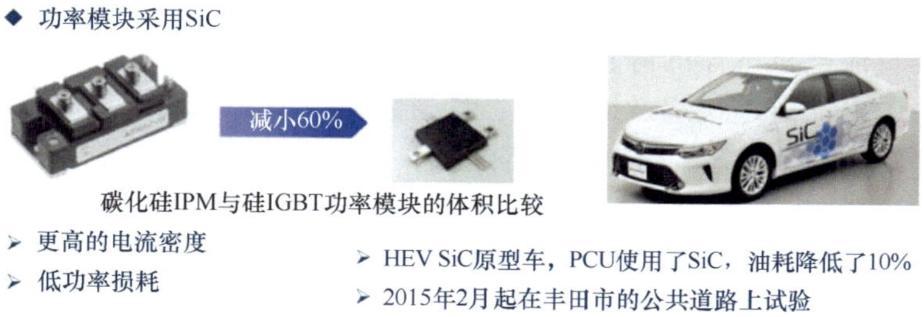


图4-7　电机控制器功率模块新材料

# 任务二　驱动电机的结构与工作原理

## 学习目标

1. 理解直流电机、永磁同步电机、交流感应电机的结构与工作原理。
2. 能够简单区分直流电机、永磁电机、交流感应电机。
3. 了解3种驱动电机各自的特点。

## 任务描述

驱动电机是电动汽车的主要动力输出装置，电动汽车缺少了它将无法正常行驶。今天配件仓库订回了3种配件编码丢失的不同驱动电机，请结合本任务所学知识对这3种不同驱动电机进行识别，并重新编号入库。

## 知识储备

### 1. 直流电机的结构及工作原理

扫一扫

驱动电机的拆装与检测

直流电机主要有有刷直流电机和无刷直流电机两种，特别是无刷直流电机以其出色的工作特性在纯电动低速车中应用广泛。下面对无刷直流电机的结构及工作原理进行介绍。

直流电机由定子和转子两大部分组成。运行时静止不动的部分称为定子，定子的主要作用是产生磁场；运行时转动的部分称为转子，其主要作用是产生电磁转矩和感应电动势，是直流电机进行能量转换的枢纽。无刷直流电机主要由用永磁材料制造的转子、带有线圈绕组的定子和位置传感器组成，如图4-8所示。

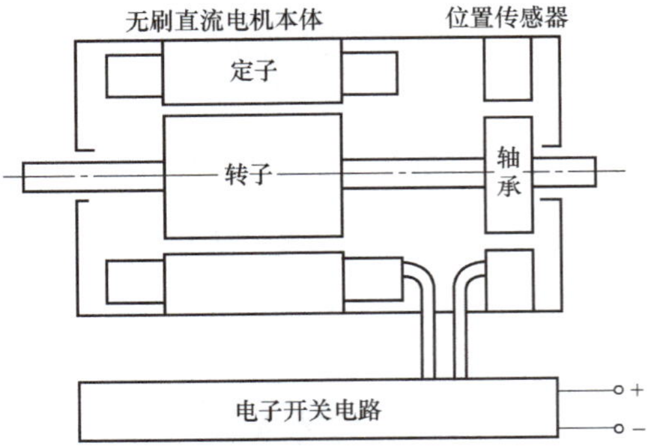

图4-8　无刷直流电机的结构示意图

转子是无刷直流电机本体的转动部分，是产生励磁磁场的部件，它由永磁体、导磁体和支撑零部件组成。永磁体和导磁体是产生磁场的核心，由永磁材料和导磁材料组成，如图4-9所示。第一种结构是转子铁心外表面粘贴瓦片形磁钢，称为凸极式；第二种结构是磁钢插入转子铁心的沟槽中，称为内嵌式或隐极式。

随堂笔记

定子是无刷直流电机本体的静止部分，由导磁的定子铁心、导电的电枢绕组及固定铁心和绕组用的一些零部件、绝缘材料、引出部分等组成，如机壳、绝缘片、槽楔、引出线及环氧树脂等。定子是无刷直流电机的电枢。定子铁心一般由硅钢片叠成，取用硅钢片的目的是减少主定子的铁耗。硅钢片冲成带有齿槽的环形冲片，在槽内嵌放电枢绕组，槽数视绕组的相数和极对数而定。为减少铁心的涡流损耗，冲片表面涂绝缘漆或磷化处理。为了减少噪声和寄生转矩，定子铁心采用斜槽。在叠装后的铁心槽内放置槽绝缘和电枢线圈，然后整形、浸漆，最后把主定子铁心压入机壳内。有时为了增加绝缘和机械强度，还需要采用环氧树脂进行灌封。某无刷直流电机拆解后的定子铁心如图4-10所示。

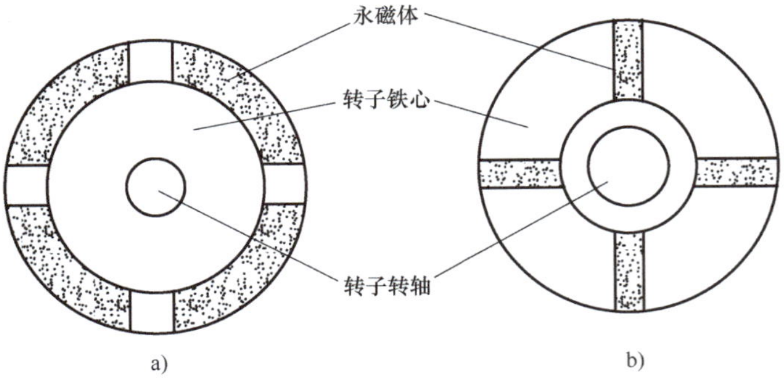

图4-9　转子的结构

定子铁心中安放着对称的多相绕组，可接成星形或三角形，各相绕组分别与电子开关线路中的相应晶体管连接。电子开关线路有桥式和非桥式两种。图 4-11 所示为常用的几种电枢绕组连接方式，其中图 a)、b) 是非桥式开关电路，其他是桥式开关电路。

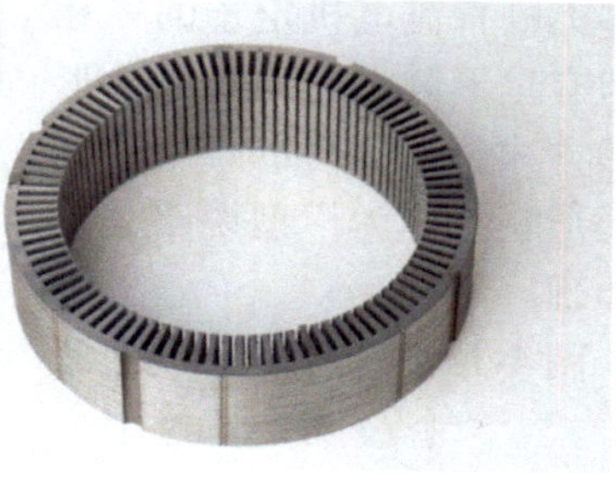
图 4-10　某无刷直流电机拆解后的定子铁心

无刷直流电机一般采用霍尔元件作为位置传感器，由于无刷直流电机的转子是永磁的，可以很方便地利用霍尔元件的“霍尔效应”检测转子的位置。图 4-12 所示为四相霍尔无刷直流电机工作原理图。

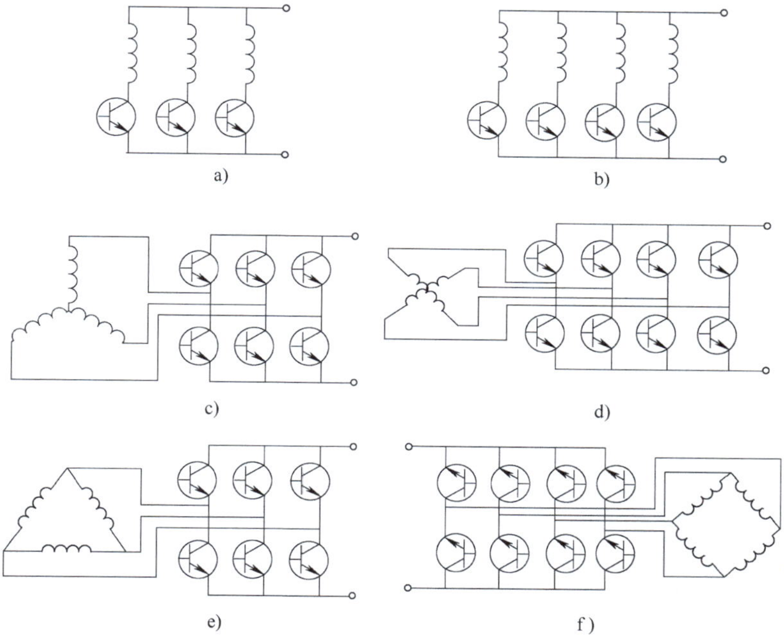

图 4-11　电枢绕组连接方式

图 4-12 中两个霍尔元件 $H_1$ 和 $H_2$ 以间隔 90° 电角度粘于无刷直流电机定子绕组 *A* 和 *B* 的轴线上，并通上控制电流，无刷直流电机转子磁钢兼作位置传感器的转子。当无刷直流电机转子旋转时，磁钢 *N* 极和 *S* 极轮流通过霍尔元件 $H_1$ 和 $H_2$，因而产生对应转子位置的两个正的和两个负的霍尔电动势，经放大后控制晶体管导通，使 4 个定子绕组轮流切换电流。霍尔无刷直流电机结构简单，体积小，但安置和定位不便，元件片薄且易碎，对环境及工作温度有一定要求，耐振性差。

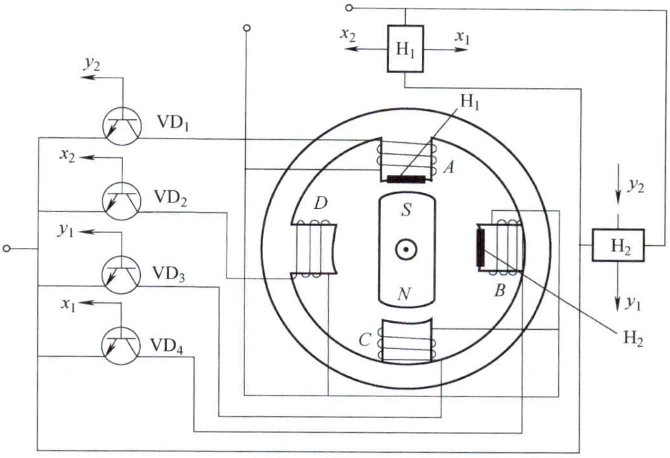

图 4-12　四相霍尔无刷直流电机工作原理图

无刷直流电机的工作原理：如图 4-13 所示，直流电源给开关线路（驱动器）供电，驱动器根据位置传感器反馈的转子极性和转速信号，控制驱动器内的晶体管开关，给无刷直流电机定子三相绕组提供方波电源，从而驱动转子运转。

随堂笔记

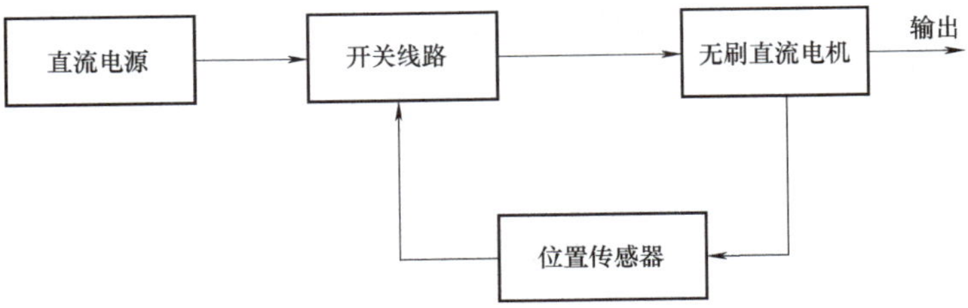

图 4-13　无刷直流电机的工作原理框图

无刷直流电机定子的三相绕组有星形联结方式和三角形联结方式，后面将以常用的三相星形联结作为模型说明其工作原理。

图 4-14 显示了定子绕组联结方式，3 个极绕组通过中心的连接点以“Y”形的方式被联结在一起。整个无刷直流电机就引出 3 根线通电，有 6 种情况，分别是 AB、AC、BC、BA、CA、CB 的顺序。

第一阶段：AB 相通电（图 4-15）。

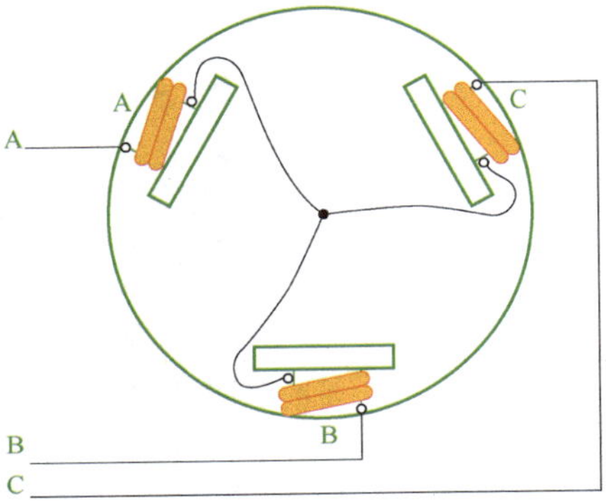

图 4-14　定子绕组联结方式

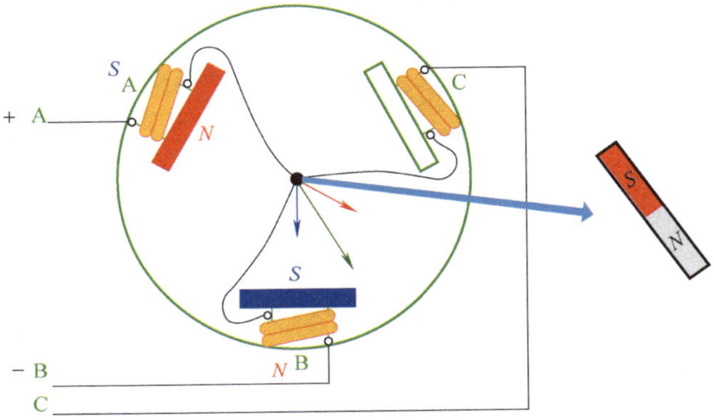

图 4-15　AB 相通电

当 AB 相通电时，A 极线圈产生的磁感线方向如图 4-15 所示，B 极产生的磁感线方向如图蓝色箭头所示，产生的合力方向即为绿色箭头所示。假设其中有一个永磁体，则根据“中间的转子会尽量使自己内部的磁感线方向与外磁感线方向保持一致”，可知 *N* 极方向会与绿色箭头所示方向重合。

第二阶段：AC 相通电（图 4-16）。

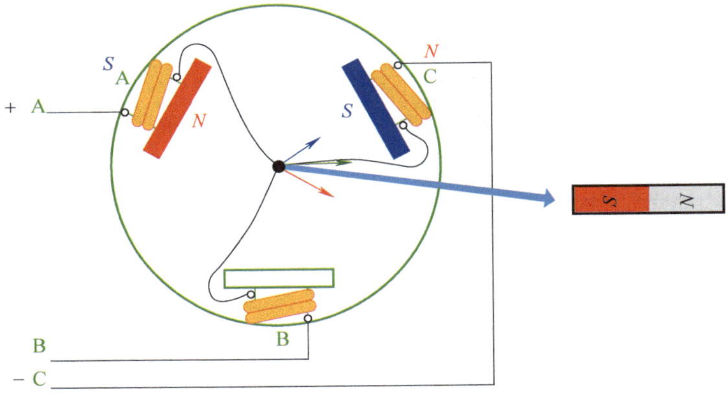

图 4-16　AC 相通电

第三阶段：BC 相通电（图 4-17）。

其中第二、三阶段原理与第一阶段相同。可以类推。转子永磁体的状态如图 4-18 所示。每个过程转子旋转 60°，6 个过程即完成了完整转动，其中 6 次换相。

对于多级的无刷直流电机工作原理与上述单级原理类似，相当于每转换相次数增加，通电频率提高。

无刷直流电机的特点：

1）具有传统直流电机的优点，同时取消了电刷、集电环结构。

2）体积小、重量轻、输出转矩大，适合中小功率电机。

3）控制较为简单，无级调速，调速范围广，过载能力较强。

4）效率较高，可靠性较高，维修与维护简单，成本较低。

5）有一定噪声和振动。

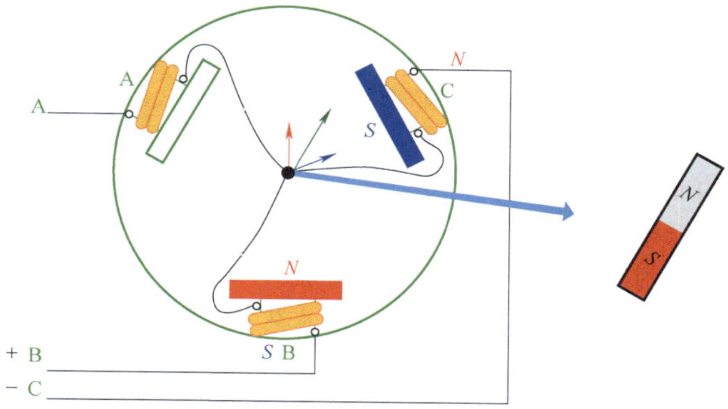


图 4-17　BC 相通电

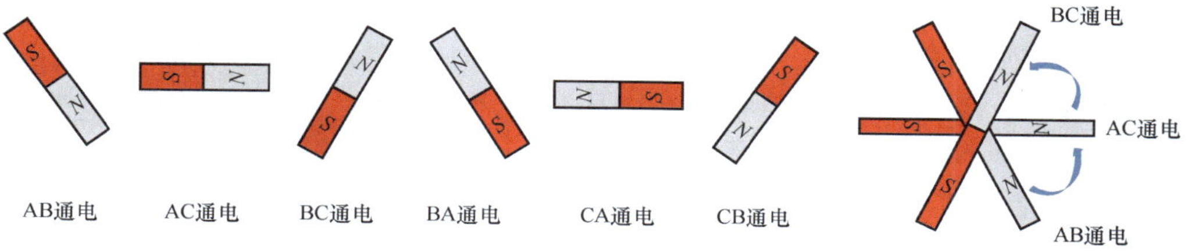


图 4-18　转子永磁体的状态

### 2. 永磁同步电机的结构及工作原理

永磁同步电机（Permanent Magnet Synchronous Motor，PMSM）主要由转子、端盖及定子等各部件组成，如图 4-19 所示。永磁同步电机的定子结构与普通的感应电机的结构非常相似，转子结构与异步电机的最大不同是在转子上放有高质量的永磁体磁极。根据在转子上安放永磁体的位置的不同，永磁同步电机通常被分为表面式转子结构和内置式转子结构。永磁同步电机切面如图 4-20 所示。

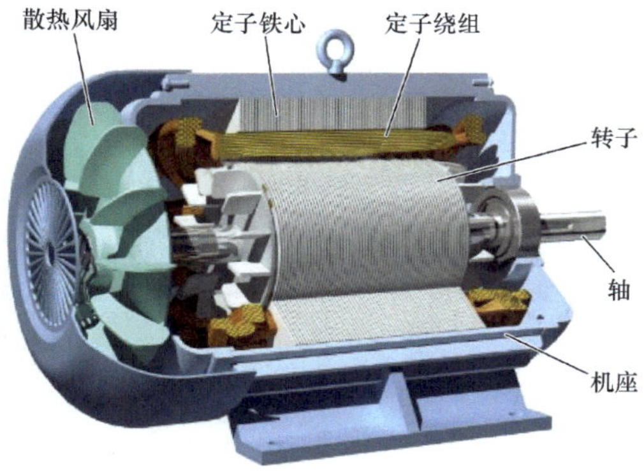


图 4-19　永磁同步电机的结构

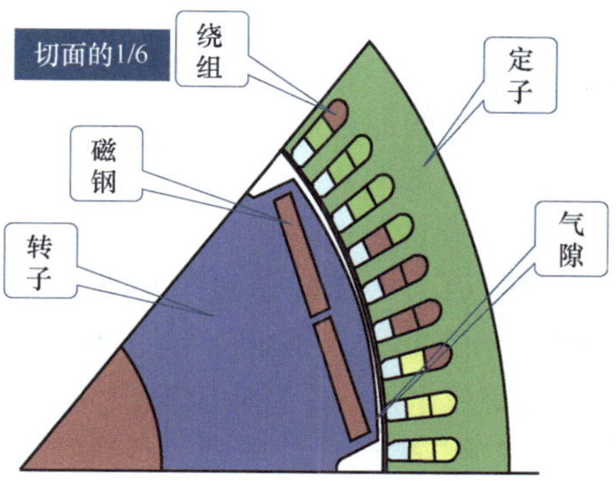


图 4-20　永磁同步电机切面图

永磁同步电机由定子铁心和定子绕组组成，用于产生同步旋转磁场。定子的作用是在永磁同步电机工作过程中产生磁场。向三相定子绕组通入对称三相交流电后，就产生了一个以同步转速沿定子和转子内圆空间旋转的旋转磁场。三相永磁同步电机与三相交流异步电机的定子、定子铁心和定子绕组构成如图 4-21 所示，在结构上区别不大。

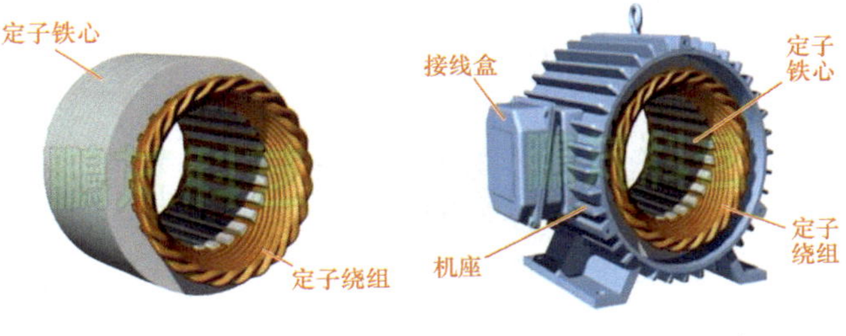


定子铁心与定子绕组　　装在机座里的定子

图 4-21　定子、定子铁心和定子绕组构成

永磁同步电机转子如图 4-22 所示，主要由永久磁体、转子铁心和转轴构成。

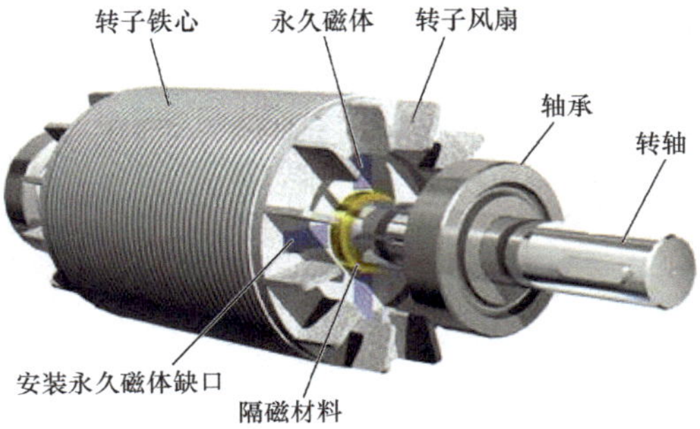


图 4-22　永磁同步电机转子

三相永磁同步电机永磁体转子铁心仍需用硅钢片叠成，比三相交流异步电机的转子结构更复杂，具有永久磁体这一明显特征，下面介绍几种主要形式。

第一种形式：永磁体磁极安装在转子铁心圆周表面上，称为表面凸出式永磁转子。其磁极的极性与磁通走向如图 4-23 所示。

第二种形式：永久磁体磁极嵌装在转子铁心表面，称为表面嵌入式永磁转子。磁极的极性与磁通走向如图 4-24 所示。

第三种形式：在较大的电机上用得较多的是在转子内部嵌入永久磁体，称为内埋式永磁转子（或称为内置式永磁转子、内嵌式永磁转子）。永久磁体嵌装在转子铁心内部，铁心内开有安装永久磁体的槽，永久磁体的布置主要方式如图 4-25所示，在每一种形式中有采用多层永久磁体进行组合的方式。

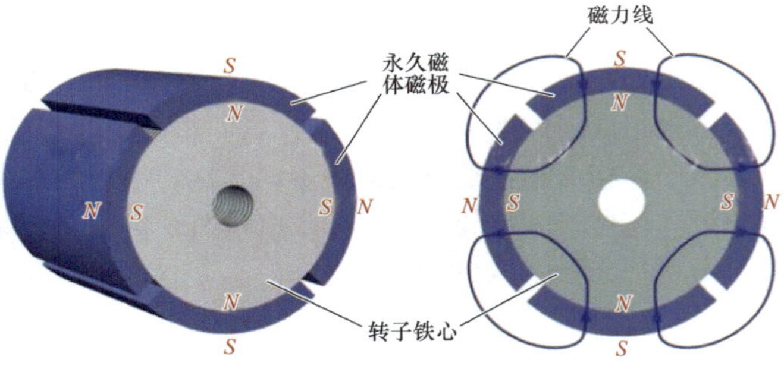


图 4-23　表面凸出式永磁转子

随堂笔记

永磁同步电机内一般安装有旋转变压器（旋变），是一种电磁式传感器，用于检测转子的位置和转速。旋变的工作原理基本上和变压器是一样的，如图 4-26 所示。旋变的铁心是分开的，先假定 2 个铁心间的空隙。因为磁通能透过空隙的，所以和 1 个铁心是一样的。当 1 侧绕组输入交流电压，2 侧就能输出交流电压。2 侧绕组向右与磁通互联时，假定输出电压和输入电压的相位是同一相位（同相）。当 1 侧铁心发生旋转时，1、2 侧铁心相对位置发生变化，1 侧铁心的磁通就难以到达 2 侧磁通。这个结果导致了 2 侧绕组的磁通互联减少、输出电压变小。

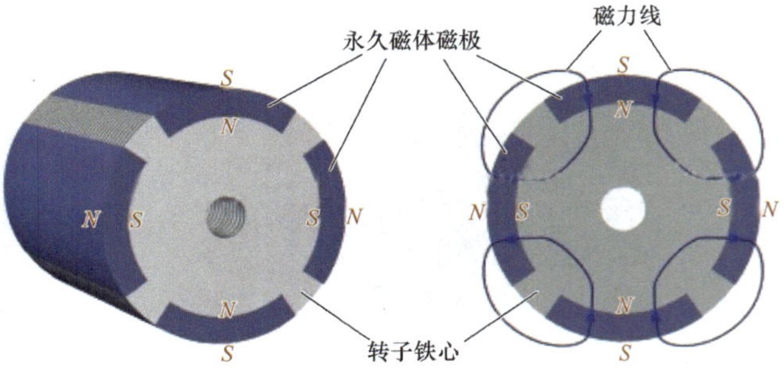


图 4-24　表面嵌入式永磁转子

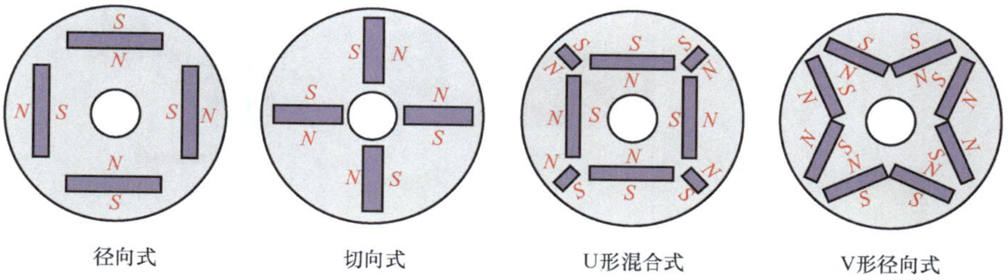


图 4-25 内嵌式永磁转子

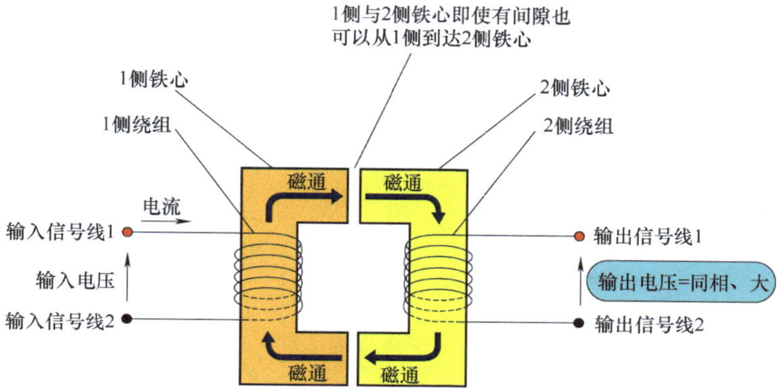


图 4-26 旋变工作原理

永磁同步电机的旋变采用磁阻式旋变，其转子只有一个转子铁心，没有转子绕组。转子用铁心制成特殊形状，根据转子铁心与定子铁心之间的间隙使输出电压发生振幅变化（振幅变调型），如图 4-27 所示。

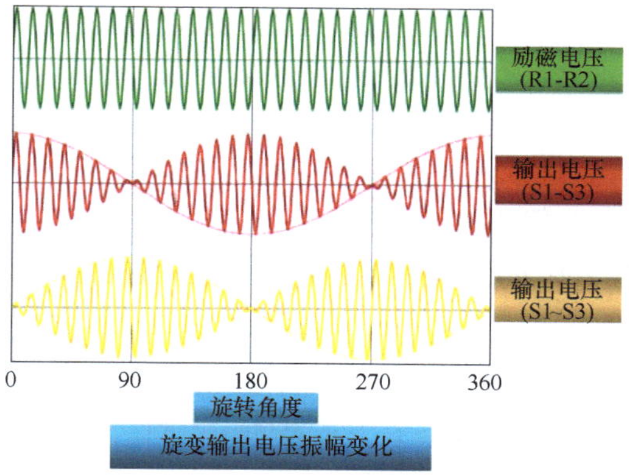


图 4-27 永磁同步电机的旋变

永磁同步电机就是一种电磁铁磁场和永磁体磁场相互牵引产生力和运动的装置，如图 4-28 所示。

由于永磁同步电机定子三相绕组中接入三相对称交流电产生旋转磁场，根据磁极异性相吸、同性相斥的原理，不论定子旋转磁极与永磁磁极起始相对位置如何，定子的旋转磁极总会由磁力拖着转子同步旋转，如图 4-29 所示。

永磁同步电机中电磁转化及能量传递过程如图 4-30 所示。

随堂笔记

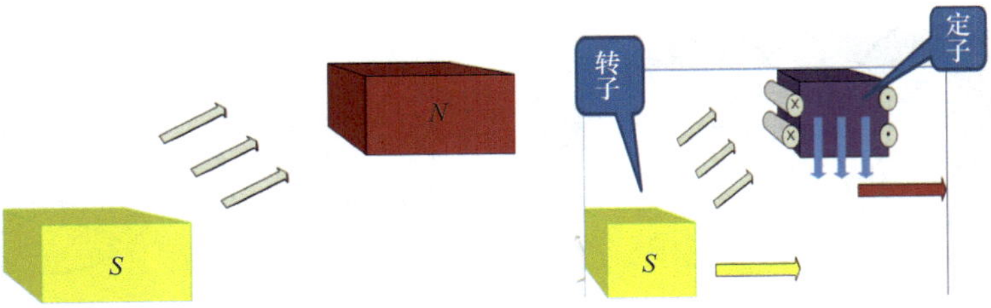


图 4-28　永磁同步电机的工作原理

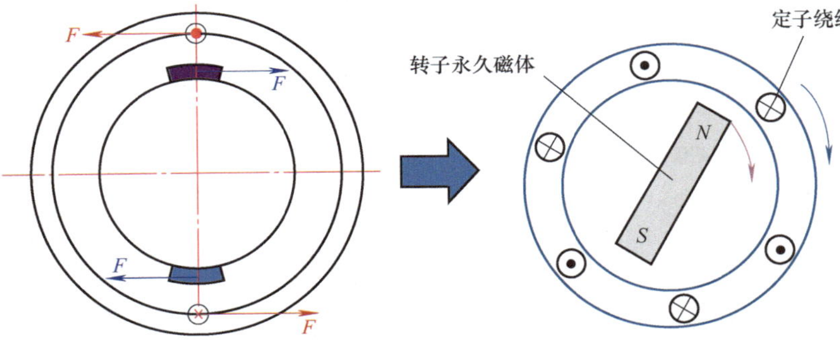


图 4-29　三相对称交流电产生旋转磁场

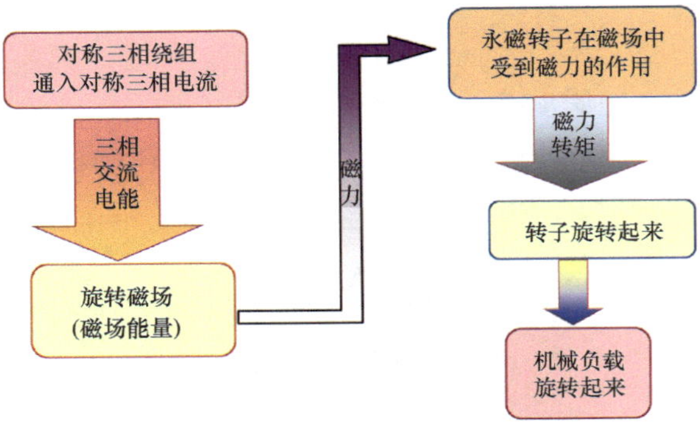


图 4-30　能量传递图

永磁同步电机的特点：

1）体积小，重量轻，功率密度高。高性能的超强永磁材料的应用使得永磁同步电机体积和重量大幅度减小，功率密度至少为普通三相异步电机的 1.5 倍。

2）高效节能。因励磁磁场由永久磁体提供，永磁转子不需要励磁，效率高达 90% 以上。与异步电机相比，高效率运行转速范围宽，节能显著，尤其在低转速运行时，优势更加明显。

3）温升较低，由于永磁同步电机效率高，转子绕组中不存在电阻损耗，定子绕组中较少有或几乎不存在无功电流，使永磁同步电机温升低，延长了永磁同步电机的使用寿命。

4）响应快速、调速范围宽、可靠较高，噪声较小，运行平稳，适合中高功率的场合。目前，电动乘用车普遍采用永磁同步电机。

5）要使用一定量的永久磁体，成本较三相异步电机高，且永久磁体高温下易产生不可逆退磁，可靠性较三相异步电机低。

### 3. 三相异步电机的结构及工作原理

三相异步电机主要有由定子、转子和轴承组成。定子主要由铁心、三相绕组、机座、端盖组成。定子铁心一般由 0.3 ~ 0.5mm 厚表面具有绝缘层的硅钢片冲制、叠压而成，在铁心的内圆冲有均匀分布的槽，用以嵌放定子绕组。三相绕组由 3 个在空间互隔 120°电角度、对称排列的结构完全相同的绕组连接而成。这些绕组的各个线圈按一定规律分别嵌放在定子各槽内，其作用是通入三相交流电后产生旋转磁场。机座的作用是固定定子铁心与前、后端盖

随堂笔记

以支撑转子，并起防护、散热等作用。端盖主要起固定转子、支撑和防护作用。转子主要由铁心和绕组组成。转子铁心所用材料与定子一样，由 0.3 ~ 0.5mm 厚的硅钢片冲制、叠压而成，硅钢片外圆冲有均匀分布的孔，用来安置转子绕组。一般三相异步电机外形如图 4-31 所示。图 4-32 所示为三相异步电机的内部结构。

定子铁心的槽内嵌放着定子绕组，即三相交流绕组，接入三相交流电源就可产生旋转磁场。图 4-33 所示为三相异步电机定子的结构，图 4-34 所示为转子的结构，图 4-35 所示为转子铁心和定子铁心。

图 4-31 三相异步电机外形

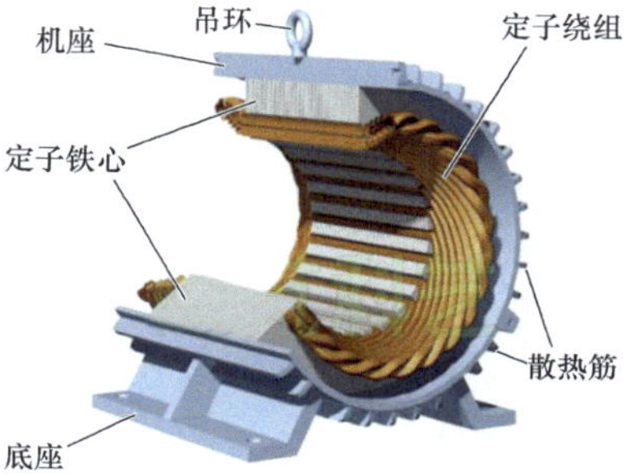


图 4-32 三相异步电机的内部结构

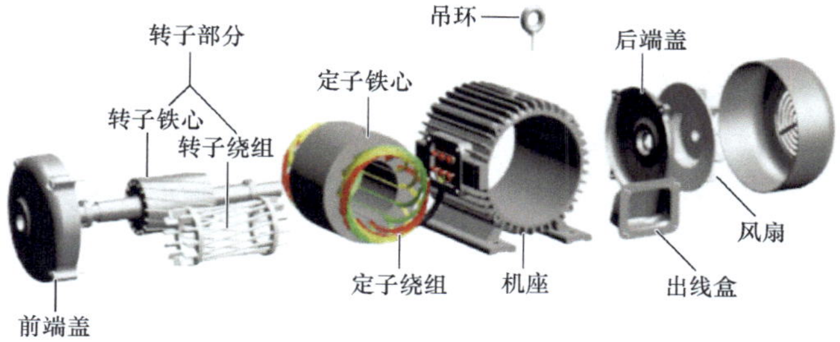


图 4-33 三相异步电机定子的结构

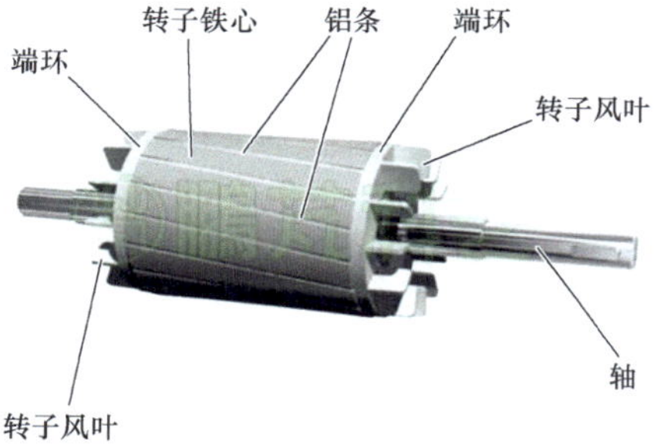


图 4-34 转子的结构

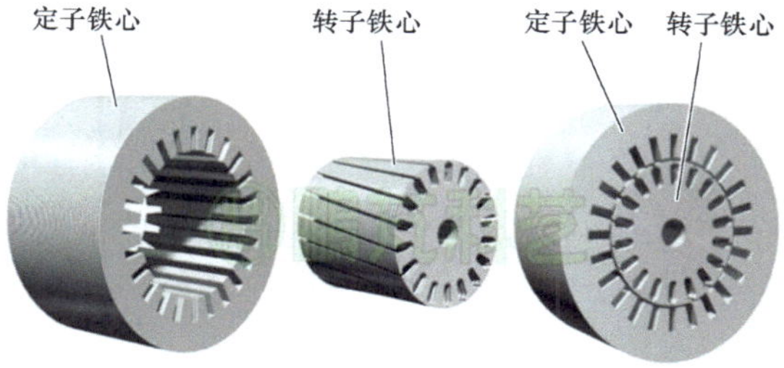


图 4-35 转子铁心和定子铁心

随堂笔记

转子绕组分为笼式转子和绕线式转子。

(1) 笼式转子　转子绕组由插入转子槽中的多根导条和两个环行的端环组成。若去掉转子铁心，整个绕组的外形像一个鼠笼，故称笼型绕组。小型笼型电机采用铸铝转子绕组，对于 100kW 以上的电机采用铜条和铜端环焊接而成。笼型转子分为阻抗型转子、单笼型转子、双笼型转子、深槽式转子几种，其起动转矩等特性各有不同。

(2) 绕线式转子　绕线转子绕组与定子绕组相似，是一个对称的三相绕组，一般接成星形，3 个出线头接到转轴的 3 个集流环上，再通过电刷与外电路连接。图 4-36 所示为笼型异步电机转子（铜条和铸铝）。

绕线式转子的结构如图 4-37 所示。

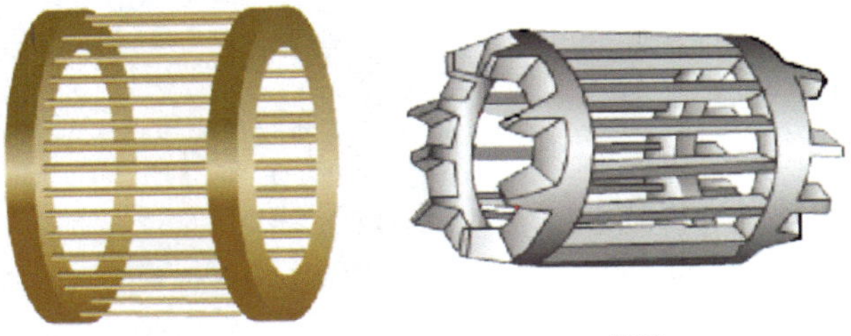


图 4-36　笼型异步电机转子

图 4-37　绕线式转子的结构

三相异步电机的工作原理如图 4-38 所示。

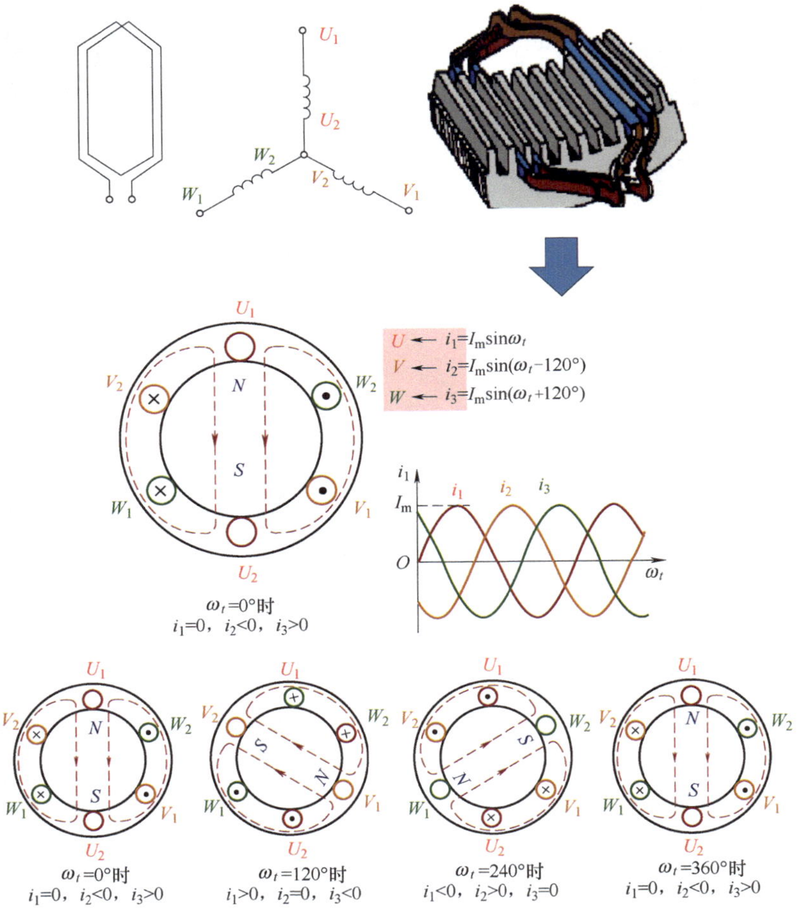


图 4-38　三相异步电机的工作原理

1）三相对称绕组通三相交流电产生旋转磁场。

2）由于旋转磁场不断切割转子中的闭合导体，产生感应电动势和感应电流。再由转子中的感应电流和旋转磁场的相互作用产生电磁转矩，使得转子随着旋转磁场的方向同向运转，其基本工作过程如图 4-39 所示。

当转子转速逐渐接近旋转磁场转速 $n$ 时，感应电流逐渐减小，所产生的电磁转矩也相应减小。当异步电机工作在电机状态时，转子转速小于同步转速。为了描述转子转速 $n_s$ 与同步转速 $n$ 之间的差别，引入转差率。转差率 $S$ 计算方法如下：

$$S=\frac{n_s-n}{n_s}\times 100\%$$

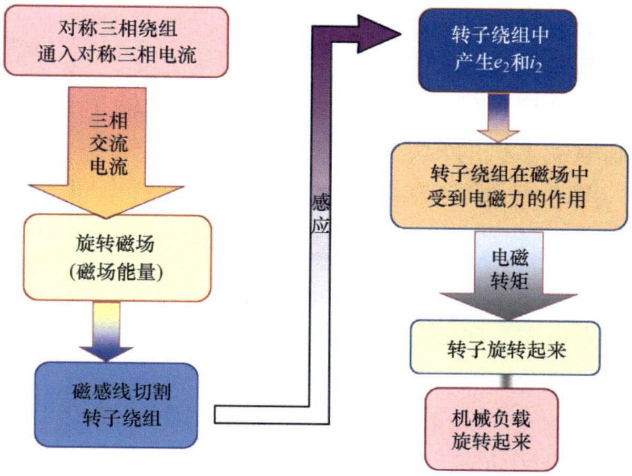


图 4-39　三相异步电机基本工作过程

交流感应电机的特点：

1）结构简单、成本较低，可承受较高温度，可靠性高。

2）调速范围宽，可运用于高转速场合，但控制较永磁同步电机复杂。

3）噪声小，运转平顺。

4）因转子有感应电流，会产生损耗，效率比永磁同步电机低。

# 任务三　电机控制器的结构与功能

## 学习目标

1. 熟悉电机控制器的基本结构。
2. 能识别电机控制器的零部件。
3. 理解电机控制器的工作原理。

随堂笔记

## 任务描述

学校刚刚购入了一批电机控制器零部件作为教学用具，根据学校实训室的安排，你要协助教师将这批电机控制器零部件安装在自己设计的教学面板上。请根据本任务所学知识独立设计教学面板并将该批零部件安装完成。

## 知识储备

### 1. 电机控制器概述

电机控制器是控制动力电源与驱动电机之间能量传输的装置，由控制信号接口电路、驱动电机控制电路和驱动电路组成。在电动车辆中，电机控制器的功能是根据档位、加速踏板、制动等指令，将动力蓄电池所存储的电能转化为驱动电机所需的电能，来控制电动车辆的起动运行、进退速度、爬坡力度等行驶状态，或者帮助电动车辆进行制动，并将部分制动能量存储到动力蓄电池中。它是电动汽车的关键零部件之一。其基本功能可分为两部分：动力蓄电池存储的电能以直流电的形式输送至电机控制器，电机控制器将直流电转化为交流电以供驱动电机输出；通过控制交流电的输出，控制驱动电机的转矩和转速的输出。

图 4-40 所示为某车型三合一集成式电机控制器。

图 4-40　某车型三合一集成式电机控制器

### 2. 电机控制器的基本结构

电机控制器主要由壳体与插接器、电子控制元件、电气控制元件、电气功率元件组成。

（1）壳体与插接器　电机控制器壳体的主要作用是固定各电子控制元件、电气控制元件、电气功率元件及插接器，并提供密闭的防尘、防水（IP67）空间保护各电子控制元件、电气控制元件、电气功率元件。

由于车用电机控制器 IGBT 集成功率模块输出功率高、温升快，壳体提供相应冷却水路从整车冷却系统引入冷却液以冷却 IGBT 集成功率模块，如图 4-41 所示。

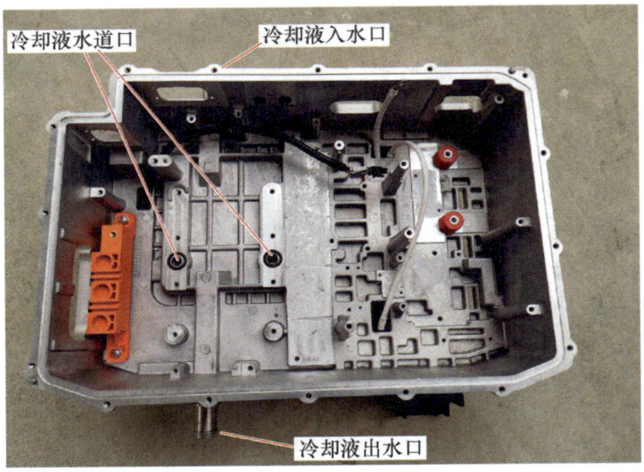


图 4-41　电机控制器壳体

插接器安装于壳体外部，可分为高压插接器与低压插接器。高压插接器主要用于与外部电能的传输的对接；低压插接器主要用于 12V 电源的供应、与其他控制器通信，如图 4-42 所示。

（2）电子控制元件　电子控制元件相当于电机控制器的“大脑”，根据接收的外部通信信号及内部电气元件的运行情况，通过电气控制元件直接或间接地控制电气集成功率模块，使电机控制器可靠、稳定地工作。

图 4-42　高、低压插接器

其中，电子控制元件有逻辑电路板、控制电路板、驱动电路板，如图 4-43 所示。

1）逻辑电路板主要存在于集成式电机控制器（集成 PDU、DC/DC 变换器等）中，对电机控制器内部的电气电路进行各方面的检测，以协调 PDU、DC/DC 变换器与 MCU 模块正常工作。

2）控制电路板主要用于 IGBT 的控制。控制电路板接收整车控制器传输过来的请求信号，并检测电机控制器及驱动电机的状况，通过控制驱动电路板合理驱动 IGBT 运行。

3）驱动电路板主要用于 IGBT 的驱动，根据控制板的控制信号，驱动 IGBT 运行，以产生三相正弦交流电，控制驱动电机运行。

随堂笔记

(3) 电气控制元件 电气控制元件主要有高压接触器、电容、功率电阻、电流传感器等。

1) 高压继电器(图 4-44)可由逻辑电路板中 12V 低压控制电气回路的通断,从而控制电气功率器件电源供应。

2) 电容的主要作用是电路滤波。由于 IGBT 工作过程中会造成直流电路电流振荡,为减少振荡电流对直流电路的影响,通过此电容的并接对振荡电流进行滤波处理。图 4-45 所示为常见电容。

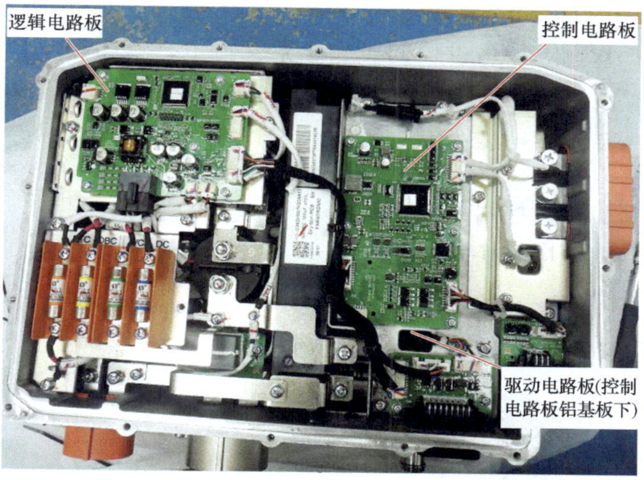


图 4-43 电子控制元件

图 4-44 高压继电器

图 4-45 常见电容

随堂笔记

3) 功率电阻主要用于防止电容无负载充电瞬间短路效应。通过继电器与功率电阻组成预充回路,可先将预充回路导通,对电容进行充电;待充电完成后,导通主回路后断开预充回路,持续为功率器件提供电能,如图 4-46 所示。

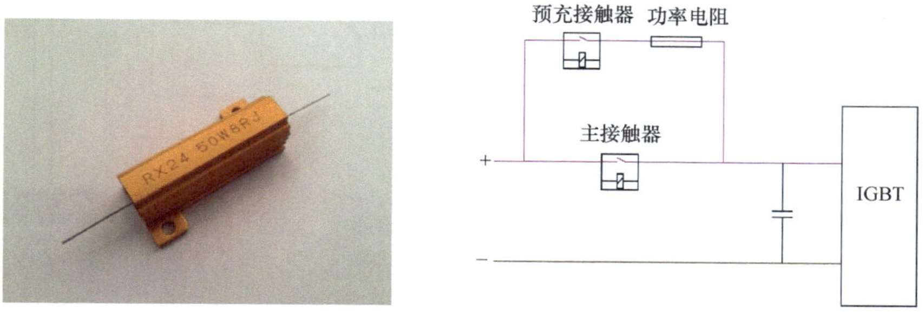


图 4-46 功率电阻及预充原理图

4) 电流传感器主要对三相输出的电流进行采样检测,反馈至控制电路板。图 4-47 所示为霍尔电流传感器。

(4) 电气功率元件 电气功率元件主要为 IGBT,是电机控制器的关键零部件,如图 4-48 所示。

通过电子控制元件与电气控制元件对 IGBT 的控制，输出可控的三相正弦交流电，从而控制驱动电机的转速、转矩。图 4-49 所示为 IGBT 原理简图。

IGBT 是将直流电转化为交流电的执行装置，通过控制 IGBT 中的 6 个子模块的通断，可将直流电转换为交流电。

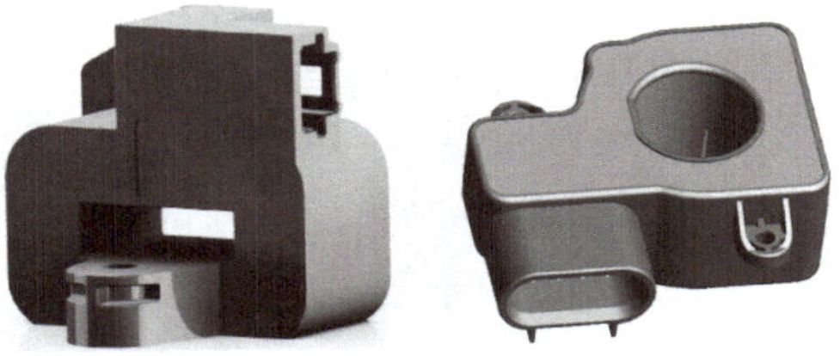

图 4-47　霍尔电流传感器

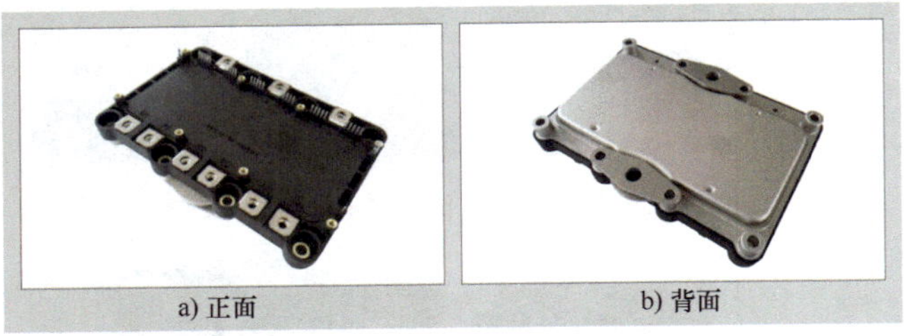


图 4-48　IGBT

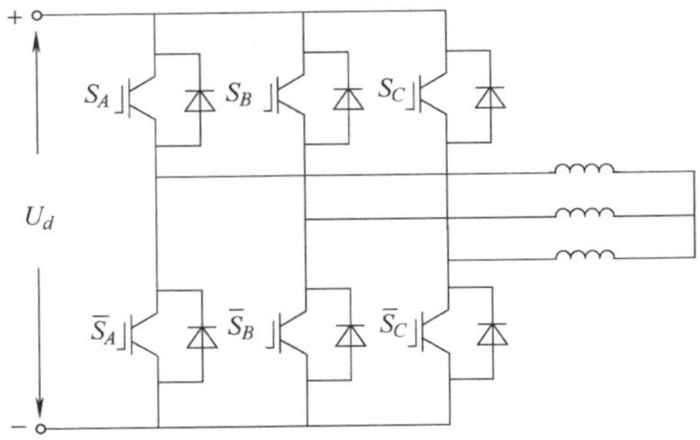


图 4-49　IGBT 原理简图

### 3. 电机控制器的功能

（1）CAN 通信　电机控制器具备高速 CAN 网络通信功能；能根据整车 CAN 协议内容正确地进行 CAN 报文发送、接收及解析，有效地实现单品及整车功能策略。图 4-50 所示为整车 CAN 通信示意图。

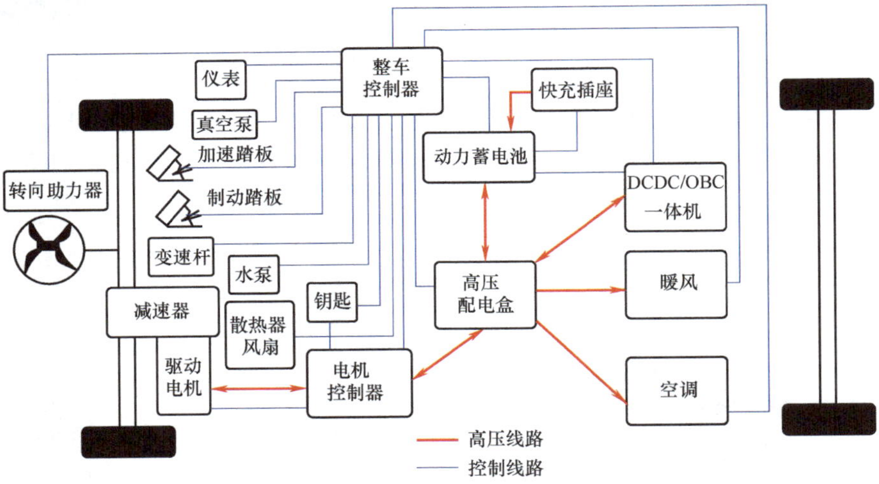


图 4-50　整车 CAN 通信示意图

（2）能量转换

1）直流电转换为三相交流电，如图 4-51 所示，将电能转化为机械能，用于驱动车辆运行。

2）三相交流电转换为直流电，如图 4-52 所示，将机械能转化为电能，实现制动能量回收，提高车辆续驶里程。

随堂笔记

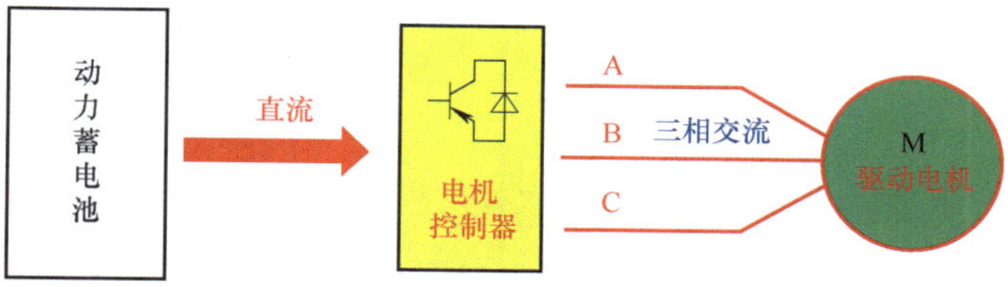


图 4-51　直流电转换为交流电示意图

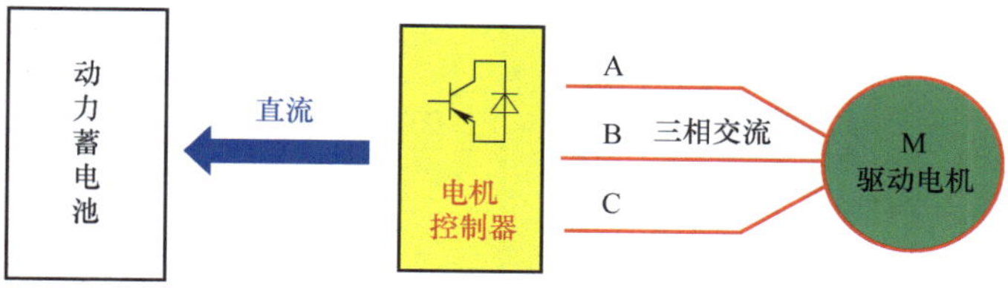


图 4-52　交流电转换为直流电示意图

（3）转矩执行

1）正转矩执行：驾驶人踩加速踏板时，整车控制器发送正转矩值给电机控制器，驱动电机驱动车辆运行，如图 4-53 所示。

2）负转矩执行：驾驶人踩制动时，整车控制器发送负转矩值给电机控制器，驱动电机将能量反馈到动力蓄电池，实现能量回收，如图 4-54 所示。

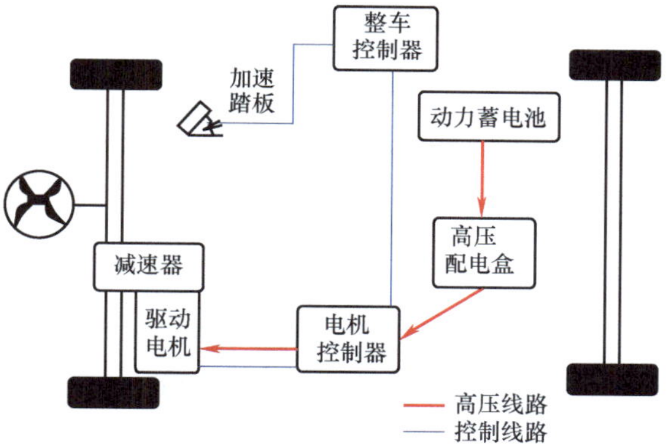


图 4-53　正转矩执行图

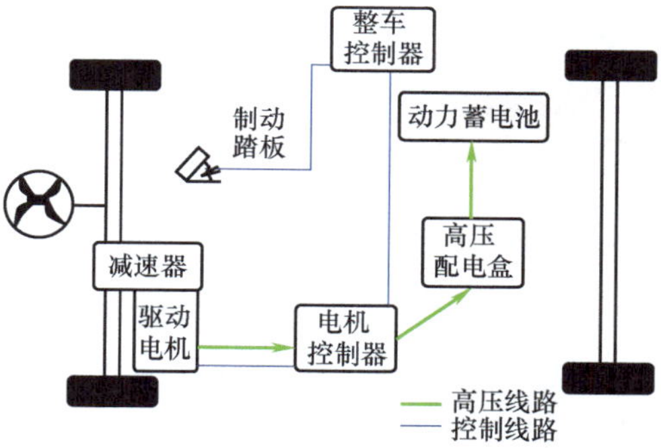


图 4-54　负转矩执行图

（4）放电功能　电机控制器内含有大容量电容，考虑电容自行放电时间长、存在高压安全风险，故驱动电机系统需具备放电功能。

（5）安全保护功能　电机控制器具备故障检测、故障提醒、故障处理等安全保护功能，如图 4-55 所示。

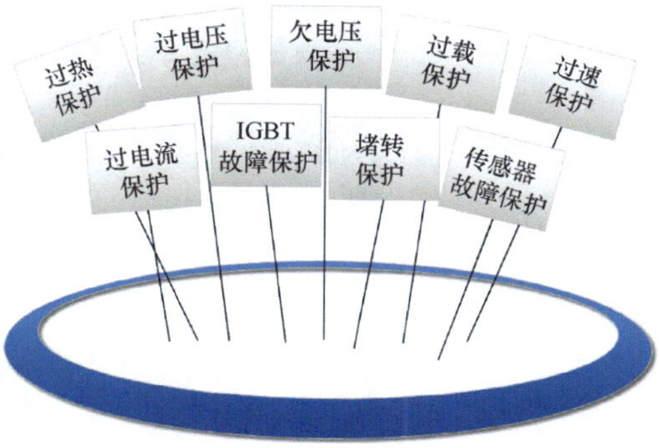


图 4-55　电机控制器功能示意图

# 项目五

# 整车控制器

## 任务一　整车控制器的认知

### 学习目标

1. 理解电动汽车整车控制器的功能与工作原理。
2. 掌握整车控制器相关名称的英文单词与缩写。
3. 了解整车控制器在整车构架中的地位。

### 任务描述

陈先生的电动汽车在起动的时候车辆仪表台出现了故障码无法正常行驶，将车辆拖到售后特约维修站进行维修。作为特约维修站的维修工，请你协助售后接待检测车辆控制器故障，并利用所学知识对该车控制器的故障码进行读取、翻译。

### 知识储备

随堂笔记

#### 1. 电动汽车整车高压架构图

整车高压系统主要由锂离子蓄电池、驱动电机、DC/DC 变换器（高压转 12V）、车载充电机组成。整车控制器协调各个高压电器互相配合工作，最终实现驾驶员安全行驶、功能选择以及安全、方便地充电。整车高压架构如图 5-1 所示。

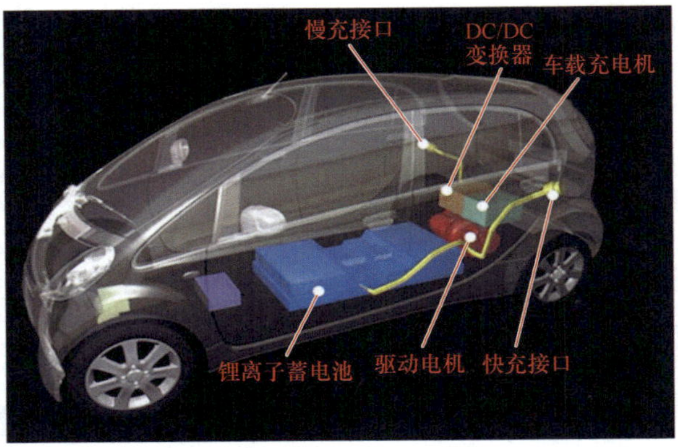


图 5-1　整车高压架构

### 2. 整车主要控制单元

整车主要控制单元见表 5-1。

表 5-1　控制单元名称

| 名称缩写 | 名称全称 | 中文释义 |
| --- | --- | --- |
| VCU | Vehicle Control Unit | 整车控制器 |
| CAN | Controller Area Network | 控制局域网 |
| MCU | Motor Control Unit | 电机控制器 |
| BMS | Battery Management System | 蓄电池管理系统 |
| DC/DC 变换器 | Direct Current Transmission Converter | 直流功率变换器 |
| PTC | Positive Temperature Conditioning | 制热调节器 |
| A/C | Air Conditioning | 空调 |
| PDB | Power Distribution Box | 配电箱 |
| ABS | Anti-lock Brake System | 防抱死制动系统 |
| ICU | Instrument Control Unit | 仪表控制单元 |
| OBC | On-Board Charger | 车载充电器 |

### 3. VCU 在整车构架中的地位

VCU 在整车的作用与人体大脑的作用相似；通过 VCU 对驱动电机、加速踏板、制动踏板、变速杆、冷却系统、动力蓄电池等进行控制；协调整车各个系统互相配合运行工作，确保整车安全、舒适运行、充电、定速、限速等功能。

### 4. VCU 的功能及作用简介

（1）VCU 的功能　VCU 是整个汽车的核心控制部件，相当于汽车的“大脑”。它采集加速踏板信号、制动踏板信号及其他部件信号并做出相应判断后，控制下层各部件控制器的动作，驱动汽车正常行驶。作为汽车的指挥管理中心，VCU 主要功能包括：驱动力矩控制、制动能量的优化控制、整车的能量管理、CAN 网络的维护和管理、故障的诊断和处理、车辆状态监视等，它起着控制车辆运行的作用。因此 VCU 的优劣直接决定了车辆的稳定性和安全性。

（2）整车驾驶工况需求　VCU 主要控制整车运行工况：整车起动、低速行驶、平路爬坡、加速或爬坡、定速、减速、停车等待等。

（3）VCU 控制原理图　如图 5-2 所示，VCU 接收外部零部件信号，实现各种功能。

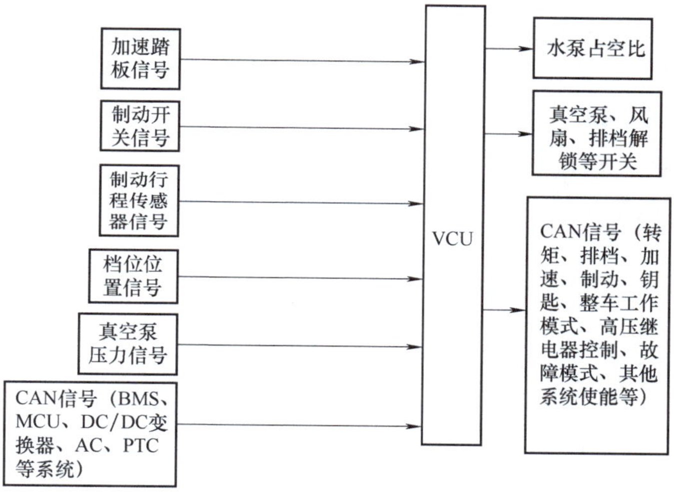


图 5-2　控制原理图

### 5. VCU 基本性能及输入、输出口介绍

VCU 输入、输出口介绍见表 5-2。

随堂笔记

1）单品参数。

① 主要单品参数。工作温度：－40～85℃；工作电压：9～16V；暗电流：＜2mA；防护等级：IP67；控制器尺寸：224mm×127mm×38mm；其余抗干扰、抗冲击、抗振动等符合厂商标准要求。

② 基本单品试验：湿度测试、热冲击测试、盐雾测试、溶解性能测试、防浸湿测试、电磁干扰测试、机械冲击测试、振动测试等。

表 5-2　VCU 输入、输出口介绍

| 功能 | | 数量 |
|---|---|---|
| 5V 电源 | | 3 |
| K 线 | | 1 |
| CAN 线 | | 3 |
| 输入 | PWM 输入 | 4 |
| | 数字输入 | 14 |
| | 模拟输入 | 20 |
| 输出 | 数字输出 | 11 |
| | PWM 输出 | 13 |

2）支持标定、诊断、刷新等功能。支持 CCP/XCP 标定协议，支持 UDS 诊断协议及 SAE J1939 诊断协议，支持基于 CAN 总线的控制器刷新工具，支持多种 CAN 工具标定，如 CANTEST、PCAN 等，支持 Bootloder 软件工具刷新程序。

3）VCU 输入与输出 PIN 定义表。实现整车功能。

# 任务二　上电与下电功能控制

## 学习目标

1. 了解整车上、下电的作用和相关零部件的组成。
2. 掌握整车上、下电工作流程。
3. 能够完整描绘整车上、下电的每个步骤。

## 任务描述

随堂笔记

某电动汽车存在踩了制动无法正常起动的故障现象，请你根据本任务所学知识对该故障现象进行系统分析，以小组形式讨论，初步诊断该现象产生的原因和排除方法，并将最终结果进行统计。

## 知识储备

### 1. 整车上、下电过程

扫一扫

新能源汽车的上电与下电

整车上、下电包括低压上电与下电、各控制器唤醒与休眠、高压上电与下电，整个过程涉及整车所有控制单元，包括 VCU、MCU、BMS、DC/DC 变换器、OBC、A/C 与 PTC、ICU、T-BOX 等。整车上、下电过程是由 VCU 协调各个控制器，使各控制器按顺序合理地接通或断开电信号，使车辆上的各个高压继电器闭合或断开，从而使车辆能够正确地完成“起动”和“关闭”动作，同时进行信息交互和故障检测。整车上、下电过程必须保证逻辑正确、顺序正确、故障检测合理有效。

### 2. 低压上电及唤醒原理

电动汽车要能正常起动，动力蓄电池就需要对外供电。为了保证供电安全，VCU 必须在确保整车主要高、低压部件正常的情况下才会使动力蓄电池的正、负极继电器闭合，从而对外输出高压电。VCU 被唤醒将会与其他系统进行信息交互，检测正常后才会使高压继电器闭合而对外供电。电动汽车唤醒 VCU 的方式通常有 4 种，即点火开关唤醒、快充唤醒、慢充唤醒和远程 APP 唤醒。

（1）整车低压供电原理　车辆低压控制器的供电途径有 3 种，如图 5-3 所示。

1）由动力蓄电池直接供电，采用这种方式供电的主要有 VCU、BMS、DC/DC 变换器、A/C、MCU 等。

2）由 VCU 控制低压电器，低压继电器闭合后 12V 辅助蓄电池给水泵、真空泵、冷却风扇供电。

3）DC/DC 变换器将动力蓄电池的高压电转换为 12V 低压电后供给车上的各个控制器。

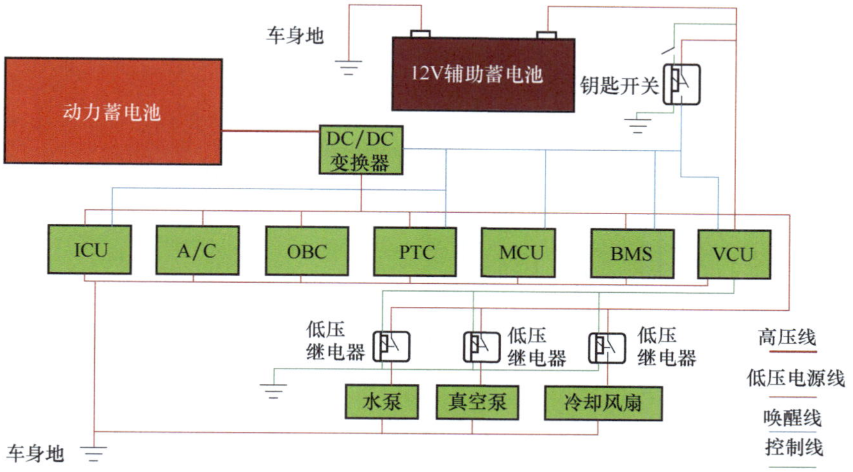


图 5-3　低压供电原理

（2）非充电模式下各控制器唤醒原理　非充电模式下的控制器唤醒主要通过钥匙 IG ON 继电器进行，如图 5-3 所示，当起动开关或钥匙转到 ON 位，IG ON 继电器将会闭合，12V 辅助蓄电池的电会通过控制线输入到各个控制器的唤醒引脚，从而将各个控制器唤醒（除了 OBC）。

（3）慢充模式下各控制器唤醒原理　慢充模式下的控制器唤醒主要有慢充 OBC 唤醒和 BMS 唤醒，如图 5-4 所示。

1）慢充 OBC 唤醒是指当交流慢充桩上的充电枪插入到车辆上的慢充座后，慢充桩会与 OBC 进行握手交互，交互完成后，OBC 会输出 12V 唤醒信号将 BMS 唤醒。

2）BMS 唤醒是指 BMS 被慢充座唤醒后，BMS 输出 12V 唤醒信号将 VCU、MCU 等其他控制器唤醒，以使整车达到可以充电的状态。

（4）快充模式下各控制器唤醒原理　快充模式下的控制器唤醒主要有快充唤醒（直流充电桩唤醒）和 BMS 唤醒，如图 5-5 所示。

1）快充唤醒是当直流充电桩上的充电枪插入到车辆上的快充座后，快充插座会输出 12V 唤醒信号将 BMS 唤醒。

2）BMS 唤醒是指 BMS 被快充座唤醒后，与直流充电桩进行握手交互，交互完成后，BMS 输出 12V 唤醒信号将 VCU、MCU 等其他控制器唤醒，以使整车达到可以充电的状态。

随堂笔记

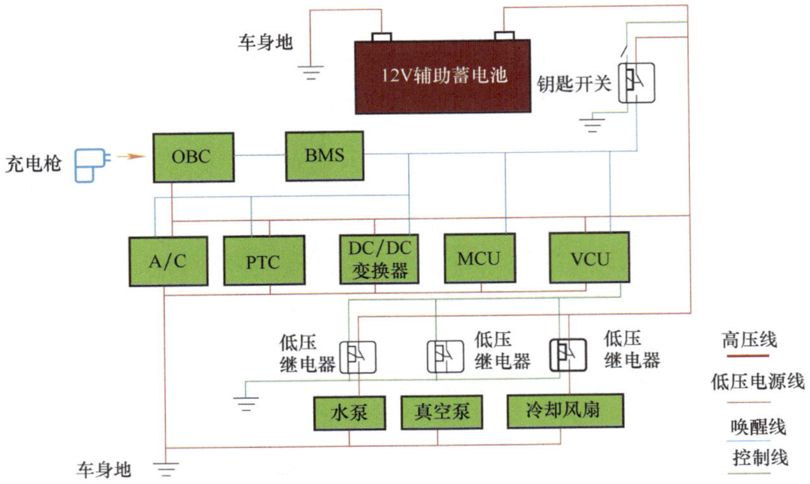


图 5-4　慢充模式唤醒原理

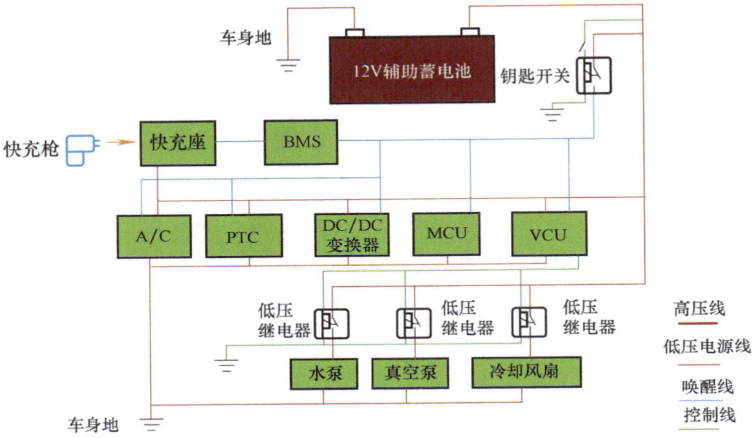


图 5-5　快充模式唤醒原理

随堂笔记

（5）远程模式下各控制器唤醒原理　远程模式下控制器唤醒主要有 T-BOX 唤醒和 BMS 唤醒。

1）T-BOX 唤醒是指远程 APP 发送唤醒信号给 T-BOX，T-BOX 发送 12V 唤醒信号唤醒 BMS。

2）BMS 唤醒是指 BMS 被唤醒后，与 T-BOX 进行交互，交互完成后发送 12V 唤醒信号唤醒车上的其他控制器。

### 3. 高压供电原理

电动汽车的高压部件主要有动力蓄电池、驱动电机、MCU、DC/DC 变换器、空调压缩机、PTC、OBC、高压配电盒，如图 5-6 所示。

动力蓄电池内部包含维修开关、主正继电器 K1、预充继电器 K2、主负继电器 K3、预充电阻以及几个位置的高压检测点等高压元件。

（1）高压检测点的作用

1）高压检测点 V1 位于高压主正和主负继电器内侧，测量动力蓄电池的总电压，也可

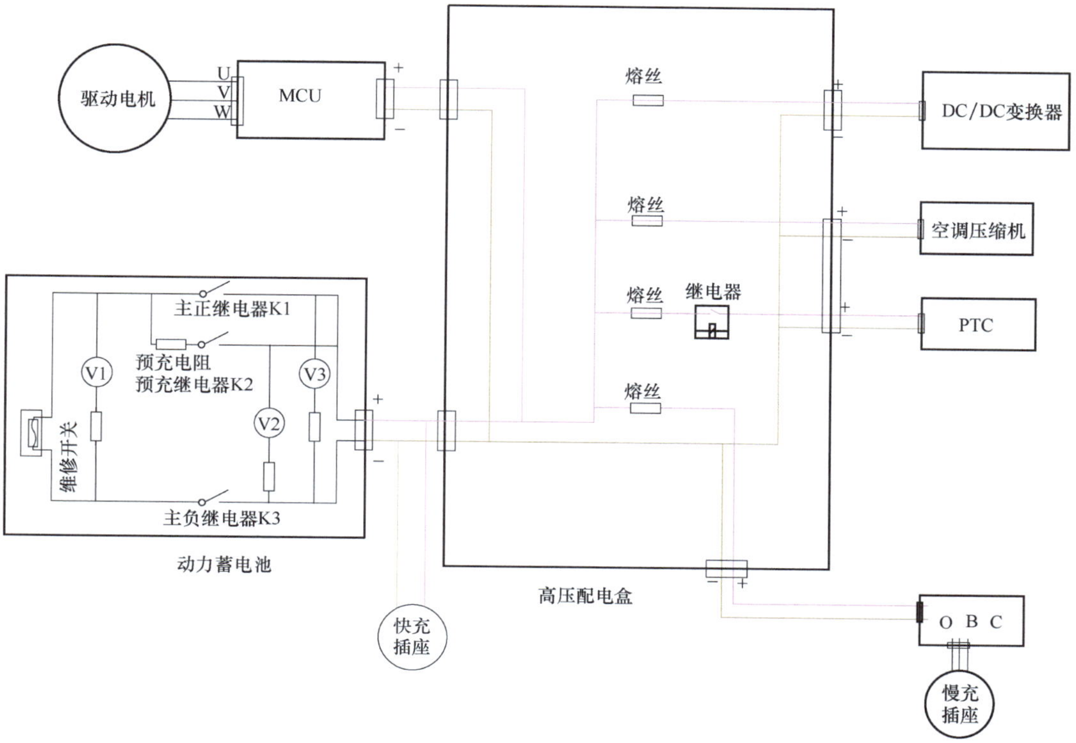


图 5-6 高压电气原理图

用于判定 MSD 是否断路。

2）高压检测点 V2 位于主负继电器外侧，另一点位于预充继电器与预充电阻之间，用于判定预充继电器是否粘连、负极继电器是否断路、预充电阻是否短路、预充继电器是否断路。

3）高压检测点 V3 位于动力蓄电池直流母线输出两端，用于判定正极继电器是否粘连。

（2）预充电电路的作用 预充电电路的作用是防止在高压继电器闭合瞬间形成的强电流和高压对高压回路中的控制器形成冲击，导致高压电路瞬间造成器件损毁。预充电电路通过 VCU 在供电过程中控制相应高压接触器通断时序，达到高压系统安全供电的目的。

（3）高压接触器的控制顺序 首先是 VCU 发指令给 BMS 控制负极接触器接通后，BMS 控制预充继电器闭合；当 BMS 判断预充电结束后，控制正极继电器闭合，同时断开预充继电器，这样就完成了动力蓄电池的高压供电。

### 4. 整车上、下电流程图

整车上、下电流程由 VCU 控制，VCU 唤醒方式有 4 种，唤醒之后的控制过程近似，下面仅以起动开关唤醒 VCU 的方式来介绍整车上、下电流程，如图 5-7 所示。

（1）上电流程 当按下起动按钮或钥匙开关旋转到 Start 档，松开后回到 ON 位，且档位处于 N 位，整车开始高压供电检测。VCU 被唤醒后会进行模式判断，如果此时充电枪插在充电口上，会判断为充电模式，此时将不会进入行车模式，上高压的流程会继续，以便车辆能正常充电。当整车模式被判断为运行模式后，VCU 进行初始化并完成自检；之后 VCU 会判断其他控制器自检是否正常，并判断整车是否有不允许上高压的故障；如果无故障，VCU 发送 BMS 高压继电器闭合指令，BMS 先闭合主负继电器和预充继电器，判断预充完成后闭合

随堂笔记

主正继电器；主正继电器闭合后各高压用电器会反馈高压状态是否正常，高压状态正常后，如果档位在 N 位、有 START 信号并且有踩制动踏板，VCU 将会控制车辆进入可行车模式。

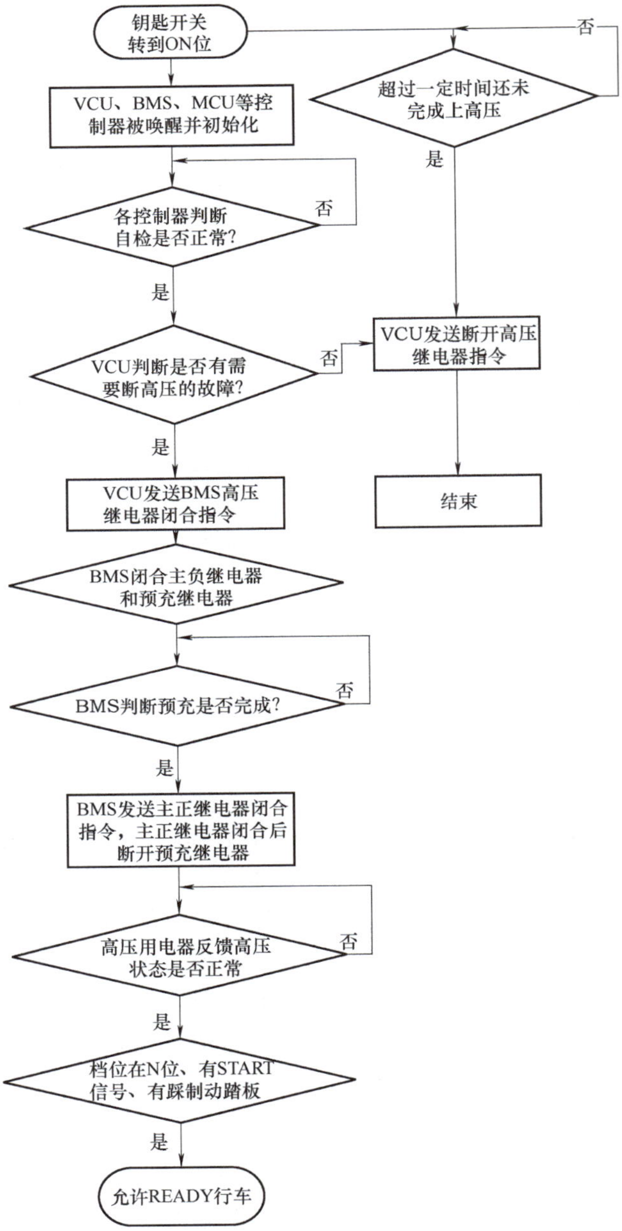


图 5-7　整车上电流程图

（2）下电流程　整车下电流程如图 5-8 所示，当钥匙开关转到 OFF 位或 ACC 位，VCU 会执行整车下电流程。首先 VCU 会给车上的高压用电器发送停机指令，使它们停止工作；当车速小于一定值且动力蓄电池输出电流小于一定值时，VCU 会发送断开高压继电器指令给 PTC 及动力蓄电池，动力蓄电池会执行断高压继电器指令；当确认动力蓄电池高压继电器断开后，VCU 会发送主动放电指令给 MCU，MCU 完成主动放电动作后，VCU 发送休眠指令给 MCU 及 DC/DC 变换器使它们进入休眠。

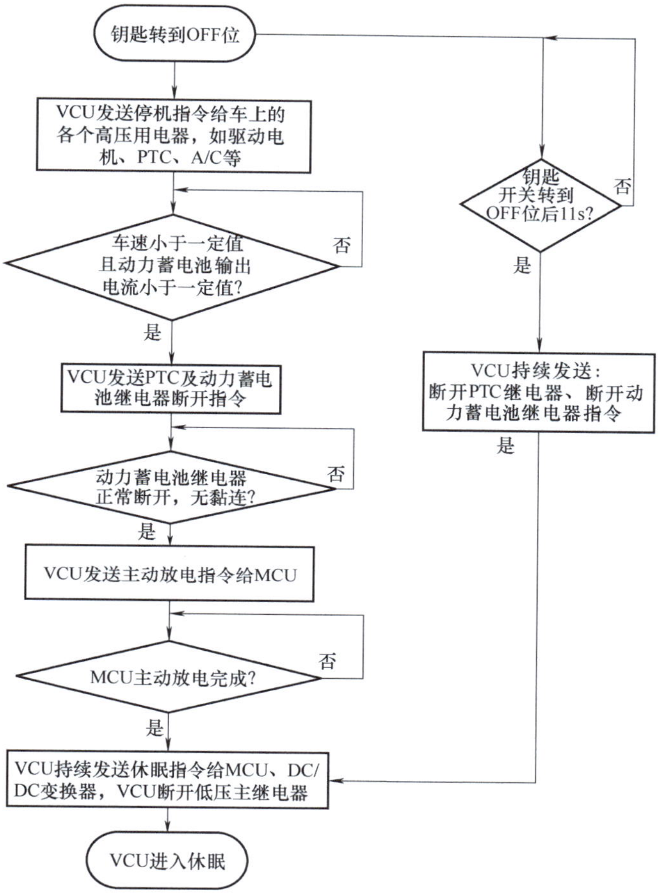


图 5-8 整车下电流程图

# 任务三 动力系统相关附件的控制

## 学习目标

1. 理解电动汽车动力系统冷却方式和动力回收方式。
2. 熟悉电动汽车动力系统能量分配优先原则。
3. 能够根据输出、输入功率计算系统效率。

## 任务描述

车行售后接修了一辆电动汽车，客户反馈车辆车速超过 140km/h 时无法继续提速。请对车辆进行入厂检测，读取车辆动力系统信息进行诊断，排除故障现象并说明该故障现象出现的原因，为客户做一个合理的解释。

随堂笔记

## 知识储备

### 1. 动力系统能量分配原则

（1）整车电器能量最优原则　为保证车辆能够正常工作，也为了保证动力蓄电池的使用寿命，在动力蓄电池电量较少时，VCU 需权衡所有用电器的使用情况，以用电情况看，共分为 4 大系统，其优先级为：DC/DC 变换器系统 > 动力蓄电池热管理系统 > 驱动电机系统 > 驾驶舱内的乘员加热与冷却。

1）DC/DC 变换器。DC/DC 变换器作为整车大多数控制器的电源，若其失效，意味着整车陷入瘫痪，控制器无法工作，故其功率使用优先级为最高。

2）动力蓄电池热管理系统。在温度极低/极高的环境下，温度对动力蓄电池活性影响大，将会直接影响到动力蓄电池的放电效率，久而久之，将会影响到动力蓄电池的使用寿命，故部分能量必须用于动力蓄电池的加热/冷却，以保证整车的正常行驶及蓄电池的使用寿命。

3）驱动电机系统。驱动电机系统作为整车的执行机构，是整车的动力源，直接影响到整车的驾驶，但权衡动力蓄电池使用寿命及控制器工作状态，其优先级略低于 DC/DC 变换器和动力蓄电池热管理系统。

4）驾驶舱内的乘员加热与冷却。乘员的舒适性不影响整车的正常行驶，故其优先级最低。

（2）功率与转矩的匹配性计算　因为动力蓄电池是被动放电的载体，其自身无法控制输出电流的大小，故需要 VCU 对动力蓄电池放电能力进行约束。为释放驱动电机的所有性能，在扣除附件系统所用的能量外，将动力蓄电池能量全部用于驱动电机的旋转。其中驱动电机输出功率 $P_1=\dfrac{T\times n}{9550}$（kW），DC/DC 变换器输入功率 $P_2$（kW），AC/PTC 输入功率 $P_3$（kW），动力蓄电池的输出功率 $P=U\times I\times 0.001$（kW），由能量守恒原则可知：$P=\dfrac{P_1}{\xi}+P_2+P_3$。

可以计算出：$T=\dfrac{(P-P_2-P_3)\times\xi\times 9550}{n}$；

其中，$\xi$ 为驱动电机及 MCU 的系统效率。

### 2. 动力系统的冷却方式

电动汽车在放电过程中，驱动电机及其控制器会产生较大的热量，过高的温度将直接影响到高功率元件及驱动电机的性能，对整车的动力性及动力系统的使用寿命都有较大的影响，故在电动汽车上都设计了冷却系统用于动力系统的冷却。

动力系统的冷却方式主要以水冷为主，下面介绍水泵及风扇与整车的匹配过程。

（1）水泵

1）水泵系统结构图。水泵的任务是让冷却液在整个散热系统中循环，而整个水冷循环经过多个功率器件。DX3 纯电动汽车的水冷系统结构图如图 5-9

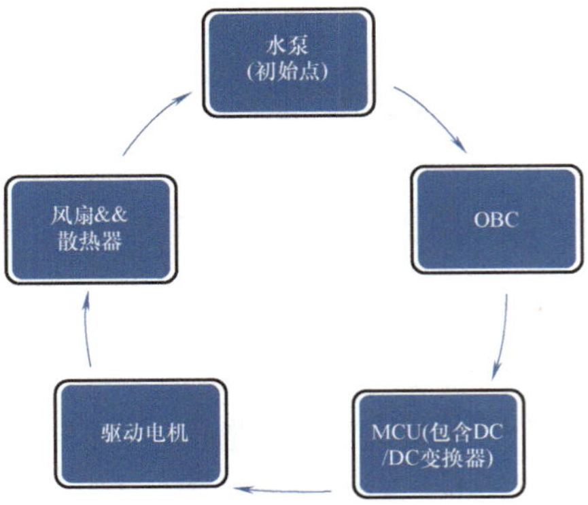


图 5-9　DX3 纯电动汽车的水冷系统结构图

所示。冷却液由水泵流出，因行车过程中 OBC 不工作，无热量产生，温度较低，故 OBC 置于水冷系统的前段。驱动电机在行车过程产生较大的热量，温度最高，置于水冷系统的末段，因为水冷系统为一循环系统，故水流从驱动电机重新流回水泵，以此循环。

2）水泵调速方式。VCU 根据驱动电机不同的温度，输出具有一定频率及占空比的脉冲信号至水泵控制器，水泵控制器将该脉冲信号放大后，驱动水泵工作，水流速度加快，达到冷却效果（注：占空比是指在一个脉冲循环内，通电时间相对于总时间所占的比例）。水冷系统调速逻辑如图 5-10 所示。

（2）风扇与散热器　当动力系统的温度越来越高时，需要打开风扇进行冷却。风扇冷却装置的管道上附加热传导性能优异的散热片，以加速散热，因环境温度远小于前机舱温度，风扇的运转使得环境温度直接吹向散热器，使散热器内的高温冷却液得到冷却，从而达到散热调温的效果，如图 5-11 所示。

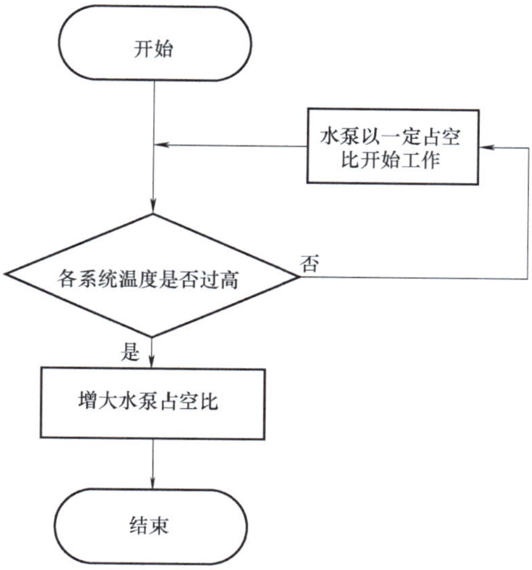


图 5-10　水冷系统调速逻辑

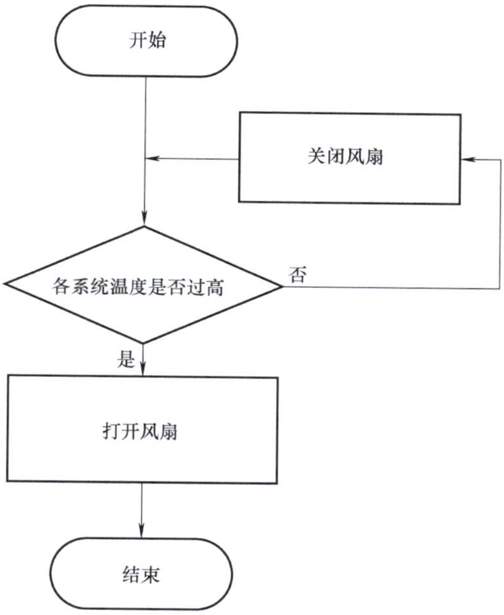


图 5-11　风扇开启逻辑

### 3. 排档状态与整车状态

DX3 纯电动汽车排档系统共有 3 个状态，分别为 D、R、N 位，不同档位所对应的驱动状态不同，那么 VCU 是如何识别档位的呢？

（1）档位的检测与故障排查

① 档位检测：不同档位下，排档系统识别旋钮档位状态，控制 4 根硬线 SW1-4 输出相应电压值，其中 0 代表低电平，1 代表高电平。图 5-12 所示为排档逻辑信号。

| 档位状态 | SW4 | SW2 | SW1 | SW3 |
|---|---|---|---|---|
| R | 0 | 0 | 1 | 1 |
| N | 0 | 1 | 0 | 1 |
| D | 0 | 1 | 1 | 0 |
| 故障 | 非RND | | | |

图 5-12　排档逻辑信号

② 故障排查：当仪表档位与物理档位位置不匹配时，需注意排档所输出的信号电压值是否与上图匹配。

随堂笔记

（2）档位行驶状态

① 当档位为D位时，车辆应为向前驱动，驱动速度最大值为140km/h。

② 当档位为N位时，车辆为停车状态，车辆无驱动力。

③ 当档位为R位时，为倒档，车辆应为向后驱动，驱动速度最大值为30km/h。

**4. 整车工作模式分析**

（1）驱动模式　工作过程：驱动模式主要以踩加速踏板为主，加速踏板踩下深度越深，驱动转矩越大，VCU发出驱动模式，控制驱动电机的输出转矩，从而使电动汽车以驾驶人预期的状态行驶。其中，最关键的是电机系统中的DC/DC变换器，其主要功能是调节驱动电机和动力蓄电池之间的电流频率和幅值，使其达到匹配，将动力蓄电池的直流电变换成交流电提供给驱动电机，将电能转换成机械能，驱动电机输出的转矩经传动系统传递给驱动车轮，使电动汽车行驶。图5-13所示为东南DX3 EV400驱动电机。

图5-13　东南DX3 EV400驱动电机

（2）能量回收　当车辆处于滑行及制动状态时，VCU发出能量回收模式，驱动电机识别模式状态，电动汽车进行能量回收。能量回收本质就是利用驱动电机的电气制动产生反向力矩使车辆减速或停车。对于感应电机来说，电气制动有反接制动、直流制动和再生制动等。其中，能实现将制动过程中能量回收的只有再生制动，其本质是驱动电机转子的转动频率超过驱动电机的电源频率，驱动电机工作于发电状态，通过DC/DC变换器的反向续流二极管给动力蓄电池充电，从而将机械能转化为电能。

随堂笔记

## 任务四　整车控制器功能安全控制

### 学习目标

1. 了解功能安全的定义与分类。
2. 了解VCU主动、被动安全控制方式。
3. 熟悉电动汽车VCU故障诊断逻辑。

### 任务描述

王先生近期购买的电动汽车出现了驻车制动失效的故障现象，请对王先生的爱车进行入厂诊断，读取故障码并打印诊断报告，确定该故障的维修方案。

### 知识储备

**1. 功能安全的概念与分类**

（1）功能安全的概念　无论是硬件随机失效还是系统失效，都需要使受控设备可靠地进入和维持安全状态，避免对人员或者环境产生伤害。

ISO 26262 中的名词定义：

1）安全（Safety）：不存在不可接受的风险。

2）风险（Risk）：伤害严重性和出现伤害概率的组合。

3）伤害（Harm）：对人身的损伤乃至死亡、对人身体健康的损害、对环境的重大破坏等。

（2）功能安全的分类 功能安全分类如图 5-14 所示。功能安全控制主要包括主动功能安全控制和被动功能安全控制。

主动功能安全控制一般指在车辆发生故障前，车上 ECU 在控制策略或架构上避免故障及失效发生，避免对人员或者环境产生危害。

被动功能安全控制一般指在车辆发生故障后，车上 ECU 在控制策略或架构上控制车辆可靠地进入和维持安全状态，避免对人员或者环境产生危害。

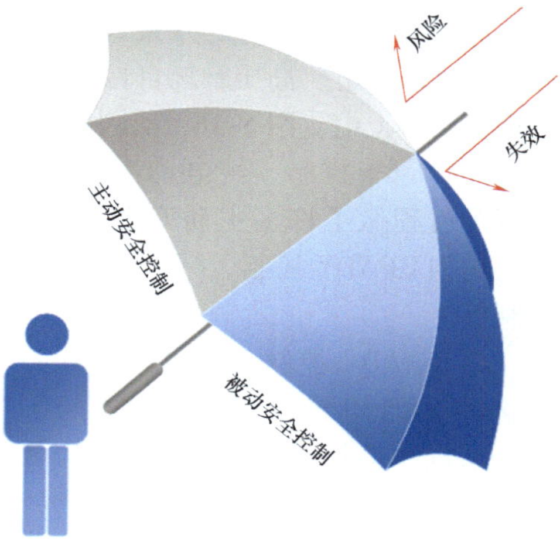

图 5-14 功能安全分类

（3）纯电动汽车与功能安全的关系 国家政府部门、汽车整车及零部件企业和用户越来越关注产品的功能安全，故车企需要对汽车电子电气产品在设计、研发、检测试验和生产管理等诸多方面提出全新的功能安全要求。

国家政府部门、汽车整车及零部件企业和用户越来越关注产品的功能安全。2012 年 10 月，国务院常务会议审议通过《缺陷汽车产品召回管理条例》，于 2013 年 1 月 1 日起实施，"汽车召回"从部门规章（以往仅为《缺陷汽车产品召回管理规定》）正式"升级"为国家法规。依新规估算，对于均价 10 万元的乘用车，按照同一批次 1000 辆的保守估计数，企业将面临"千万级罚金"，如果涉及数量多达上万辆，罚金将高达数亿元。故车企需要对汽车电子电气产品在设计、研发、检测试验和生产管理等诸多方面提出全新的功能安全要求。

随堂笔记

（4）纯电动汽车与传统汽车的差异 纯电动汽车与传统汽车的主要差别是能量类型的差别，纯电动汽车主要用锂离子蓄电池提供能量驱动汽车。除动力能量传递系统外，与传统汽油车相区别的还有电动空调、制动真空助力系统、电子加热系统等，主要由传统能量驱动改为电能驱动。

相比于传统内燃机汽车，在危险工况下或车辆发生故障时，电动汽车发生危险的不同点在于可能存在的高压电安全隐患。例如纯电动汽车可能的安全隐患有动力系统高压短路、充电时车辆的无意识移动拉扯电缆、涉水或遭遇暴雨导致短路、发生碰撞或翻车导致短路等。图 5-15 所示为纯电动汽车的安全隐患示例。

图 5-15 纯电动汽车的安全隐患示例

### 2. 纯电动汽车主动安全控制

#### （1）上电控制

1）概述。纯电动汽车在上电时所做的主动安全控制主要是自检及预充管理。

2）系统自检。系统自检主要分为低压系统自检和高压系统自检。

低压系统自检指钥匙开关置于 ON 位并且 VCU 自检通过后，允许整车低压系统的低压控制器上低压电。高压系统自检指所有高压控制器唤醒并进行系统自检后，系统无严重故障可进行高压上电。图 5-16 所示为 VCU 及其接口。

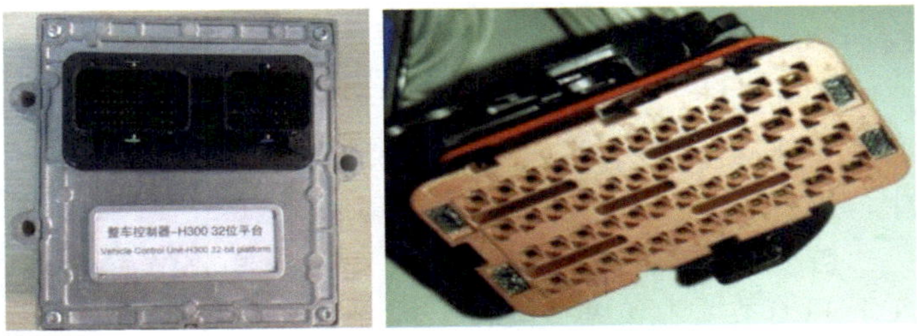

图 5-16　VCU 及其接口

**（2）行车控制**　纯电动汽车在行车过程做了许多主动安全控制，例如 READY 控制、行车互锁控制等。

1）READY 控制。根据 GB/T 18384—2015 电动汽车安全要求，纯电动汽车应使用一个明显的信号装置（如声或光信号）持久或间歇地显示驱动系统已处于准备工作状态。

大多数车企采用 READY 信号提示驱动系统已处于准备工作状态，当汽车处于可行驶状态时，会在仪表上显示 READY 信号。

2）行车互锁控制。互锁即相互锁止，行车互锁控制主要分为两种，一种是充电与 READY 的互锁；一种是蠕行与驻车制动的互锁。

当车辆在充电时，如果车辆发生移动，可能会造成充电电缆断裂，使乘员以及车辆周围人员遭受触电风险；若充电电缆断裂前正在进行大电流充电，还可能造成动力蓄电池的高压接触器粘连，从而进一步增加人员的触电风险。而 READY 的状态是一种可行驶的状态，两者互锁，即可避开充电时车辆无意识移动的安全隐患。

随堂笔记

蠕行指在不踩加速踏板和制动踏板的情况下，汽车以低速缓慢行驶的状态，而驻车制动是禁止汽车运动的措施，两者相互矛盾，因此进行了互锁处理。

3）其他行车控制。车辆在行驶过程中还做了如下控制：

① 踏板信号控制：主要有踏板的两路校验和制动踏板优先策略，如图 5-17 所示。

② 档位控制：主要有挂档有效控制和行车过程中换档有效的控制，如图 5-18 所示。

图 5-17　制动踏板和加速踏板

图 5-18　档位

③ 驻坡功能：即上坡辅助系统，是在车身稳定系统基础上衍生开发出来的一种功能，它可让车辆在不用驻车制动的情况下在坡路上起步而不会溜车，驾驶员右脚离开制动踏板后车辆仍能继续保持制动几秒，这样便可让驾驶人轻松地将脚由制动踏板转向加速踏板，避免了用驻车制动器坡起而手忙脚乱的麻烦。驻坡功能如图 5-19 所示。

图 5-19 驻坡功能

④ 限速控制：指车辆在行驶过程中，车速始终低于一个定值。主动限速通过驾驶员主动调节最高车速，其他限速主要是确保最高车速处于一定安全范围，避免车速过高酿成事故。

（3）下电控制 纯电动汽车在下电过程中也做了主动安全控制，包括车速的控制、高压系统停止工作的先后顺序控制等。

下电的车速控制指当车辆处于无故障下高压电时，需要驱动电机转速小于一个定值，避免有车速时失去动力酿成事故。

纯电动汽车的动力蓄电池为其主要能量来源，下电过程中，纯电动汽车上各个零部件的断电顺序为先断大型用电器，再断动力蓄电池，相当于先切断用电器，再断主开关。

### 3. 纯电动汽车被动安全控制

（1）功能故障 功能故障指在特定的驾驶场景下才会造成伤亡事故的故障。例如近光灯系统的一个功能故障就是灯非预期熄灭，如果在漆黑的夜晚行驶在山路上，故障使驾驶人看不清道路状况，可能会掉入悬崖，造成车毁人亡；如果此功能故障发生在白天，就不会产生任何的影响。

（2）故障等级 故障等级是指把新能源汽车可能出现的故障，依照它的危险程度进行归类划分后的等级。可通过以下 3 步进行故障等级的划分。

步骤 1：依据 ISO 26262 标准进行功能安全设计时，首先识别系统的功能，并分析其所有可能的功能故障，可采用的分析方法有 HAZOP（危险与可操作性分析）、FMEA（失效模式和影响分析）、头脑风暴等。

步骤 2：进行功能故障分析后，要进行情景分析，识别与此故障相关的驾驶情景。分析驾驶情景一般从公路类型（如国道、城市道路、乡村道路等）、路面情况（如湿滑路面、冰雪路面、干燥路面）、车辆状态（如转向、超车、制动、加速等）、环境条件（如风雪交加、夜晚、隧道灯）、交通状况（如拥堵、顺畅、红绿灯等）、人员情况（如乘客、路人等）几个方面去考虑。

步骤 3：划分 ASIL 等级（风险级别）。功能故障和驾驶场景的组合叫作危害事件。危害事件确定后，根据 3 个因子——严重度、暴露率和可控性评估危害事件的风险级别，即 ASIL 等级。

（3）ASIL 等级 ASIL 等级即汽车安全完整性等级，描述系统能够实现指定安全目标的概率的高低，见表 5-3。ASIL 等级主要由 3 个因子综合判断：

1）严重度是指对驾驶人、乘员或者行人等涉险人员的伤害程度。

2）暴露率是指人员暴露在系统失效能够造成危害的场景中的概率。

3）可控性是指驾驶人或其他涉险人员能够避免事故或伤害的可能性。

随堂笔记

表 5-3　严重度、暴露率、可控性分类

| 严重度 | | 暴露率 | | 可控性 | |
|---|---|---|---|---|---|
| S0 | 无伤害 | E0 | 很低概率 | C0 | 完全可控 |
| S1 | 轻度和中度伤害 | E1 | 低概率（1%） | C1 | 简单可控（>99% 驾驶人能够控制车辆避免事故或伤害的可能） |
| S2 | 严重伤害（有生还可能） | E2 | 中度概率（1% ~10%） | C2 | 一般可控（>90% 驾驶人能够控制车辆避免事故或伤害的可能） |
| S3 | 致命伤害 | E3 | 高概率（>10%） | C3 | 很难控制（<90% 驾驶人能够控制车辆避免事故或伤害的可能） |

表 5-4 中给出了 ASIL 的确定方法，其中 D 代表最高等级，A 代表最低等级，QM 表示质量管理，表示按照质量管理体系开发系统或功能就足够了，不用考虑任何安全相关的设计。确定了危害的 ASIL 等级后，为每个危害确定至少一个安全目标，作为功能和技术安全需求的基础。

表 5-4　ASIL 等级确定

| 严重度 | 暴露率 | 可控性 | | |
|---|---|---|---|---|
| | | C1 | C2 | C3 |
| S1 | E0 | QM | QM | QM |
| | E1 | QM | QM | QM |
| | E2 | QM | QM | A |
| | E3 | QM | A | B |
| S2 | E0 | QM | QM | QM |
| | E1 | QM | QM | A |
| | E2 | QM | A | B |
| | E3 | A | B | C |
| S3 | E0 | QM | QM | A |
| | E1 | QM | A | B |
| | E2 | A | B | C |
| | E3 | B | C | D |

随堂笔记

### 4. 系统故障诊断及处理介绍

**（1）一般故障等级处理**　对故障等级进行划分后，会对故障进行处理。一般电动汽车故障等级及处理方式如下：

1）D：立即断开动力蓄电池高压继电器。

2）C：整车进入跛行状态，当车速低于一定限值时断开高压继电器。

3）B：对整车进行限功率或限车速。

4）A：警告（仪表故障灯亮或声音提醒）。

**（2）各个系统故障等级处理举例**

动力蓄电池故障诊断处理举例见表 5-5。

表 5-5　动力蓄电池故障诊断处理

| 序号 | BMS 上报故障 | 类别 | 处　理 |
|---|---|---|---|
| 1 | 回充电流过大 1/2/3 级 | B-C | 限回充功率及跛行至下电 |
| 2 | 电芯电压过低过高 1/2/3 级 | D-C | 限功率及跛行至下电 |
| 3 | 传感器故障 | D | 仪表故障灯亮及声音提示 |

驱动电机故障诊断处理举例见表 5-6。

表 5-6　驱动电机故障诊断处理

| 序号 | MCU 上报故障 | 类别 | 处　理 |
|---|---|---|---|
| 1 | 驱动电机、MCU 过温故障 | B-C | 限放电功率及跛行至下电 |
| 2 | 驱动电机过电流 | C | 驱动电机停机，整车跛行至下电 |
| 3 | 高压插接器互锁故障 | D | 仪表故障灯亮及声音提示 |

其他附件系统故障诊断处理举例见表 5-7。

表 5-7　其他附件系统故障诊断处理

| 序号 | 附件上报故障 | 类别 | 处　理 |
|---|---|---|---|
| 1 | A/C 故障 | A | 警告灯亮 |
| 2 | PTC 故障 | A | 警告灯亮、不允许 PTC 工作 |
| 3 | 水冷水泵故障 | A | 警告灯亮 |

（3）安全监控及安全控制　对于一辆汽车而言，系统需要实时监控其安全性，在出现故障之前做好防护工作，可以减少安全事故。表 5-8 为安全监控及安全控制举例。

表 5-8　安全监控及安全控制

| 序号 | MCU 上报故障 | 类别 | 处　理 |
|---|---|---|---|
| 1 | 双路加速踏板电压异常监测 | B | 限整车车速 |
| 2 | 制动助力真空泵系统真空度异常监测 | B | 限整车车速 |
| 3 | 高压回路互锁异常监测 | C | 跛行至断高压继电器 |

## 5. VCU 故障诊断与处理

（1）VCU 负责管理故障类型　VCU 作为电动汽车的“大脑”，负责解析驾驶人的操作意图、控制车辆上电和下电、控制驱动电机转矩大小和动力蓄电池功率的输出等重要的功能，所以 VCU 需实时诊断电动汽车电控系统是否处于“健康”无故障状态，及时进行相应的安全保护处理，以保证驾驶人、行人安全，尽可能保护电动汽车的零部件不受故障影响。VCU 主要管理系统如图 5-20 所示。

随堂笔记

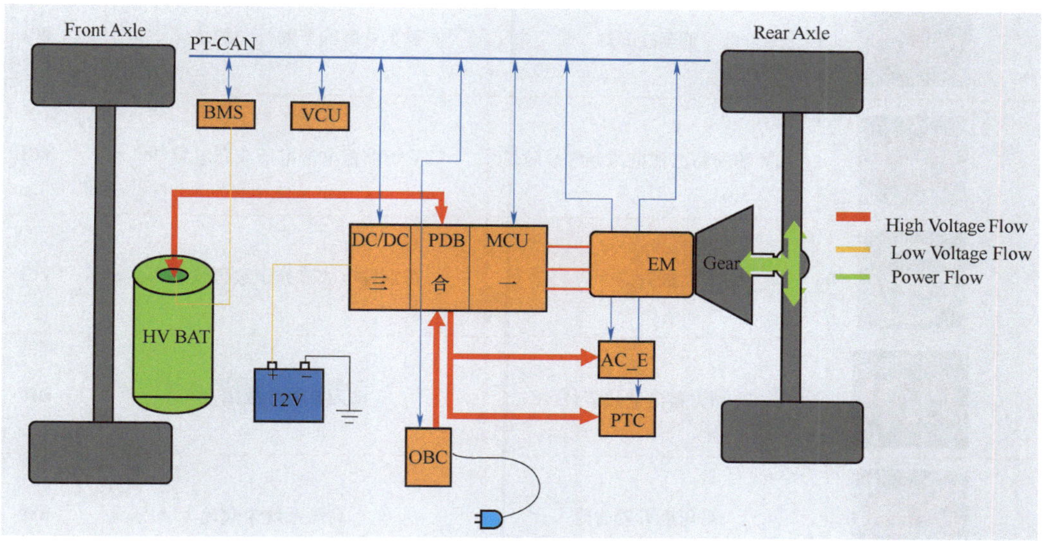


图 5-20　VCU 主要管理系统

根据 VCU 在电动汽车上的功能边界划分，VCU 一般管理电动汽车以下故障：驱动电机故障，动力蓄电池故障，功率转换设备（DC/DC 变换器）故障，OBC 故障；制动系统、加速踏板系统、变速器、定速巡航限速信号异常故障，A/C 及 PTC 系统故障，12V 辅助蓄电池电压异常故障，与 VCU 功能交互类控制器 CAN 通信中断故障。

**（2）整车故障等级** VCU 根据驱动电机、动力蓄电池、DC/DC 变换器等的故障，整车 CAN 网络故障及 VCU 硬件故障进行综合判断，确定故障等级并进行相应的控制处理。一般将电动汽车的故障分为 4 级。东南 DX3 EV400 VCU 故障等级见表 5-9。

**表 5-9 VCU 故障等级**

| 名称 | 故障等级 | 故障处理 | 受控情况 | 故障列表 | 故障恢复处理方式 |
|---|---|---|---|---|---|
| 紧急故障 | 0 | 停车，急断高压继电器，故障灯亮 | 不受控 | 车辆发生严重碰撞 | 上、下电休眠可恢复 |
| 严重故障 | 1A | 停车，缓断高压继电器，故障灯亮 | 受控 | 电机控制器过电流、IGBT、旋变等故障，动力蓄电池过电压、过温、绝缘等故障 | 上、下电休眠可恢复 |
| | 1B | 停车，不断高压继电器，故障灯亮 | 受控 | MCU 总线脱离、BMS 总线脱离 | 上、下电休眠可恢复 |
| 一般故障 | 2A | 大限功率，整车跛行，跛行灯亮、故障灯亮 | 受控 | 加速踏板、真空泵信号故障 | 上、下电休眠可恢复 |
| | 2B | 小限功率，整车限速 65km/h，故障灯亮 | 受控 | DC/DC 变换器、OBC、档位故障，高压互锁故障 | 无故障后恢复处理 |
| 轻微故障 | 3A | 故障灯亮 | 受控 | PTC、ABS、ICU、A/C 故障 | 无故障后恢复处理 |
| | 3B | 不做处理 | 受控 | 水泵故障、零部件厂商不匹配 | 无故障后恢复处理 |

**（3）故障指示灯信号解释** 当 VCU 在对自身及子系统进行检测过程中发现故障问题时，将会使仪表中相应的指示灯亮。主要故障指示灯名称、常亮条件及工作条件见表 5-10。

随堂笔记

**表 5-10 故障指示灯信号**

| 序号 | 指示灯 | 名称 | 常亮条件 | 控制系统 |
|---|---|---|---|---|
| 1 |  | 整车故障灯 | 整车有影响车辆行驶的故障 | VCU |
| 2 |  | 12V 辅助蓄电池电压异常故障灯 | 12V 辅助蓄电池电压或充电异常 | VCU |
| 3 |  | 跛行灯 | 车辆发生故障处于跛行状态 | VCU |
| 4 |  | 动力蓄电池故障灯 | 动力蓄电池故障 | BMS |
| 5 |  | 高压断开警告灯 | 整车高压系统未起动 | BMS |

（续）

| 序号 | 指示灯 | 名称 | 常亮条件 | 控制系统 |
|---|---|---|---|---|
| 6 |  | 动力蓄电池过温警示灯 | 动力蓄电池过温 | BMS |
| 7 |  | 动力蓄电池电量过低警告灯 | 动力蓄电池电量过低影响正常驾驶 | BMS |
| 8 |  | 整车绝缘故障灯 | 整车绝缘阻值过低 | BMS |
| 9 |  | 驱动电机过热警告灯 | 驱动电机过温 | MCU |
| 10 |  | 充电线连接警告灯 | 充电枪连接至车辆充电口 | OBC |

### （4）VCU 故障诊断维修步骤

1）识别故障。准确识别 VCU 故障有三个步骤：第一，根据经验对车辆使用的异常现象进行分析，初步判断车辆的故障类型及原因，如车辆无法起动、车辆行驶途中失去动力、车辆异常限速等都属于车辆使用异常；第二，结合车辆使用的异常现象观察仪表指示灯给出的车辆信息；第三，使用车辆故障诊断仪读取故障码，结合前两个识别步骤实车查看确认故障。识别故障的 3 个步骤如图 5-21 所示。

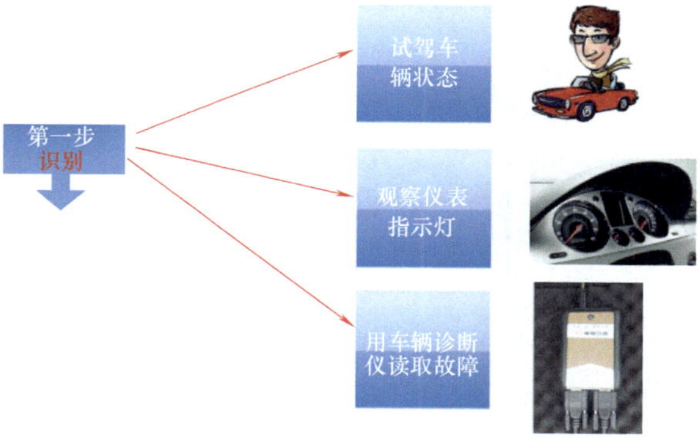


图 5-21　识别故障的 3 个步骤

2）维修故障。新能源汽车动力系统相关故障按照维修的难易程度一般分为两种类型：动力系统内部故障、通信及控制电路连接故障。动力系统内部故障发生概率较低，如动力蓄电池主正负继电器粘连故障、动力蓄电池电压传感器故障、驱动电机旋变故障等，维修难度大，大部分需要返厂维修或更换零部件处理；对于通信及控制电路连接故障，因其基本在系统外部，如加速踏板断线、高压互锁信号异常、系统总线脱离故障等，维修相对容易，可由专业维修人员在识别故障后，进行电路的断路、短路、阻值异常的维修处理。图 5-22 所示为维修故障的两个类型。

3）确认故障维修完成。在新能源汽车动力系统相关故障维修完成后，应重新对车辆上电确认维修工作已完成，一般确认维修完成与识别故障的方法相同：第一，观察仪表指示灯给出的车辆信息，判断故障指示灯是否已经熄灭；第二，使用车辆故障诊断仪读取故障码，确定实时故障码已经消除；第三，检查车辆使用的异常现象是否消失，车辆使用是否已经恢复正常。

随堂笔记

（5）东南 DX3 EV400 故障诊断仪的使用方法　东南 DX3 EV400 故障诊断仪能与东南品牌的多种车型匹配，能对多个子系统进行诊断，具有多种诊断能力。故障诊断仪的使用方法是：

1）连接故障诊断仪与车辆 OBD 端及装有故障诊断仪上位机软件的 PC 端，如图 5-23 和图 5-24 所示。

2）打开 PC 端故障诊断仪上位机软件并选择车型，如图 5-25 所示。

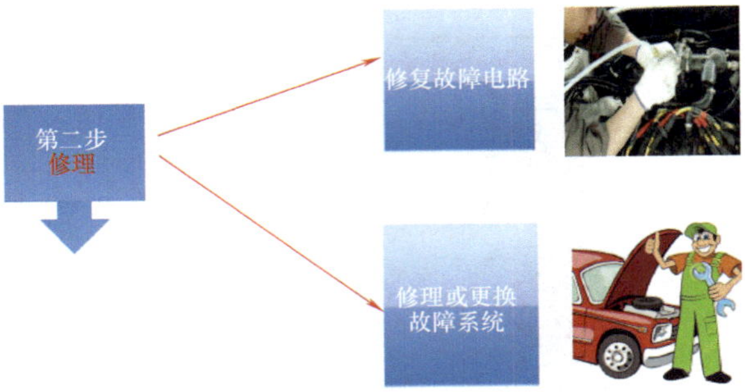


图 5-22　维修故障的两个类型

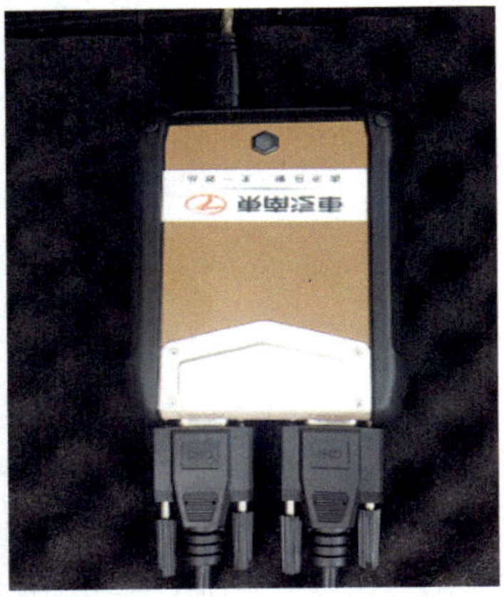

图 5-23　诊断仪连接端

图 5-24　车辆 OBD 连接端

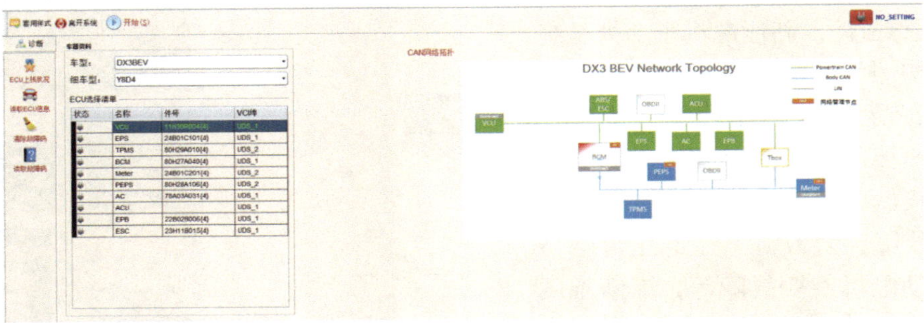


图 5-25　选择车型

3）单击 ECU 联机状态按钮，选择 VCU 查看联机状态，如图 5-26 所示。

4）单击读取 ECU 信息，确认 VCU 软/硬件版本，如图 5-27 所示。

5）单击读取故障码，读取 VCU 故障码。单击清除故障码，清除 VCU 故障码，如图 5-28 所示。

（6）OBC 高压互锁故障诊断维修案例　OBC 为车载充电机，与驱动电机、DC/DC 变换器、A/C 并联在动力蓄电池高压电路中，如 OBC 高压连接线锁附异常，至高压线脱落，将导致整车高压电泄露形成危险。VCU 通过低压线信号的通断检测 OBC 高压线连接头是否连

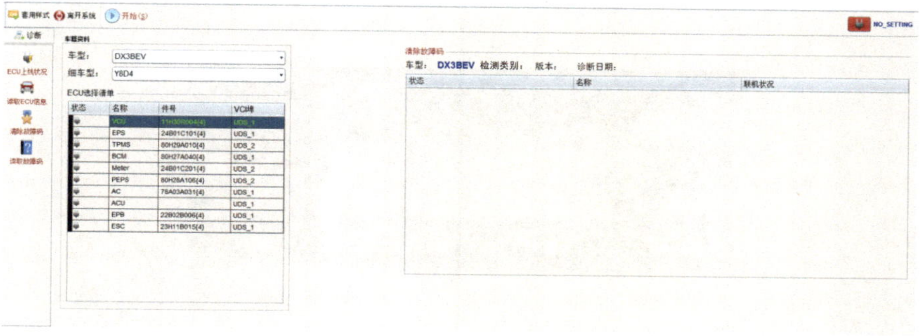

图 5-26　查看 VCU 联机状态

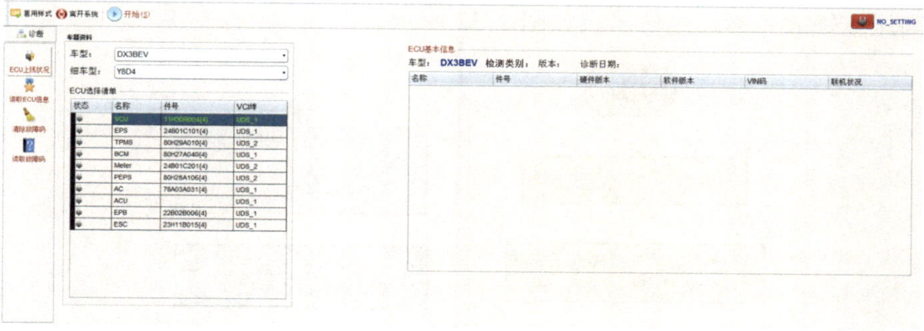

图 5-27　确认 VCU 软/硬件版本

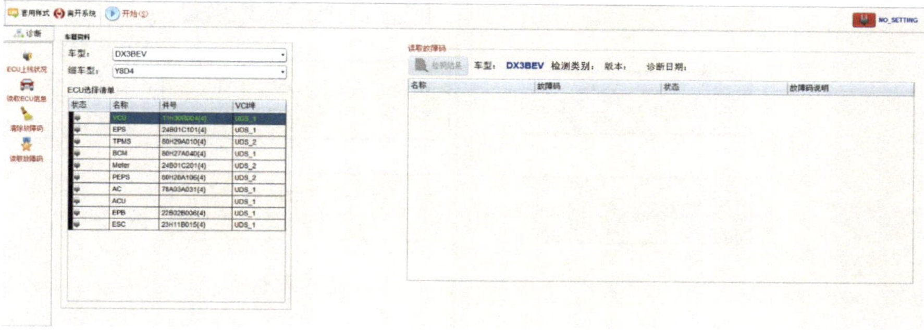

图 5-28　读取 VCU 故障码并清除

接锁附好，检测原理如图 5-29 所示，OBC 高压互锁故障 VCU 内部检测原理示意如图 5-30 所示。图 5-31 所示为东南 DX3 EV400 前机舱布置实物。

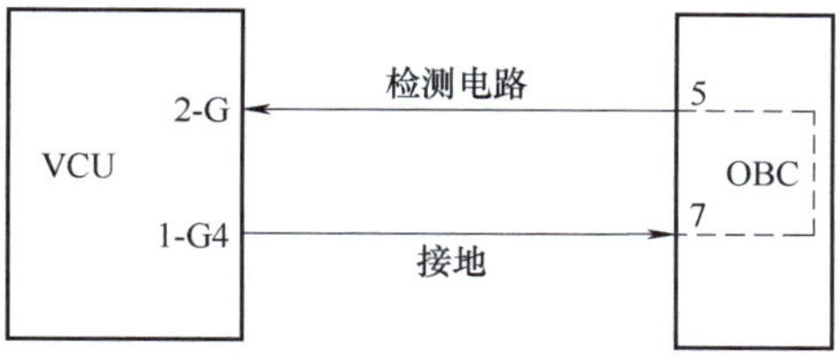


图 5-29　OBC 高压互锁故障 VCU 外部检测原理示意图

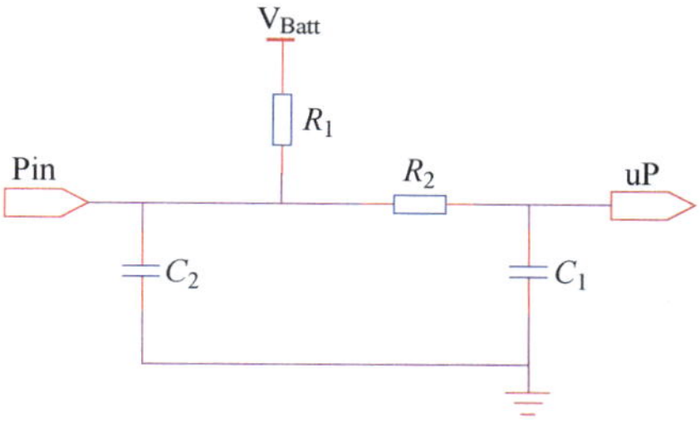


图 5-30　OBC 高压互锁故障 VCU 内部检测原理示意图

随堂笔记

图 5-31　东南 DX3 EV400 前机舱布置实物图

OBC 高压互锁故障诊断维修步骤如图 5-32 所示。

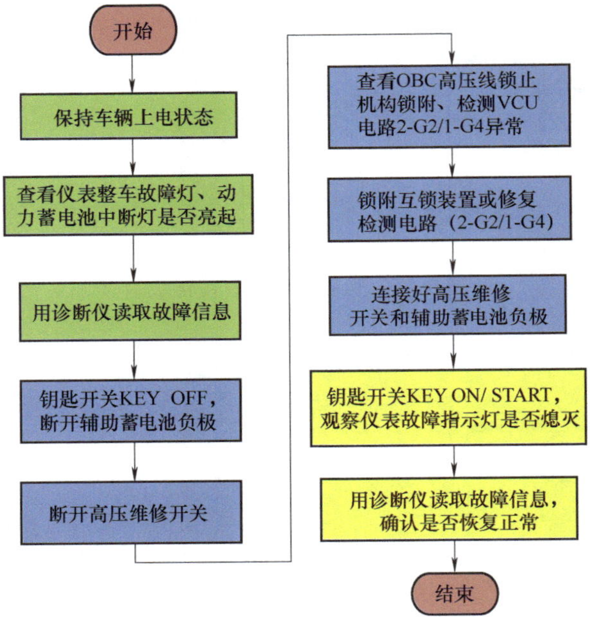


图 5-32　OBC 高压互锁故障诊断维修步骤

随堂笔记

# 项目六

# 充电系统

## 任务一　充电系统的认知

### 学习目标

1. 了解电动汽车的两种充电方式。
2. 了解电动汽车充电的发展趋势。

### 任务描述

今天接到客户李先生的来电咨询，他对刚刚购买的电动汽车充电方式有些疑问。请根据所学知识给李先生回电，回答电动汽车充电的方式，并介绍电动汽车充电的发展趋势。

### 知识储备

纯电动汽车用动力蓄电池作为动能，动力蓄电池充电需要充电系统。充电系统是纯电动汽车主要的能源补给系统，为保障车辆持续行驶提供动力能源，根据动力蓄电池的实时状态控制起动充电和停止充电，并根据动力蓄电池的电量、温度控制充电电流的调节和动力蓄电池加热。

扫一扫

充电系统的认知与维护

随堂笔记

现阶段纯电动汽车充电分为：交流充电和直流充电两种方式。由于交流充电电流小于直流充电电流，故常常把交流充电叫做慢充充电（简称慢充），把直流充电叫做快充充电（简称快充）。动力蓄电池充电需要充电机，充电机分为车载充电机和非车载充电机，车载充电机是携带在纯电动汽车上的，非车载充电机不携带在纯电动汽车上（一般安装在地面）。使用车载充电机为纯电动汽车充电时，采用交流充电，电源侧为交流充电桩。不使用车载充电机为纯电动汽车充电时，采用直流充电，电源侧为直流充电桩。车主可以根据充电时长需求来选择慢充或快充的充电方式。

充电系统的术语中比较容易混淆的概念是充电设备和充电设施。充电设备通俗地说就是包含充电机在内的各种充电桩，包括车载充电机、非车载充电机（直流充电桩）、交流充电桩等；充电设施不仅包括充电设备，还包括供电设备及相关辅助设备等。另外，术语中有交流充电桩的定义，但没有直流充电桩的定义。交流充电桩只能给具备车载充电机的纯电动汽车充电，也就是纯电动汽车上不仅有动力蓄电池，还自身携带充电机。这类纯电动汽车由于运行中自身需携带充电机，在有限的汽车空间里设计功率相对不大，所以输出功率主要满足慢充需求。非车载充电机由于外置充电设备，主要面向快充需求，故一般设计功率都比较大。

另外，根据对动力蓄电池充电时能量转换方式的不同，充电装置可以分为接触式和感应式两种。随着电力电子技术和变流控制技术的飞速发展，高精度可控变流技术的成熟和普及，分阶段恒流充电模式已经基本被充电电流和充电电压连续变化的恒压限流充电模式取代。主导充电工艺的是恒压限流充电模式。接触式充电的最大问题在于它的安全性和通用性，为了使它满足严格的安全充电标准，必须在电路上采用许多措施使充电设备能够在各种环境下安全充电，恒压限流充电和分阶段恒流充电均属于接触式充电技术。新型的电动汽车感应充电技术发展很快。感应充电器是利用高频交流磁场的变压器原理，将电能从离车的一次侧感应到车载的二次侧，以达到给动力蓄电池充电的目的。感应充电的最大优点是安全，这是因为充电器与车辆之间并无直接的点接触，即使车辆在恶劣的气候下（如雨雪天），进行充电也无触电的危险。

# 任务二　慢充的工作原理

## 学习目标

1. 理解慢充的工作原理。
2. 了解车载充电机慢充控制网络。
3. 能按照充电标准流程进行慢充实际操作。

## 任务描述

今天你在小区内偶遇刚刚购买纯电动汽车的客户陈先生，他请教你如何利用家用充电器进行慢充。请根据本任务所学知识帮助陈先生对该纯电动汽车进行慢充操作。

随堂笔记

## 知识储备

扫一扫

车载充电机的拆装

### 1. 车载充电机（OBC）的工作原理

车载充电机（On Board Charing，OBC）是电动汽车（这里指纯电动汽车和插电式混合动力汽车）充电系统的重要组成部分，它是可以实现将交流电转变为直流电并且给动力蓄电池充电的设备，能够在公共停车场、家庭住宅等处连接电源给电动汽车充电，大大减小了电动汽车对充电基础设施的依赖。目前市场上 OBC 输入电压电流主要有单相 220V、对应输入电流 10A、16A 和 32A；以及三相 380V、对应输入电流 63A。本任务主要以 220V 交流充电为例，进行 OBC 的功能原理说明。图 6-1 所示为 OBC 充电原理示意图。

由图 6-1 可知，OBC 不仅要求具有较宽的输出电压范围，同时要求能够消除电网侧电压频率波动的影响。因此要求它具备以下特性：抗 EMI 干扰；电流波纹小；功率因数高；效率高，充电效率达到 93% 以上；体积小。

本项目以东南 DX3 纯电动汽车装载的 OBC 为例，主要介绍 OBC 的工作原理、电路拓扑结构以及充电控制网络。

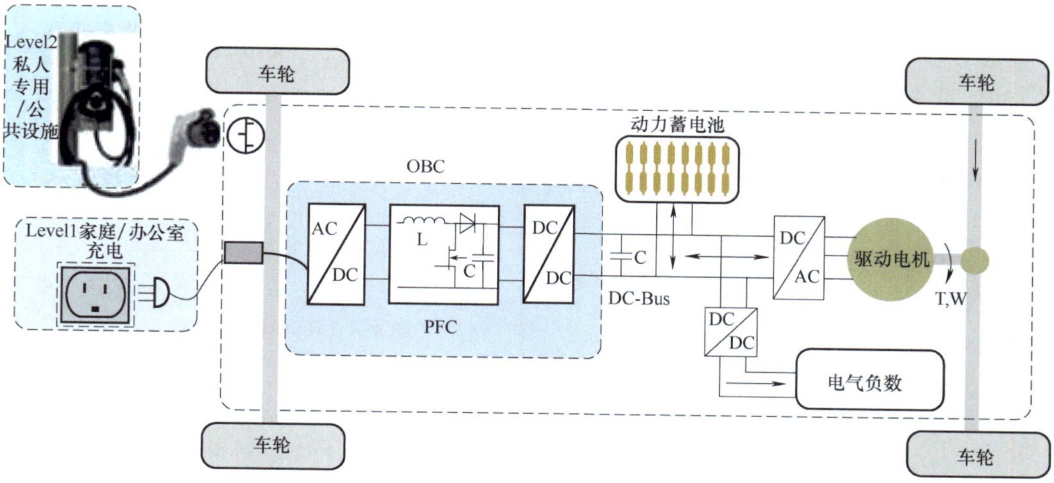


图 6-1　OBC 充电原理示意图

**2. OBC 电路拓扑结构**

（1）前级 AC/DC 电路　由于 OBC 既要满足电网侧输入的要求又要满足动力蓄电池端宽电压范围的要求，因此在 OBC 电路结构中采用隔离拓扑结构，前级为功率因数校正（PFC）；后级采用 DC/DC 变换器实现输出直流电给动力蓄电池充电。图 6-2 所示为东南 DX3 EV400 OBC 实物图。

图 6-2　东南 DX3 EV400 OBC 实物图

上述 OBC 拓扑结构如 6-3 图所示。OBC 拓扑结构主要由 EMI 滤波器、功率因数校正电路以及隔离型 DC/DC 变换器三部分构成。

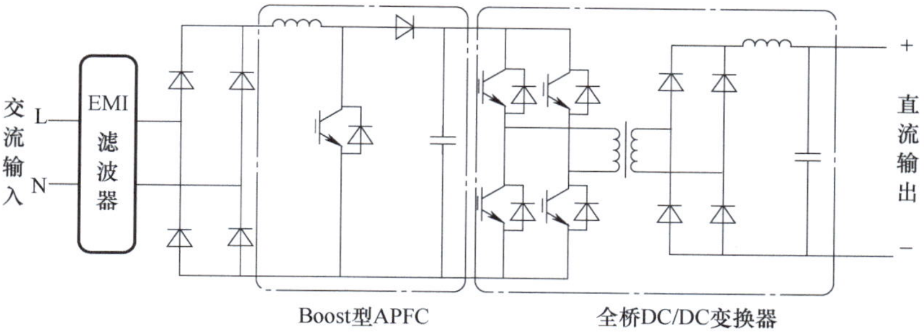


图 6-3　OBC 拓扑结构

OBC 连接交流电后首先进行的是 EMI 滤波。由于电网端远距离高压运输以及负载中存在电感电容等元器件影响，造成电网端存在谐波。谐波对 OBC 的效率有较大影响。因此，为了提高 OBC 的效率，抑制谐波就尤为重要。常常在电路输入侧加入 EMI 滤波器，交流电经过 EMI 滤波器滤波后，可以得到幅值为 220V、频率为 50Hz 的标准电压。

经过 EMI 滤波后就进入了功率因数校正环节。通常情况下，功率因数校正可以分为无源功率因数校正（PPFC）和有源功率因数校正（APFC）。其中 PPFC 是在电路中加入电容电感等元器件构成滤波网络，实现功率因数的校正。虽然 PPFC 具有电路简单、成本低等优点，但其体积大、抑制谐波电流效果比较差、功率因数不高、电感要求比较高等缺点，限制

随堂笔记

了其自身的应用场合。APFC 技术采用高频开关，广泛应用在开关电源中。

东南 DX3 EV400 装载的 OBC 使用的是 BoostPFC 电路结构，BoostPFC 只有一个开关管并通过 PWM 波来控制以达到对输入电流的整形以及输出电压的快速调节。

BoostPFC 电路如图 6-4 所示，主电路由整流电路、滤波电感、整流二极管和输出滤波电容等电子元器件组成。

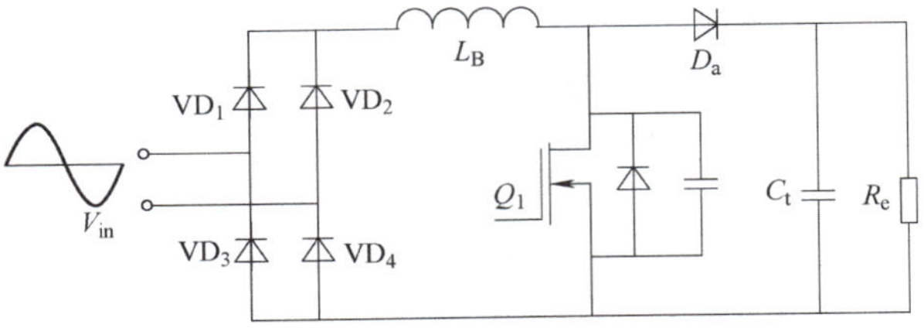


图 6-4　BoostPFC 电路

整流的作用是使交流电压变换为单向脉动电压，如图 6-5 所示。

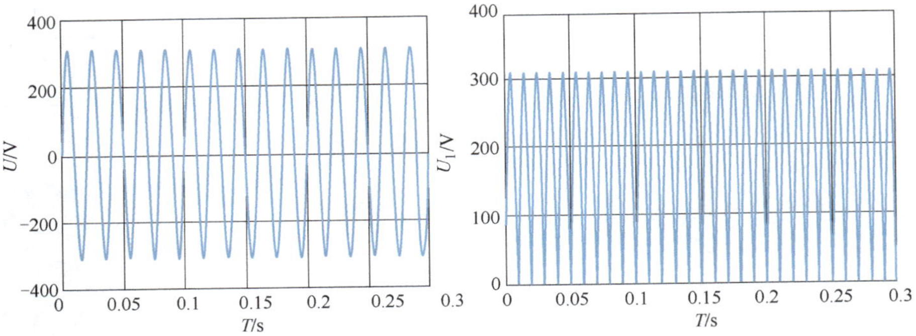


a）整流前输入电压　　b）整流后输出电压

图 6-5　整流过程

整流元器件一般为二极管或者晶闸管，之所以能整流是因为它们都具有单向导电的特性。

随后接入的结构为滤波器。整流电路中虽然可以把交流电转变为直流电，但是这些输出电压始终为单向脉动电压。在 OBC 中这种电压的脉动是不被允许的，因此需要增加滤波电路。滤波器的作用是减小电压的脉动程度，以便适合负载的需求，如图 6-6 所示。

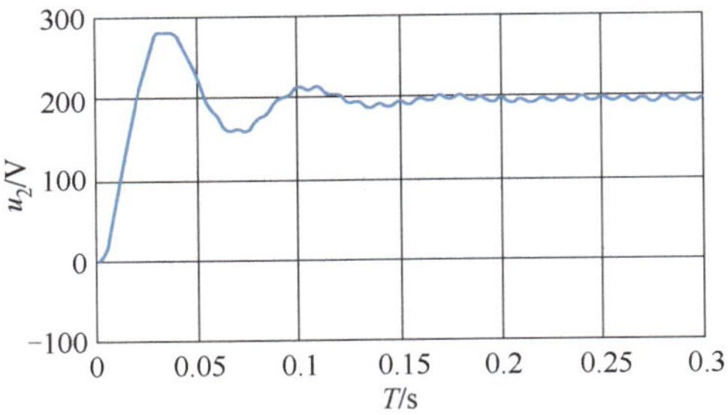


图 6-6　减小电压脉动的过程

由于 BoostPFC 变换器有独特的优点，例如滤波电感串联在输入端，输入电流的高频纹波比较小；输出电压高，输出滤波电容储能比较大，体积小；在整个输入电压范围内可以保持比较高的输出功率因数，因此 BoostPFC 的运用变得越来越广泛。

为了分析简化可以做如下假设：所有元器件均为理想件，开关管和二极管瞬间导通和截止，且导通时电压为零、截止时电流为零；输出电容足够大，输出电压恒定，忽略输出电压纹波；在一个周期开关内输入电压为常数。

当电感电流连续工作时，在一个开关周期内，BoostPFC 电路两种工作状态的等效电路如图 6-7 所示。

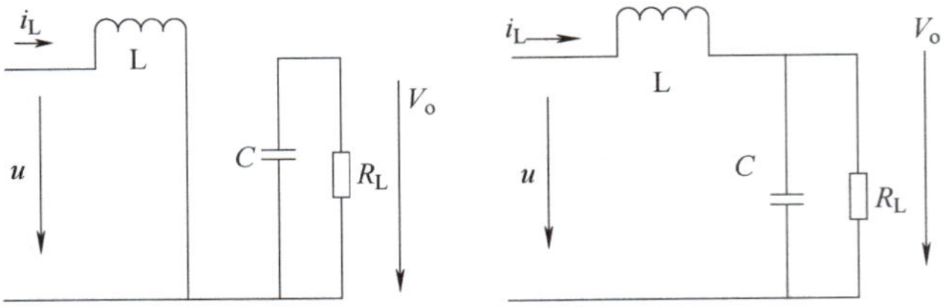


a) 开关管导通　　b) 开关管关闭

图 6-7　BoostPFC 等效电路

在开关管导通时，二极管承受反向电压截止，电感两端的电压为电源电压，电感电流线性增长。在输出侧电阻电压由电容提供；在开关管关闭时，二极管导通，电源电压为电容电压和电感电压的总和。因此在实际电路控制过程中可以通过控制开关管的占空比使电感电流在一个周期内跟踪输入电压波形上升、下降趋势，因此可以实现功率因数的校正。经过 BoostPFC 电路后的输出电压如图 6-8 所示。

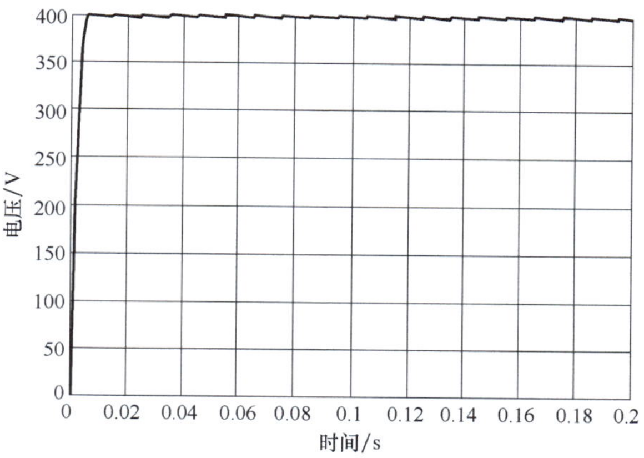

图 6-8　BoostPFC 电路直流输出电压

（2）后级 DC/DC 变换器直流变换电路　经过 BoostPFC 电路后交流电转变为了直流电，但是为了增加电路结构的使用效率，同时为了满足动力蓄电池端宽输入电压的要求，又加入了变换电路实现直流到直流的转变过程（DC/DC 变换器）。根据电气输入与输出是否隔离，DC/DC 变换器分为隔离式变换器与非隔离式变换器两种。OBC 要求具有高效率和高功率密度，但是前端 BoostPFC 电路控制部分常常采用电压电流双环控制策略，这些元器件的引入会对电压的精度以及效率产生很大的影响。与非隔离式 DC/DC 变换器相比，隔离式全桥 DC/DC 变换器可以实现零电压开关（ZVS）即软开关控制，提高整体效率的同时还能提高电压的精度。东南 DX3 EV400 OBC 中 DC/DC 变换器结构使用的是隔离式的 LLC 谐振变换器。

LLC 谐振变换器有很多种结构，其中包括板桥 LLC 谐振电路、全桥 LLC 谐振电路、双板桥 LLC 电路以及复合全桥三电平 LLC 谐振电路。这些电路结构各有特点，本任务主要以全桥 LLC 谐振变换器为例进行简要介绍。

全桥 LLC 谐振变换器是在传统的串联和并联 LC 谐振变换器的基础上进行改良后得到的。LLC 谐振变换器广泛地应用在开关电源，其具有以下特点：

① 拓扑结构简单，控制稳定，体积小。

② LLC 谐振变换器可以在宽负载范围内实现零电压开关。

③ 能够在输入电压和负载变化范围比较大的情况下调节输出，同时开关频率变化相对很小。

④ 采用频率控制，提高了电路的效率。

如图 6-9 所示，全桥 LLC 谐振变换器可以分解为开关网络、谐振网络、整流网络和滤波网络。

如图 6-9 所示，全桥 LLC 谐振变换器的开关网络由 4 只开关管组成全桥结构，利用 PWM 波来控制上、下桥臂的开关实现上、下桥臂互补导通，这样就实现了直流电压向方波电压的转变。其中，方波的频率完全由 MOS 管的开关速度决定。开关网络电压的转变如图 6-10 所示，其中红色实线表示输入直流电压，蓝色实线表示经开关网络后的阶跃电压。

交流方波电压加载在谐振网络的两端，产生高频谐振。谐振电容、谐振电感以及变压器励磁电感一起组成了全桥 LLC 谐振网络。由于电感的存在，经过开关网络阶跃的电压变为高频正弦交流电，此时交流电的频率完全取决于开关网络的速度，提高了电路的效率。在经过谐振网络转变为交流电后，经过整流网络转变为直流脉动电压电流，如图 6-11 所示。

最后经过低通滤波网络将电流电压的脉动程度降低后，OBC 就完成了将低频交流电转

随堂笔记

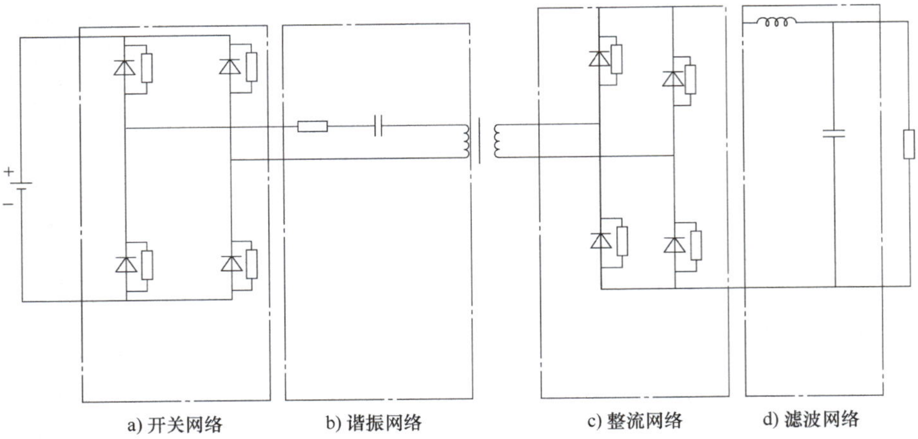


图 6-9 LLC 谐振电路拓扑结构图

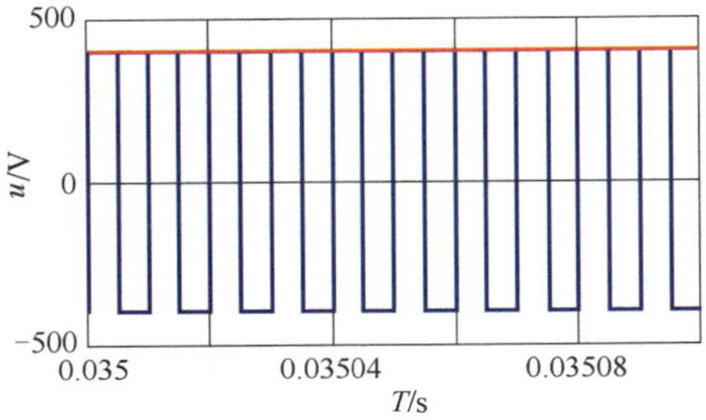


图 6-10 开关网络电压的转变

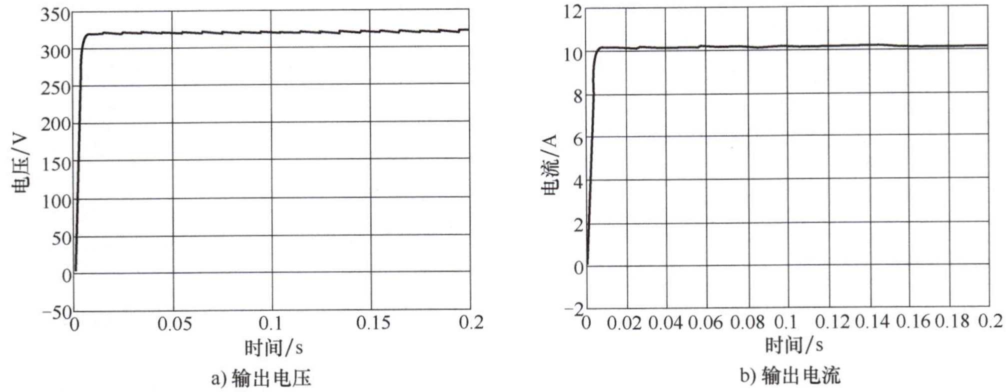


图 6-11 整流网络电压的变化

随堂笔记

变为直流电的过程，可以实现为动力蓄电池充电的功能。

### 3. OBC 充电控制网络

由于 OBC 在电动汽车中并不是单独的存在的，OBC 的功能实现需要和 BMS 以及 BCM 联合工作才会正常地给动力蓄电池供电。本任务将重点介绍在整车系统中 OBC 是怎么进行识别判断并给动力蓄电池进行充电的。

电动汽车慢充系统目前主要使用的是用随车充电器充电模式和用专用供电设备（充电桩）充电模式。本任务将重点介绍用专用供电设备（充电桩）充电模式，如图 6-12 所示。

图 6-12　用专用供电设备（充电桩）充电模式

其连接方式如图 6-13 所示。

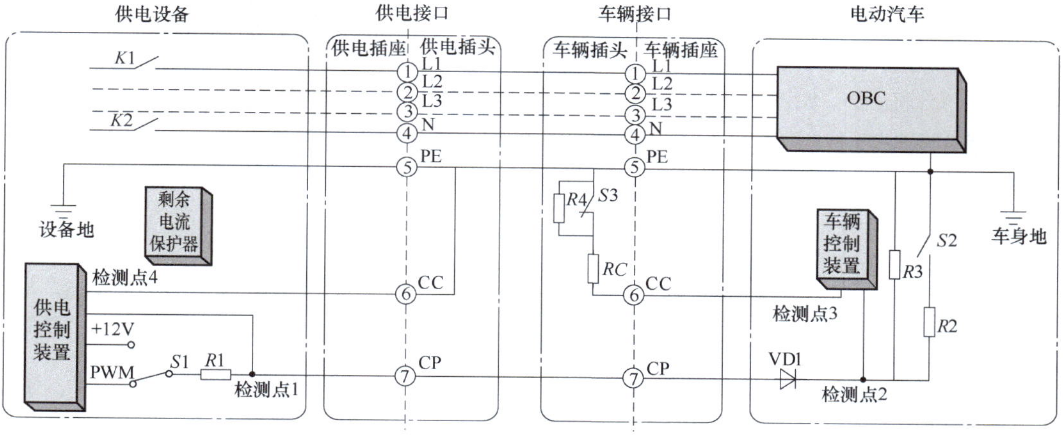


图 6-13　用专用供电设备（充电桩）充电模式的连接

当操作人员进行插枪充电操作后，车辆控制装置将会检测 CC、CP 的连接状态，来确认充电枪的连接状态。当 OBC 检测到慢充枪完全连接后，车辆控制装置将会用检测点 3 和 PE 质检的电阻数值来判断车辆插头与车辆插座是否完全连接，连接状态分为 3 种：

1）当未连接时，*S*3 开关处于闭合状态，会检测到 CC 未连接，检测点 3 与 PE 质检的电阻值为无限大。

2）半连接时，*S*3 处于断开状态，CC 已经连接，检测点 3 与 PE 质检的电阻数值为 *RC* 与 *R*4 数值之和。

3）完全连接时，*S*3 处于闭合状态，CC 已经连接，检测点 3 与 PE 质检的电阻数值为 *RC*。

在确定检测点 3 与 PE 质检的电阻值后就可以确定电缆的额定容量，并且通过检测点 2 的 PWM 信号的占空比来确认当前供电设备的最大供电电流。

确认连接后 OBC 处于被唤醒状态。随后 OBC 会确认 CC 与 CP 连接是否正常。连接正常后，OBC 将处于初始化状态，初始化完成后随即驱动电子锁进行吸合。如果车辆配备有电子锁，电子锁应在供电之前锁定车辆插头，并且在整个充电过程中保持上锁状态。当充电结束或停止充电时，电子锁应在 *S*2 开关断开后解锁。

电子锁上锁后 OBC 一直处于充电准备阶段，一旦接收到 BMS 充电指令，OBC 就会闭合 *S*2 开关，随后 OBC 进行功率模块的检测，紧接着判断电源侧 AC 是否上电，得到上电指令后开始正常充电。

非正常结束充电或停止充电时，*S*2 开关会断开（检测点 1 的电压值为 9V），控制装置应在 100ms 内断开交流供电回路，并且持续输出 PWM 波（这种情况不可恢复，需要重新拔插充电枪才可恢复）；当达到操作人员设置的充电结束条件或操作人员对供电装置发送了停止充电的指令时，供电装置应能控制开关 *S*1 切换到 12V 连接状态；当检测到 *S*2 开关断开时，在 100ms 内断开

随堂笔记

开关K1和K2，切断交流供电回路，超过3s未检测到S2断开，则强制断开开关K1和K2，切断交流供电回路。

图6-14 东南DX3 EV400慢充口位置

#### 4. 慢充的操作流程

慢充可选用家用电充电或慢充桩充电。两种充电方式操作基本相同，差异在于家电充电时将充电枪连接上即可开始充电；而慢充桩充电可能需要刷卡操作或手机APP操作才可开始充电。下面以家用电充电为例进行慢充操作说明。

（1）慢充口位置　如图6-14所示，东南DX3 EV400慢充口位于车辆左后轮毂上方（传统汽油车加油口）位置。慢充口钣金盖解锁拉锁在驾驶座位左下方处，拉起拉锁即可打开慢充座钣金盖板。其他布置位置的慢充口，可根据车辆的使用手册查找。

（2）充电前检查工作

① 充电电源必须是220V、50Hz的交流家用电源。

② 供电插座应使用符合标准要求的插座，所使用的供电电路载流能力必须≥10A，插座前端接线应符合标准单相三线制的接线要求。

③ 检查充电枪口、电缆、控制盒、电线及插头表面，确保充电设备没有刮破、生锈、破裂，充电口、电缆、控制盒、电线以及插头表面没有破损等异常情况。

④ 如果插座内有积水、表面有损坏、生锈、破裂或连接太松，不要充电。

⑤ 当插头很脏或潮湿时，用干燥清洁的布擦拭插头，确保插头干爽、干净后再进行充电。

⑥ 充电枪为电子产品，应避免放置于阳光直射或潮湿的场地。

⑦ 充电设备使用时需注意周边环境，摆放路面应无尖锐物体，垂直悬挂充电设备可能影响其使用寿命。

（3）慢充的操作步骤

随堂笔记

① 一般车辆都随车配备充电枪，充电枪属于车辆标配产品，请从车辆行李舱处取出充电枪，如DX3 EV400充电枪是车辆标配产品，以黑色的牛津包包装后放置于车辆行李舱处。

② 按照正确操作方法打开车辆慢充插座，并确认车辆慢充插座内清洁无异物，无雨水等导电液体。

③ 将充电枪的三角插头插入标准插座。此时电源指示灯（红色）常亮。

④ 将交流车辆充电枪盖帽拔出，然后将充电枪头插入到慢充座中。

⑤ 插合完成后，线上控制盒自动起动，连接充电，充电提示灯处于绿色闪烁状态，OBC开始对动力蓄电池进行充电。

⑥ 动力蓄电池充满电后，线上控制盒充电指示灯处于常绿状态。

⑦ 停止操作时，首先扣动车辆充电枪扳机，拔出充电枪，将盖帽插回。拔出电源侧三角插头，将充电枪收回到牛津包内。

**小提示**

注意：东南DX3 EV400使用的慢充枪故障灯慢闪过程中有缺地故障报警时，不影响产品的充电功能，仅通过指示灯警告提示，即指示灯蓝灯和绿灯保持当前状态，红灯常亮，黄灯急闪。此时应立即停止充电，寻找接地可靠的插座后才可继续进行充电。

职业教育汽车类专业“互联网 +”创新教材

# 电动汽车结构与检修
# 技能训练

班级________________________________

学号________________________________

姓名________________________________

机 械 工 业 出 版 社

# 目　录

# 技能训练一　电动汽车车辆作业前场地准备

| | | | |
|---|---|---|---|
| 专业 | | 班级 | |
| 姓名 | | 座号 | |
| 小组成员 | | 组长姓名 | |

| | |
|---|---|
| **一、接受工作任务** | 成绩： |

小童是某新能源汽车 4S 店的一名学徒工，负责车辆入场维修前的日常准备工作。今天 4S 店接待了一辆来店维护的新能源汽车，小童需完成该车辆维护前车辆停放检查与安全防护、工具设备及场地检查等准备工作。如果您是小童，该如何完成呢？

| | |
|---|---|
| **二、信息收集** | 成绩： |

**1. 各种标识的作用及可执行的操作**

| 标识 | 需要标明的车辆状态 | 可执行的操作 |
|---|---|---|
|  | 高压电气系统已经接通，<br>且高压触点暴露在外 | |
|  | 高压电气系统已经断路 | |
|  | 高压电气系统已经接通，<br>没有高压触点暴露在外 | |

**2. 各防护用具的名称、用途及基本的检查要求**

| 防护用具名称 | 实　物　图 | 用 途 描 述 | 防护用具检查要求 |
|---|---|---|---|
| |  | | 通常无有效期；具备电气绝缘性能 |

（续）

| 防护用具名称 | 实 物 图 | 用 途 描 述 | 防护用具检查要求 |
|---|---|---|---|
| | 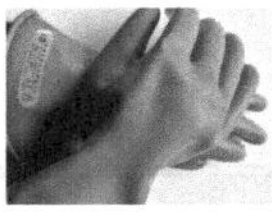 | | 通常有效期为两年；绝缘等级应在1000V/300A以上，需要进行出厂前试验，外观检查应无油污、潮湿、进水、粘连、裂纹、漏气 |
| |  | | 通常无有效期；外观检查应无开焊、无断裂，隔离杆机械锁止装置完好 |
| |  | | 通常有效期为两年；需要进行出厂前试验，外观检查应无油污、潮湿、进水、外伤、裂纹、孔洞、毛刺、断底、断帮等 |
| | 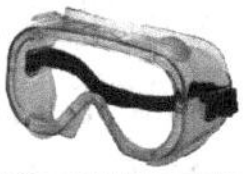 | | 通常无有效期；需要进行出厂前试验，外观检查应镜片无裂痕或严重磨损，张紧带无老化，镜架镜腿连接可靠 |
| |  | | 通常有效期为两年半；需要进行出厂前试验，外观检查应帽壳无龟裂、凹陷、裂痕或严重磨损，帽箍、顶衬、下颚带、后扣（或帽箍扣）等组件应完好无损 |
| |  | | 通常有效期为两年；需要进行出厂前试验，外观检查应无油污、潮湿、孔洞、割裂、破损、金属粉末附着、厚度变薄等 |
| | 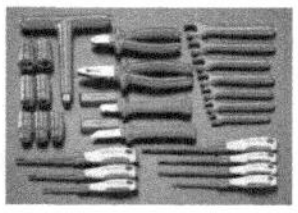 | | 无有效期限；需要进行出厂前试验，外观检查应无油污、潮湿、松动、裂纹、露金、断裂、损伤；绝缘工具必须独立存放，不准与其他物品混放；避免与金属锐利物接触，以防破坏绝缘 |

## 三、制订计划

成绩：

1）根据车辆作业前场地准备要求，制订车辆停放检查与安全防护、工具设备及场地检查作业计划。

| 序号 | 作业项目 | 操作要点 |
|---|---|---|
| | | |
| | | |
| | | |
| | | |
| | | |
| 计划审核 | 审核意见：<br>年 月 日 签字： | |

2）根据作业计划完成小组成员的任务分工。

| | | | |
|---|---|---|---|
| 主修人 | | 记录员 | |
| 监护人 | | 展示员 | |

作业注意事项

① 实训开始前，应摘掉饰品，换上实训服，穿好绝缘鞋，长头发应挽起固定于脑后。

② 整车实训时，应确保起动开关处于 Lock 位，操作另有要求的除外。

③ 当就车工作时，应施加驻车制动，除非特定操作要求置于其他档位。

④ 当使用汽车举升机时，应严格按照举升机的操作规程进行作业。

⑤ 使用实训台架操作时，应按照规范进行，避免发生意外事故。

⑥ 按正确的方法使用状态良好的工具，使用后应立即清理并归还原处。

检测设备、工具、材料

| 序号 | 名称 | 数量 | 清点 |
|---|---|---|---|
| 1 | 实训车辆 | | □已清点 |
| 2 | 举升机 | | □已清点 |
| 3 | 实训工装 | | □已清点 |
| 4 | 高压防护用具 | | □已清点 |
| 5 | 绝缘维修工具 | | □已清点 |

**四、计划实施**　　成绩：

**1. 车辆停放检查及安全防护**

操作过程记录：______________________________。

**2. 维修作业安全警戒**

操作过程记录：______________________________。

**3. 高压安全工具及设备检查**

操作过程记录：______________________________。

**4. 车辆作业区域高压安全检测**

操作过程记录：______________________________。

**5. 车身漆面防护**

操作过程记录：______________________________。

**五、质量检查**　　成绩：

请实训指导教师检查本组作业结果并针对实训过程出现的问题提出改进措施及建议。

| 序号 | 作业项目 | 评价结果 |
| --- | --- | --- |
| 1 | 车辆停放检查及安全防护 | |
| 2 | 维修作业安全警戒 | |
| 3 | 高压安全工具及设备检查 | |
| 4 | 车辆作业区域高压安全检测 | |
| 5 | 车身漆面防护 | |
| 综合评价 | ☆ ☆ ☆ ☆ ☆ | |
| 综合评语 | | |

## 六、评价反馈

成绩：

根据自己在课堂中的实际表现进行自我反思和自我评价。

自我反思：________________________________________________________________。

自我评价：________________________________________________________________。

实训成绩单

| 项目 | 评分标准 | 分值 | 得分 |
| --- | --- | --- | --- |
| 接受工作任务 | 明确工作任务，理解任务在企业工作中的重要程度 | 5 | |
| 信息收集 | 掌握各警示标识相应名称及其作用 | 5 | |
| | 掌握各警示标识下可执行的操作 | 5 | |
| | 掌握各种防护用品名称、用途及基本的检查要求 | 5 | |
| 制订计划 | 按照维修作业流程制订合适的行动计划 | 10 | |
| | 能协同小组人员安排任务分工 | 5 | |
| | 能在计划实施前准备好所需要的工具、器材 | 5 | |
| 计划实施 | 车辆停放检查及安全防护 | 5 | |
| | 维修作业安全警戒 | 5 | |
| | 高压安全工具及设备检查 | 10 | |
| | 车辆作业区域高压安全检测 | 10 | |
| | 车身漆面防护 | 10 | |
| 质量检查 | 学生任务完成，操作过程规范、标准 | 10 | |
| 评价反馈 | 学生能对自身表现情况进行客观评价 | 5 | |
| | 学生能在任务实施过程中发现自身问题 | 5 | |
| 得分（满分100） | | | |

# 技能训练二　车辆高压系统安全操作

| 专业 | | 班级 | |
|---|---|---|---|
| 姓名 | | 座号 | |
| 小组成员 | | 组长姓名 | |

**一、接受工作任务**　　成绩：

小王是某汽车服务有限公司一名高压电资格技师，公司今天接待了一辆新能源事故车，因维修需要，小王需要完全断开该车高压系统，并在事故修复后重新连接高压系统的高压插头和维修开关。如果您是小王，该如何完成工作呢？作业过程该如何遵守“电动汽车安全操作规范”？

**二、信息收集**　　成绩：

| 部件名称 | 安装位置 | 基本功能、作用 |
|---|---|---|
| 电机控制器 | | |
| DC/DC 变换器 | | |
| 车载充电机 | | |
| 维护插头插座 | | |
| 动力蓄电池 | | |
| 动力蓄电池 | | |
| 空调系统（压缩机、PTC） | | |
| 动力蓄电池负极电缆 | | |
| 配电箱 | | |
| 驱动电机 | | |

**三、制订计划**　　成绩：

1）根据作业要求制订作业计划。

| 序号 | 作业项目 | 操作要点 |
|---|---|---|
| | | |
| | | |
| | | |
| | | |
| | | |
| 计划审核 | 审核意见：<br>年　月　日　签字： | |

2）根据维修作业计划完成小组成员的任务分工。

| 主修人 | | 记录员 | |
|---|---|---|---|
| 监护人 | | 展示员 | |

作业注意事项

① 实训开始前，应摘掉饰品，换上实训服，穿好绝缘鞋，长头发应挽起固定于脑后。

② 整车实训时，应确保起动开关处于 Lock 位，操作另有要求的除外。

③ 当就车工作时，应施加驻车制动，除非特定操作要求置于其他档位。

④ 当使用汽车举升机时，应严格按照举升机的操作规程进行作业。

⑤ 使用实训台架操作时，应按照规范进行，避免发生意外事故。

⑥ 按正确的方法使用状态良好的工具，使用后应立即清理并归还原处。

检测设备、工具、材料

| 序号 | 名称 | 数量 | 清点 |
|---|---|---|---|
| 1 | 拆装工具 | | □已清点 |
| 2 | 检测仪表 | | □已清点 |
| 3 | 绝缘电阻表 | | □已清点 |
| 4 | 故障诊断仪 | | □已清点 |
| 5 | 防护用品 | | □已清点 |

## 四、计划实施

成绩：

**1. 认识实车高压插头，学会拆卸与安装方法**

1）初步认识实车高压插头。

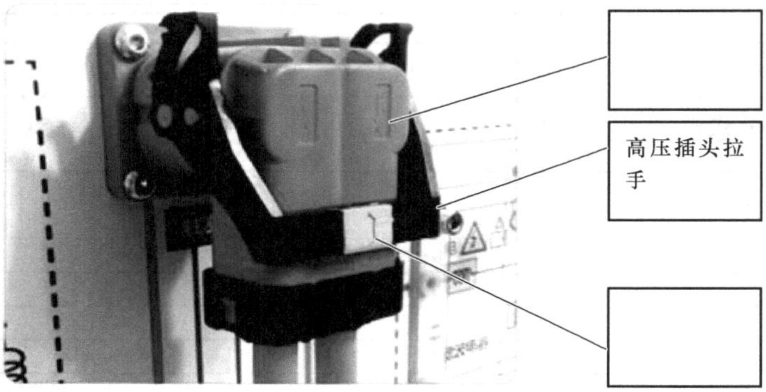

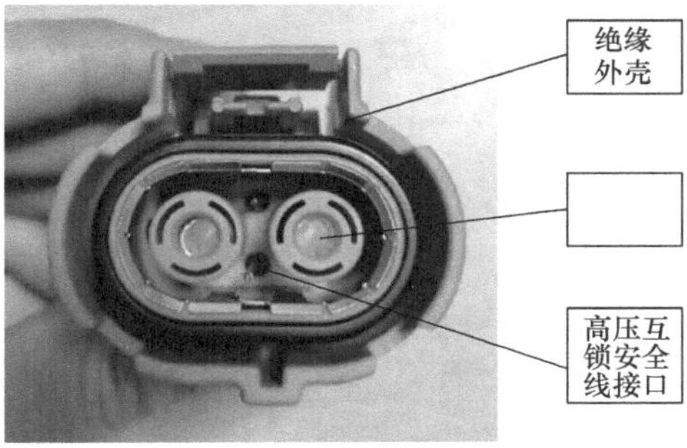


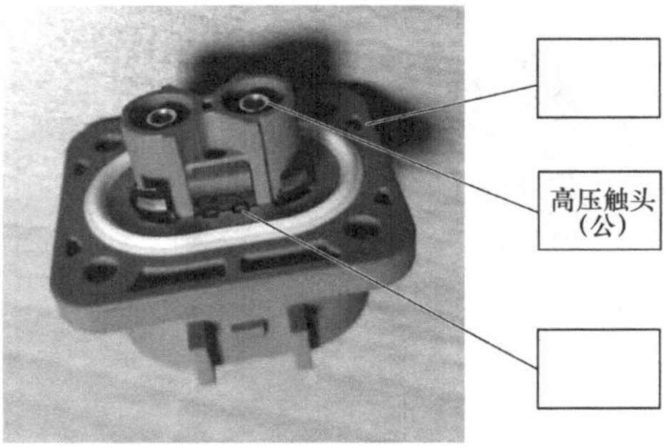


2）实车拆卸高压插头。

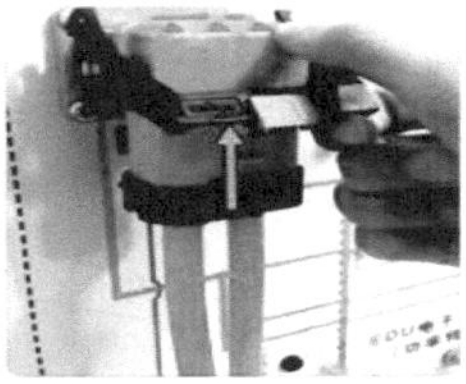

| 步骤 1： | 步骤 2： |
| --- | --- |

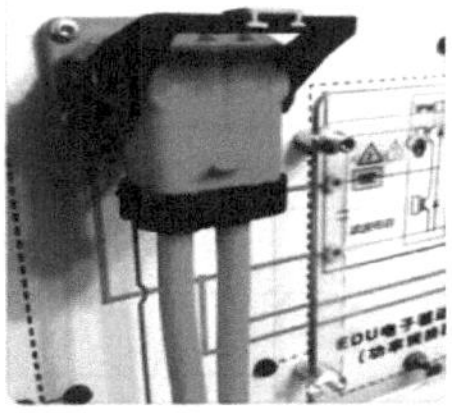

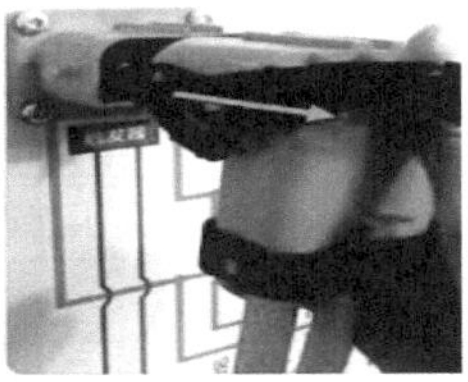

| 步骤 3： | 步骤 4： |
| --- | --- |

3）实车安装高压插头。

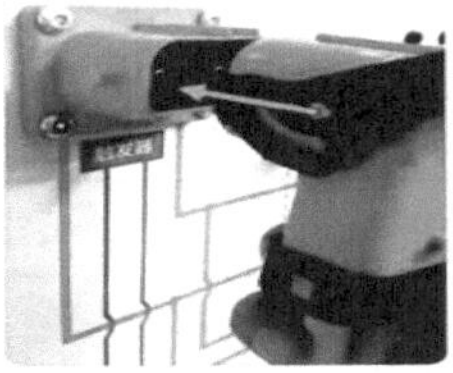

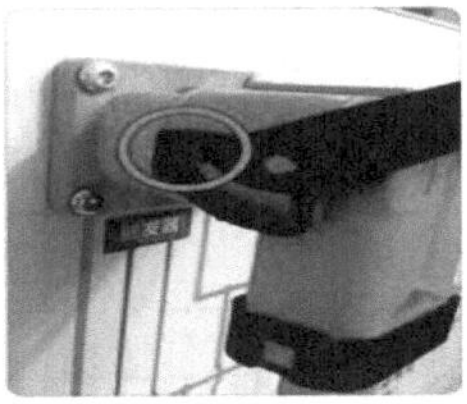

| 步骤 1： | 步骤 2： |
| --- | --- |

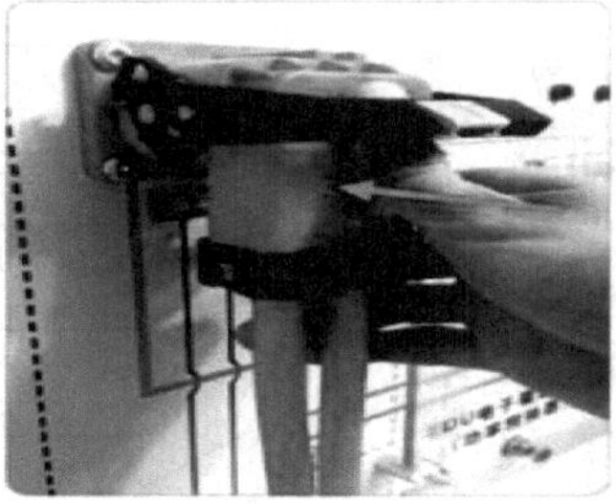

| 步骤 3： | 步骤 4： |
|---|---|
| | |

**2. 认识实车维修开关基本功能与结构，学会实车维修开关的拆卸和安装**

1）描述实车维修开关基本结构与功能。

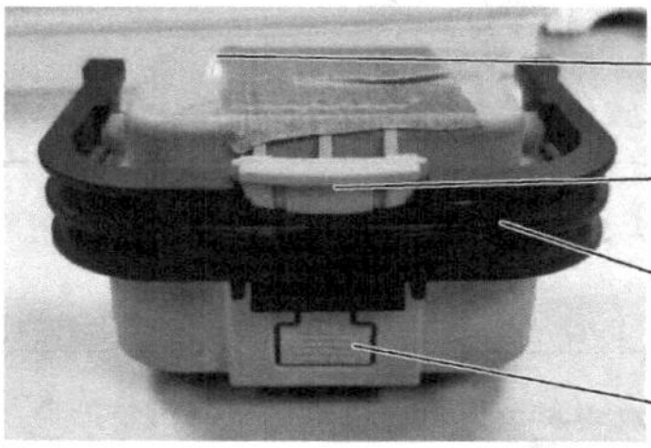


| 序号 | 编号 | 编号注释 | 备注 |
|---|---|---|---|
| 1 | M1 | 高压互锁回路短接插头 | |
| 2 | M2 | | |
| 3 | M3 | 内部安装高压大电流熔断器 | |
| 4 | M4 | | |
| 5 | M5 | | |
| 6 | M6 | 安全提示标识 | |
| 7 | M7 | | |

维修插头可测量内容（使用普通真实的万用表测量）：

| | | | |
|---|---|---|---|
| 1 | 母线触点之间电阻 | ________ Ω　是否正常（是/否） | |
| 2 | 互锁触点之间的电阻 | ________ Ω　是否正常（是/否） | |

2）拆卸维修开关插头。

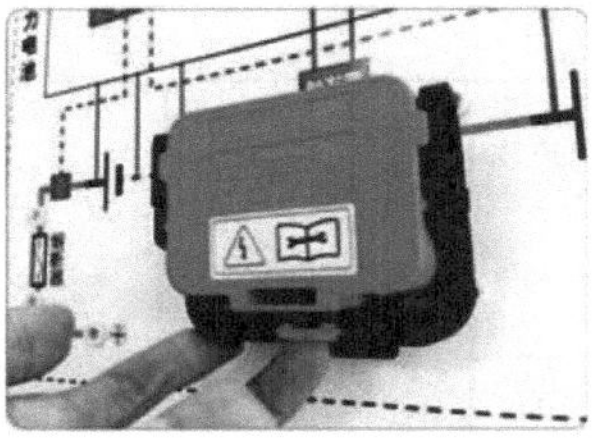

步骤 1：

步骤 2：

步骤 3：

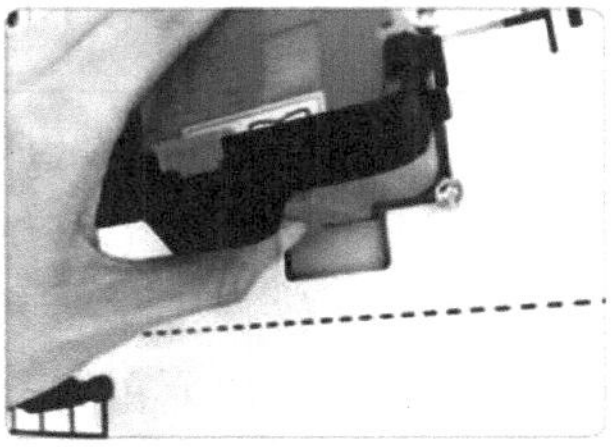

步骤 4：

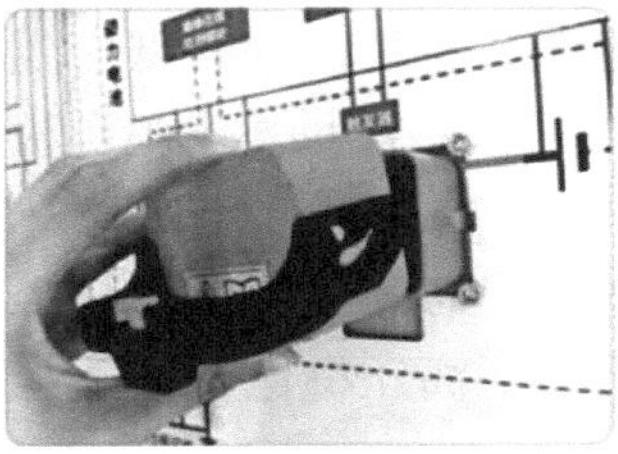

步骤 5：拆除维护开关插头

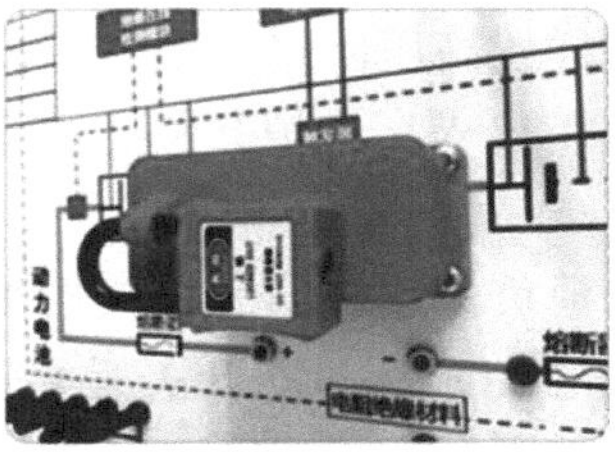

步骤 6：使用专用锁具将卸除插头的维护开关插座锁闭，并由负责人保管好钥匙

3）安装维修开关插头。

步骤 1：________________。

步骤 2：________________。

步骤 3：________________。

步骤 4：________________。

步骤 5：________________。

步骤 6：________________。

### 3. 电动汽车上电操作流程

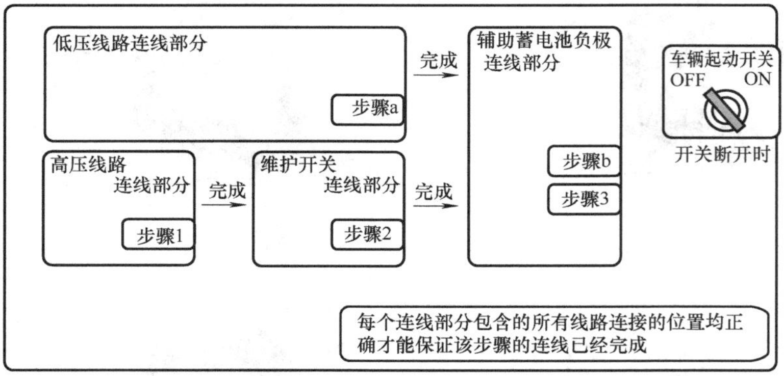


注意：电动汽车的高压回路由低压电路和控制器通过高压继电器进行控制。如果低压电路不完整或不给低压电路供电，则正常状态下高压回路就不会上电，所以接通辅助蓄电池负极放在上电流程的最后一步进行操作。在这之前要先将高压电路连接完整，避免有裸露的端子或插座出现。维修开关是高压回路总开关，要在高压回路其他电路接通之后进行安装连接。

形成上电流程的基本依据：电动汽车高压动力回路控制基本原理，高压元器件的通、断电由低压系统进行控制。

正确的上电接线流程：优先连接除维护开关以外的所有高压连线，再连接维护开关，这样使高压回路完整且封闭起来没有高压触点裸露。连接低压供电电路（该电路不要求在维护开关之前完成连接），最后再完成辅助蓄电池负极连线，准备上电。

辅助蓄电池负极连线最后连接的原因：辅助蓄电池负极不接通，低压控制回路就不会通电（无论起动开关是否闭合），正常状态下高压继电器也不会吸合，高压回路就不会被接通。

请列出电动汽车断电操作流程：

| 五、质量检查 | 成绩： |
|---|---|

请实训指导教师检查本组作业结果并针对实训过程出现的问题提出改进措施及建议。

| 序号 | 评价标准 | 评价结果 |
|---|---|---|
| 1 | 车辆高压电路连接状况 | |
| 2 | 车辆维护开关连接状况 | |
| 3 | 车辆断电状况 | |
| 综合评价 | ☆ ☆ ☆ ☆ ☆ | |
| 综合评语 | | |

| 六、评价反馈 | 成绩： |
|---|---|

根据自己在课堂中的实际表现进行自我反思和自我评价。

自我反思：________________________________________________。

自我评价：________________________________________________。

实训成绩单

| 项目 | 评分标准 | 分值 | 得分 |
|---|---|---|---|
| 接受工作任务 | 明确工作任务，理解任务在企业工作中的重要程度 | 5 | |
| 信息收集 | 掌握部件在原车上的位置、相应名称及其作用 | 5 | |
| | 掌握部件在教学平台的对应位置及名称 | 5 | |
| 制订计划 | 按照维修作业流程制订合适的行动计划 | 10 | |
| | 能协同小组人员安排任务分工 | 5 | |
| | 能在计划实施前准备好所需要的工具器材 | 5 | |
| 计划实施 | 规范地进行场地布置及工具检查 | 5 | |
| | 掌握高压安全基本知识，做好高压安全防护 | 5 | |
| | 熟知高压插件，认真规范地拆卸、安装高压插件 | 10 | |
| | 熟知维修开关，认真规范地拆卸、安装维修开关 | 10 | |
| | 熟知安全电动汽车上电流程 | 15 | |
| 质量检查 | 学生任务完成，操作过程规范标准 | 10 | |
| 评价反馈 | 学生能对自身表现情况进行客观评价 | 5 | |
| | 学生能在任务实施过程中发现自身问题 | 5 | |
| 得分（满分100） | | | |

# 技能训练三　动力蓄电池实车拆装与检测

| 专业 | | 班级 | |
|---|---|---|---|
| 姓名 | | 座号 | |
| 小组成员 | | 组长姓名 | |

| 一、接受工作任务 | 成绩： |
|---|---|

某新能源汽车4S店接收了一辆待维修车辆，车辆型号为东南 DX3 EV400，据车主反映，车辆存在无法 READY 现象。技师刘强首先委派学徒工王磊对动力蓄电池系统进行检查，发现是动力蓄电池绝缘出问题，要求王磊将动力蓄电池从车上拆卸下来，由专业售后人员进行维修并记录。如果你是王磊，该如何完成这项工作任务呢？

| 二、信息收集 | 成绩： |
|---|---|

动力蓄电池拆装相关问题

| 需解决问题 | 解答 |
|---|---|
| 哪些情况需要拆卸动力蓄电池 | |
| 动力蓄电池拆卸过程中的安全事项有哪些 | |
| 动力蓄电池的位置在哪里 | |
| 东南 DX3 EV400 绝缘监测在哪里完成 | |

| 三、制订计划 | 成绩： |
|---|---|

1）根据作业要求制订作业计划。

| 序号 | 作业项目 | 操作要点 |
|---|---|---|
| | | |
| | | |
| | | |
| | | |
| | | |
| 计划审核 | 审核意见：<br>年　　月　　日　　签字： | |

2）根据维修作业计划完成小组成员的任务分工。

| | | | |
|---|---|---|---|
| 主修人 | | 记录员 | |
| 监护人 | | 展示员 | |

作业注意事项

① 实训开始前，应摘掉饰品，换上实训服，穿好绝缘鞋，长头发应挽起固定于脑后。

② 整车实训时，应确保起动开关处于 Lock 位，操作另有要求的除外。

③ 当就车工作时，应施加驻车制动，除非特定操作要求置于其他档位。

④ 当使用汽车举升机时应严格按照举升机的操作规程进行作业。

⑤ 使用实训台架操作时，应按照规范进行，避免发生意外事故。

⑥ 按正确的方法使用状态良好的工具，使用后应立即清理并归还原处。

检测设备、工具、材料

| 序号 | 名称 | 数量 | 清点 |
|---|---|---|---|
| 1 | 拆装工具 | | □已清点 |
| 2 | 检测仪表 | | □已清点 |
| 3 | 绝缘电阻表 | | □已清点 |
| 4 | 故障诊断仪 | | □已清点 |
| 5 | 防护用品 | | □已清点 |

## 四、计划实施

成绩：

1）完成纯电动汽车维修作业前检查及车辆防护，并记录信息。

① 维修作业前现场环境检查。

作业内容：________________________________。

作业结果：________________________________。

② 维修作业前防护用具检查。

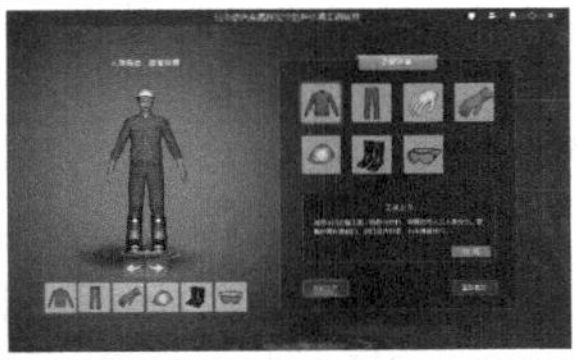

作业内容：________________________________。

作业结果：________________________________。

③ 维修作业前仪表、工具检查。

| | |
|---|---|
|  | 作业内容：<br>________________________。<br>作业结果：<br>________________________。 |

④ 维修作业前实施车辆防护。

| | |
|---|---|
|  | 作业内容：<br>________________________。<br>作业结果：<br>________________________。 |

2）检查动力蓄电池系统情况。

| | | | |
|---|---|---|---|
|  | 动力蓄电池 | 外观 | □正常□破损□脏污 |
| | | 高压输出插件 | □正常□退针□破损□脏污 |
| | | 低压控制插件 | □正常□退针□破损□脏污 |
| | | 液冷系统水管接头 | □正常□退针□破损□脏污 |

3）拆卸动力蓄电池系统。

| 拆卸步骤 | 具体操作内容 | 实物图 |
|---|---|---|
| 准备车辆及工具 | 将作业车辆驶入工位，对好车辆维修顶起位置，做好顶升准备 | 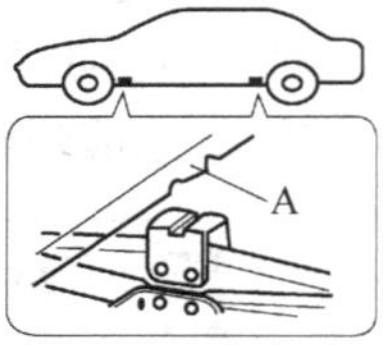 |
| 准备安全护具 | 准备好绝缘手套、绝缘鞋、安全帽、绝缘工具、举升机，必要时还应准备绝缘服 |  |
| 下电、断开辅助蓄电池负极电缆 | 关闭车上用电器，关闭车内点火开关，断开辅助蓄电池负极电缆 | |
| 拔下维修开关 | 将手动维修开关按右图顺序拔下 |  |

（续）

| 拆卸步骤 | 具体操作内容 | 实物图 |
|---|---|---|
| 静置 10min | 动力蓄电池输出线束连接着整车的驱动电路，在驱动控制器上存在容性或者感性的零部件，会将部分高压电能存储在内，所以维修开关断开后还需要给车上的电容电感放电留出时间，所以静置 10min | |
| 升起车辆 | 对准车辆顶起的位置，将车辆顶起，举升到合适的作业高度 | |
| 戴上安全帽 | 进行动力蓄电池拆卸需要作业人员进入车底，所以必须佩戴好安全帽才能进入作业区域 | |
| 拆下蓄电池护板 | 动力蓄电池底部前端有一块护板，用于保护动力蓄电池前端的插接器。进行动力蓄电池拆卸之前要把这个护板先拆下。拆下护板固定螺栓和卡扣即可取下护板 | |
| 断开动力蓄电池低压线 | 低压线可以实现动力蓄电池与整车的通信，可以为动力蓄电池低压用电器在整车上取电。将插接器的外部套筒旋转，解锁固定结构，向后轻轻退出插接器 |  |
| 断开动力蓄电池高压线 | 高压插接器可以实现动力蓄电池的快充和动力输出，移除高压线束的方法类似拆除 MSD 的方法。退出高压插接器的二次锁止机构，旋转把手，退出插接器 | 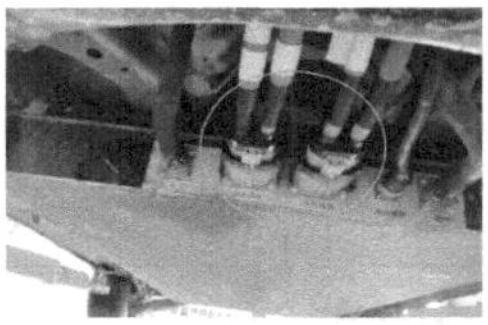 |
| 断开冷却液管路 | 液冷水管是动力蓄电池系统实现热管理的重要组件 |  |
| 拆除等电位线 | 动力蓄电池等电位线的作用是保证动力蓄电池和车体处于同一电位，保证作业人员的安全<br>旋下等电位线固定螺栓即可拆下等电位线 | 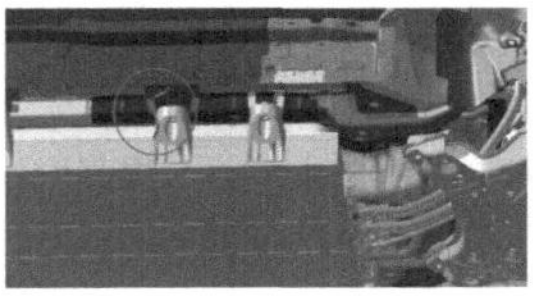 |
| 顶住动力蓄电池 | 用顶升机顶住动力蓄电池底部，动力蓄电池重心必须在顶升机平台的中心区域 | |
| 卸下动力蓄电池固定螺栓 | 动力蓄电池固定螺栓的作用是使动力蓄电池和车体可靠的连接在一起 | |
| 移出动力蓄电池 | 将动力蓄电池缓慢降下，移出车底 | |

4）动力蓄电池维修完成后复原。

动力蓄电池复原到整车上只需按与拆卸相反的顺序将动力蓄电池装回车体即可。需要注意的是将螺栓锁回车体时需要进行螺栓紧固力矩的校核。

## 五、质量检查

成绩：

请实训指导教师检查本组作业结果并针对实训过程出现的问题提出改进措施及建议。

| 序号 | 评价标准 | 评价结果 |
|---|---|---|
| 1 | 维修作业前检查及车辆防护 | |
| 2 | 动力蓄电池外观检查 | |
| 3 | 动力蓄电池拆卸 | |
| 综合评价 | ☆ ☆ ☆ ☆ ☆ | |
| 综合评语 | | |

## 六、评价反馈

成绩：

根据自己在课堂中的实际表现进行自我反思和自我评价。

自我反思：______________________________________________。

自我评价：______________________________________________。

实训成绩单

| 项目 | 评分标准 | 分值 | 得分 |
|---|---|---|---|
| 接受工作任务 | 明确工作任务，理解任务在企业工作中的重要程度 | 5 | |
| 信息收集 | 掌握动力蓄电池系统的功用 | 5 | |
| | 了解动力蓄电池系统在车身上与相关系统配合的关系和固定方式 | 5 | |
| | 掌握动力蓄电池的工作原理 | 5 | |
| | 掌握动力蓄电池外部插接器定义 | 5 | |
| 制订计划 | 按照动力蓄电池外观检查流程制订合适的行动计划 | 10 | |
| | 能协同小组人员安排任务分工 | 5 | |
| | 能在实施前准备好所需要的工具、器材 | 5 | |
| 计划实施 | 规范地进行场地布置及工具检查 | 5 | |
| | 识别车底其他相关系统及配合部件 | 5 | |
| | 认真规范地拆卸动力蓄电池系统 | 10 | |
| | 进行动力蓄电池维修时，认知内部构造 | 10 | |
| | 认真规范地装配动力蓄电池系统 | 10 | |
| 质量检查 | 学生任务完成，操作过程规范标准 | 5 | |
| 评价反馈 | 学生能对自身表现情况进行客观评价 | 5 | |
| | 学生能在任务实施过程中发现自身问题 | 5 | |
| 得分（满分100） | | | |

# 技能训练四　驱动电机实车拆装

| | | | |
|---|---|---|---|
| 专业 | | 班级 | |
| 姓名 | | 座号 | |
| 小组成员 | | 组长姓名 | |

**一、接受工作任务**　　成绩：

老李是某汽车服务有限公司一名高压电资格技师，在维修一辆纯电动事故车时，经测量发现故障点在驱动电机内部，为排除故障，现指派他的学徒小王对驱动电机进行拆解，待检修完后再装配复原。如果您是小王，该如何完成工作呢？

**二、信息收集**　　成绩：

**1. 驱动电机主要类型及结构**

| 序号 | 名称 | 结构 | 作用 |
|---|---|---|---|
| 1 | | | |
| 2 | | | |
| 3 | | | |

**2. 驱动电机外部结构**

观察实车实物，写出驱动电机的外部结构。

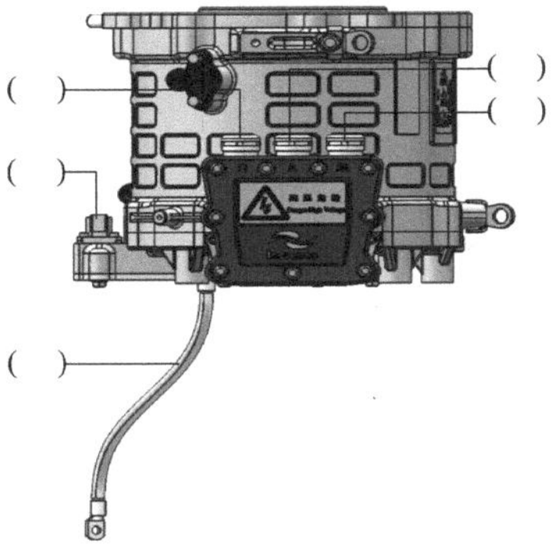


**3. 工具准备**

请填写拆解过程中需要使用的工具名称。

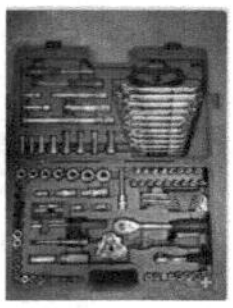
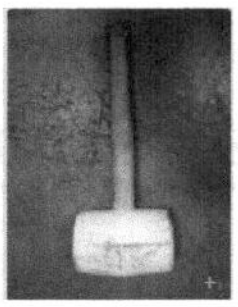

______ ______

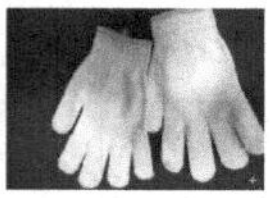

______ 手套 尖嘴钳

**三、制订计划** 成绩：

1）根据作业要求制订作业计划。

| 序号 | 作业项目 | 操作要点 |
|---|---|---|
| | | |
| | | |
| | | |
| | | |
| | | |
| 计划审核 | 审核意见：<br>年 月 日 签字： | |

2）根据维修作业计划完成小组成员的任务分工。

| 主修人 | | 记录员 | |
|---|---|---|---|
| 监护人 | | 展示员 | |

作业注意事项

① 实训开始前，应摘掉饰品，换上实训服，穿好绝缘鞋，长头发应挽起固定于脑后。

② 不允许在未经老师指导说明下私自拆装。

③ 不允许单个人操作。

④ 使用铜锤、橡胶锤时谨防砸伤人。

⑤ 安放端盖时谨防砸伤脚。

⑥ 拆装过程必须戴手套。

⑦ 拆完的零部件必须分类归置一处。

⑧ 工具使用后，应清洁并归还原处。

检测设备、工具、材料

| 序号 | 名称 | 数量 | 清点 |
|---|---|---|---|
| 1 | 拆装工具 | | □已清点 |
| 2 | 检测仪表 | | □已清点 |
| 3 | 绝缘电阻表 | | □已清点 |
| 4 | 故障诊断仪 | | □已清点 |
| 5 | 防护用品 | | □已清点 |

| 四、计划实施 | 成绩： |
| --- | --- |

### 1. 拆解驱动电机（以东南 V5 纯电动汽车为例）

| 步骤 | 内容 | 图片 |
| --- | --- | --- |
| 安全防护 | 拆解工作开始前，应准备好相应拆解工具，换上实训服，戴好手套 | |
| 拆解接线盒 | 使用8#套筒按照顺序依次旋松并拆下接线盒（螺栓数量：10个）<br>使用一字螺钉旋具顶进接线盒撬开密封垫，取下接线盒盖子 | 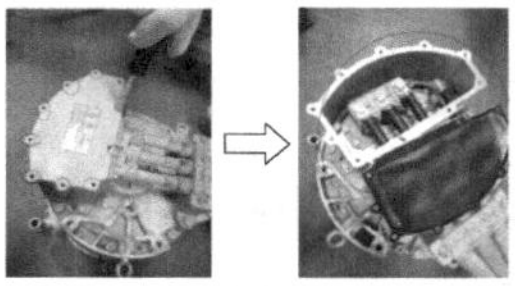 |
| 拆解三相线支架 | 使用10#套筒拆解下三相线支架上盖板（螺栓数量：2个）<br>使用13#套筒拆下三相线固定支架下底座（螺栓数量：2个）<br>取下三相线固定支架 | 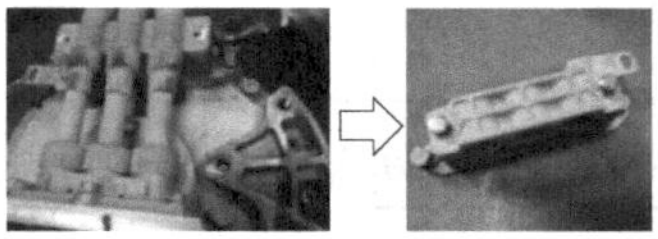 |
| 拆解三相线 | 使用8#套筒拆下三相线端口盖板（螺栓数量：6个）<br>使用14#套筒拆下三相线端子（螺栓数量：3个）<br>取下三相线并摆放整齐 | 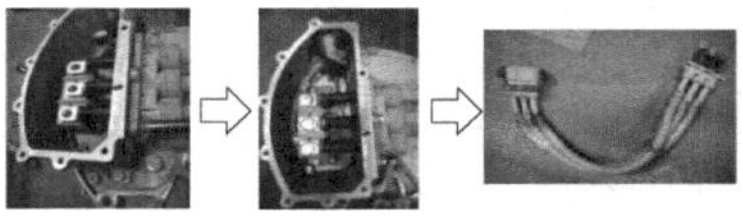 |
| 拆解低压插接件 | 使用十字螺钉旋具拆下旋变信号端插件处（螺栓数量：4个） |  |
| 拆解旋变盖子 | 使用8#套筒拆下旋变线端盖（螺栓数量：5个）<br>使用一字螺钉旋具顶进旋变盖子撬开密封垫，取下旋变盖板 | 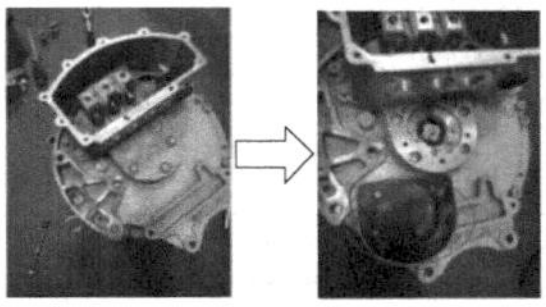 |
| 拆解接线盒壳体 | 用5#内六角螺钉旋具拆下接线盒与端盖接处的内六角螺栓（螺栓数量：4个）<br>拆下接线盒壳体内部与端盖连接的螺栓（螺栓数量：5个） |  |
| 拆解后端盖 | 使用13#套筒拆下三相线端子固定螺栓（螺栓数量：3个）<br>使用6#内六角螺钉旋具拆下后端盖内六角螺栓（数量：9个）<br>用16#套筒拆下呼吸阀<br>顶出旋变信号线8根PIN针，并分别贴上标签（pin针1标签上写1，以此类推）<br>用铜锤敲开后端盖并取下 |  |

（续）

| 步骤 | 内容 | 图片 |
| --- | --- | --- |
| 拆解前端盖 | 使用10#套筒拆下前端盖（螺栓数量：9个）<br>去除密封螺栓表面的密封胶，露出内部的螺栓，使用4#内六角螺钉旋具拆下前端盖密封螺栓（数量：6个）<br>用铜锤敲开并取下前端盖 | 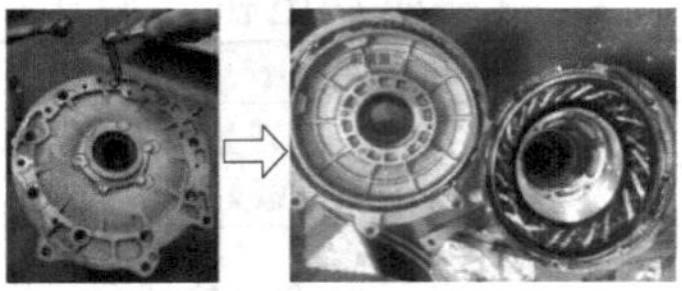 |
| 分离定子、转子 | 用铜锤敲出转子（注意：注意周边环境，避免砸伤自己和他人）<br>拆解后的各零部件如右图 | 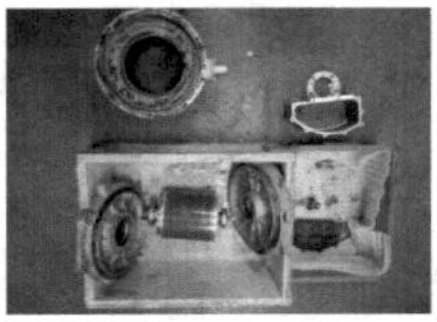 |

## 2. 电机拆解完成零部件明细介绍

| 序号 | 名称 | 数量 | 备注 | 序号 | 名称 | 数量 | 备注 |
| --- | --- | --- | --- | --- | --- | --- | --- |
| 1 | 接线盒螺栓（M8） | 10 | | 15 | 内六角螺栓（M5） | 4 | 接线盒与端盖连接处 |
| 2 | 接线盒 | 1 | | 16 | 后端盖 | 1 | |
| 3 | 接线盒盖 | 1 | | 17 | 垫圈 | 1 | 后端盖上 |
| 4 | 接线盒密封垫 | 1 | | 18 | 内六角螺栓（M6） | 9 | 后端盖上 |
| 5 | 螺栓（M10） | 2 | 三相线支架盖 | 19 | 密封螺栓（M16） | 1 | 后端盖上 |
| 6 | 螺栓（M13） | 2 | 三相线支架底座 | 20 | 螺栓（M13） | 3 | 三相线端子固定处 |
| 7 | 三相线支架 | 1 | | 21 | 旋变线接插件 | 1 | |
| 8 | 螺钉 | 4 | 接线盒信号端处 | 22 | 前端盖 | 1 | |
| 9 | 螺栓（M13） | 3 | 三相线端处 | 23 | 垫圈 | 1 | |
| 10 | 螺栓（M8） | 6 | 三相线端口盖板处 | 24 | 螺栓（M10） | 9 | 前端盖上 |
| 11 | 三相线 | 1 | | 25 | 内六角螺栓（M6） | 6 | 密封螺栓 |
| 12 | 螺栓（M8） | 5 | 旋变线端盖处 | 26 | 定子 | 1 | |
| 13 | 旋变盖子 | 1 | | 27 | 转子 | 1 | |
| 14 | 旋变盖子密封垫 | 1 | | | | | |

## 3. 驱动电机组装作业流程

操作步骤如下图所示，具体可参考驱动电机拆解作业流程。

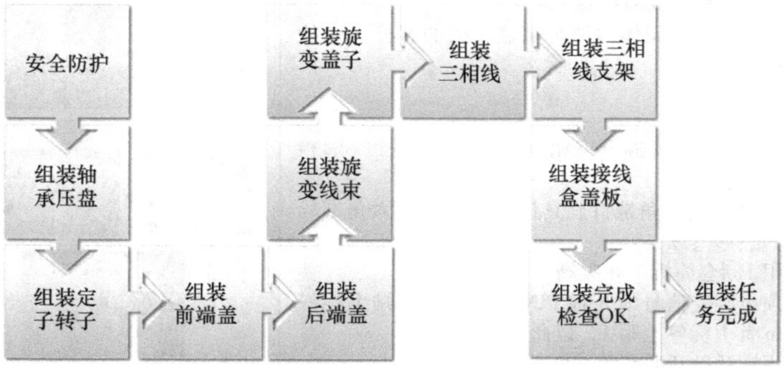

## 五、质量检查

成绩：

请实训指导教师检查本组作业结果并针对实训过程出现的问题提出改进措施及建议。

| 序号 | 评价标准 | 评价结果 |
|---|---|---|
| 1 | 维修作业前检查 | |
| 2 | 驱动电机外观检查 | |
| 3 | 驱动电机的拆卸 | |
| 综合评价 | ☆ ☆ ☆ ☆ ☆ | |
| 综合评语 | | |

## 六、评价反馈

成绩：

根据自己在课堂中的实际表现进行自我反思和自我评价。

自我反思：________________________________________________。

自我评价：________________________________________________。

### 实训成绩单

| 项目 | 评分标准 | 分值 | 得分 |
|---|---|---|---|
| 接受工作任务 | 明确工作任务，理解任务在企业工作中的重要程度 | 5 | |
| 信息收集 | 掌握驱动电机的结构及其作用 | 5 | |
| | 掌握部件在教学平台的对应位置 | 5 | |
| | 掌握电驱动机的外部结构 | 5 | |
| 制订计划 | 按照维修作业流程制订合适的行动计划 | 10 | |
| | 能协同小组人员安排任务分工 | 5 | |
| | 能在实施前准备好所需要的工具、器材 | 5 | |
| 计划实施 | 规范地进行场地布置及工具检查 | 5 | |
| | 掌握高压安全基本知识，做好高压安全防护 | 5 | |
| | 熟知驱动电机拆解流程及注意事项 | 10 | |
| | 熟知驱动电机拆解零部件名称 | 10 | |
| | 熟知驱动电机组装流程 | 10 | |
| 质量检查 | 学生任务完成，操作过程规范标准 | 10 | |
| 评价反馈 | 学生能对自身表现情况进行客观评价 | 5 | |
| | 学生能在任务实施过程中发现自身问题 | 5 | |
| 得分（满分100） | | | |

# 技能训练五　整车控制器故障诊断

| 专业 | | 班级 | |
|---|---|---|---|
| 姓名 | | 座号 | |
| 小组成员 | | 组长姓名 | |

| 一、接受工作任务 | 成绩： |
|---|---|

某新能源汽车 4S 店接收了一辆待维修车辆，车辆型号为东南 DX3 EV400，据车主反映，车辆存在无法起动 READY 现象。技师刘强委派学徒工小王对车辆进行检修，最终确认是 OBC 高压互锁故障。如果您是小王，您该如何对车辆故障进行检测并排除呢？

| 二、信息收集 | 成绩： |
|---|---|

OBC 为车载充电机，与____________________________并联在动力蓄电池高压电路中。如果 OBC 高压连接线锁附异常使高压线接头脱落，将导致整车高压电泄露形成危险。VCU 通过低压线信号通断检测 OBC 高压线连接头是否连接锁附好。

请根据故障车辆，填写东南 DX3 EV400 前机舱各部件名称。

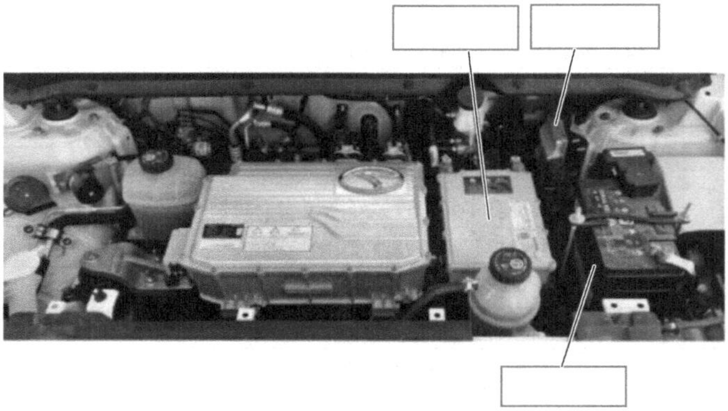

| 三、制订计划 | 成绩： |
|---|---|

1）根据作业要求制订作业计划。

| 序号 | 作业项目 | 操作要点 |
|---|---|---|
| | | |
| | | |
| | | |
| | | |
| | | |
| 计划审核 | 审核意见：<br>年　月　日　签字： | |

2）根据维修作业计划完成小组成员的任务分工。

| 主修人 | | 记录员 | |
|---|---|---|---|
| 监护人 | | 展示员 | |

作业注意事项

① 实训开始前，应摘掉饰品，换上实训服，穿好绝缘鞋，长头发应挽起固定于脑后。

② 整车实训时，应确保起动开关处于 Lock 位或 Key Off 状态，操作另有要求的除外。

③ 当就车工作时，应使车辆处于 N 位并施加驻车制动，除非特定操作要求置于其他档位。

④ 当使用汽车举升机时，应严格按照举升机的操作规程进行作业。

⑤ 使用实训台架操作时，应按照规范进行，避免发生意外事故。

⑥ 按正确的方法使用状态良好的工具，使用后应立即清理并归还原处。

检测设备、工具、材料

| 序号 | 名称 | 数量 | 清点 |
|---|---|---|---|
| 1 | 拆装工具 | | □已清点 |
| 2 | 万用表 | | □已清点 |
| 3 | 绝缘电阻表 | | □已清点 |
| 4 | 故障诊断仪 | | □已清点 |
| 5 | 绝缘手套（1000V/300A 以上） | | □已清点 |
| 6 | 手电筒 | | □已清点 |
| 7 | 绝缘电工胶布 | | □已清点 |
| 8 | 故障模拟工具 | | □已清点 |
| 9 | 培训用车 | | □已清点 |
| 10 | 万用表 | | □已清点 |

## 四、计划实施

成绩：

1）完成纯电动汽车维修作业前检查及车辆防护，并记录信息。

① 维修作业前现场环境检查。

| | |
|---|---|
|  | 作业内容：____________________________。<br>作业结果：____________________________。 |

② 维修作业前防护用具检查。

| | |
|---|---|
| 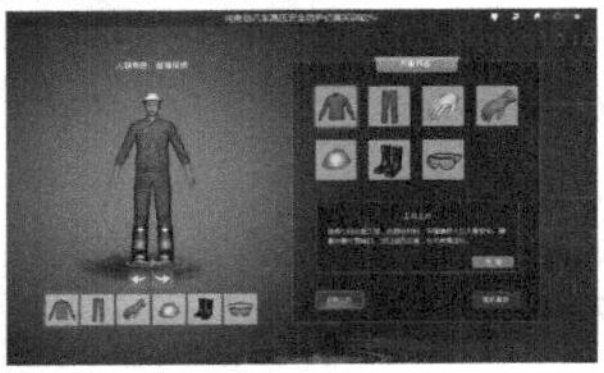 | 作业内容：____________________________。<br>作业结果：____________________________。 |

③ 维修作业前仪表、工具检查。

| | |
|---|---|
| 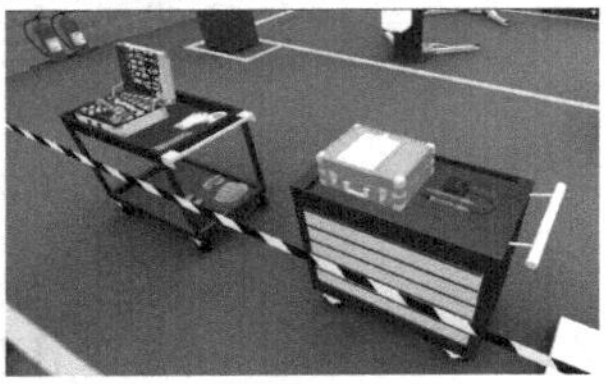 | 作业内容：____________________________。<br>作业结果：____________________________。 |

④ 维修作业前实施车辆防护。

| | |
|---|---|
|  | 作业内容：____________________________。<br>作业结果：____________________________。 |

2）OBC 高压互锁故障诊断维修流程。

① 保持车辆上电状态。

② 查看仪表整车故障灯、动力蓄电池中断灯是否亮起。

③ 用诊断仪读取故障信息。

④ 将起动开关置于 Lock 位或 Key Off 状态，穿戴绝缘手套，断开辅助蓄电池负极电缆。

⑤ 断开高压维修开关，将其放在固定位置并锁好，防止其他人误操作将其意外连接。

⑥ 等待 5min，查看 OBC 高压线束锁止机构是否锁附好，使用万用表测试 VCU 检测线路的线路 2-2G/1-4G 是否异常。

⑦ 锁附互锁装置或修复检测线路（2-2G/1-4G）。

⑧ 连接好高压维修开关，再连接好辅助蓄电池负极电缆。

⑨ 踩制动踏板，起动车辆，观察仪表故障灯是否熄灭。

⑩ 用诊断仪读取故障信息是否恢复正常。

## 五、质量检查　　成绩：

请实训指导教师检查本组作业结果并针对实训过程出现的问题提出改进措施及建议。

| 序号 | 评价标准 | 评价结果 |
|---|---|---|
| 1 | 诊断仪正确使用 | |
| 2 | 故障诊断维修步骤 | |
| 3 | 所维修部件工作原理 | |
| 综合评价 | ☆ ☆ ☆ ☆ ☆ | |
| 综合评语 | | |

## 六、评价反馈　　成绩：

根据自己在课堂中的实际表现进行自我反思和自我评价。

自我反思：________________________________________

________________________________________。

自我评价：________________________________________

________________________________________。

## 实训成绩单

| 项目 | 评分标准 | 分值 | 得分 |
|---|---|---|---|
| 接受工作任务 | 明确工作任务，理解任务在企业工作中的重要程度 | 5 | |
| 信息收集 | 掌握车载充电机的位置和作用 | 5 | |
| | 知道车载充电机的英文缩写 | 5 | |
| | 掌握车载充电机的工作原理 | 15 | |
| | 掌握车载充电机常见故障 | 5 | |
| 制订计划 | 按照维修作业流程制订合适的行动计划 | 10 | |
| | 能协同小组人员安排任务分工 | 5 | |
| | 能在实施前准备好所需要的工具、器材 | 5 | |
| 计划实施 | 规范地进行场地布置及工具检查 | 5 | |
| | 掌握高压安全基本知识，做好高压安全防护 | 10 | |
| | 熟知车载充电机高压互锁诊断流程 | 10 | |
| 质量检查 | 学生任务完成，操作过程规范标准 | 10 | |
| 评价反馈 | 学生能对自身表现情况进行客观评价 | 5 | |
| | 学生能在任务实施过程中发现自身问题 | 5 | |
| 得分（满分100） | | | |

# 技能训练六　充电故障诊断与排查

| 专业 | | 班级 | |
|---|---|---|---|
| 姓名 | | 座号 | |
| 小组成员 | | 组长姓名 | |

| 一、接受工作任务 | 成绩： |
|---|---|

某新能源汽车4S店接收了一辆待维修车辆，车辆型号为东南 DX3 EV400，据车主反映，车辆使用7kW 充电桩进行慢充时，实际输入电流只有16A（正常充电时输入电流应接近32A）。技师老刘首先委派学徒工小王对慢充系统平台数据进行排查，最终发现车辆因电子锁单品问题报了电子锁故障，故要求小王排查电子锁故障原因并进行记录。如果您是小王，您该如何完成这项工作呢？

| 二、信息收集 | 成绩： |
|---|---|

1）GB/T 18487. 1—2015《电动汽车传导充电系统　第1部分：通用要求》要求交流充电电流大于16A时，供电接口和车辆接口应具有________功能，该________功能应符合 GB/T 20234. 1—2015 的相关要求。供电插座和车辆插座应安装电子锁止装置，防止充电过程中意外断开。当电子锁未可靠锁止时，供电设备或电动汽车应____________________________。

2）东南 DX3 EV400 电子锁外形如下图所示，电子锁锁附在慢充座上，请填写结构名称。

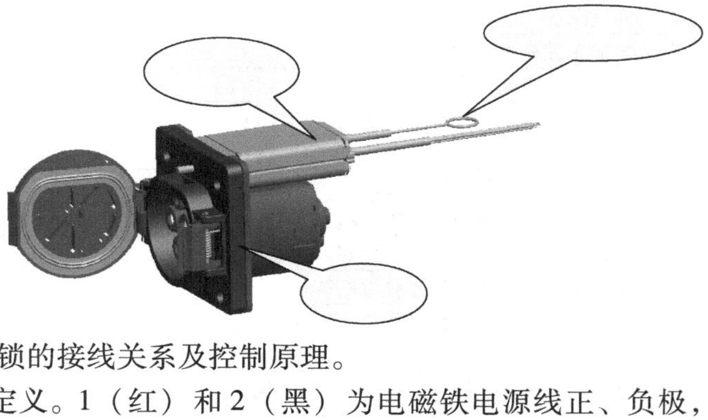

3）电子锁的接线关系及控制原理。

① 引脚定义。1（红）和2（黑）为电磁铁电源线正、负极，3（棕绿色）和4（粉色）为状态反馈脚。引脚动作顺序如下：

锁紧：1 接（12 ±2）V 电压，2 接 0V 电压，电磁铁开始运动，电子锁锁紧，3 和 4 导通。

解锁：2 接（12 ±2）V 电压，1 接 0V 电压，电磁铁开始反向运动，电子锁解锁，3 和 4 断开。

② 重要提示。1 和 2 引脚控制电子锁驱动，配有紧急解锁拉绳。

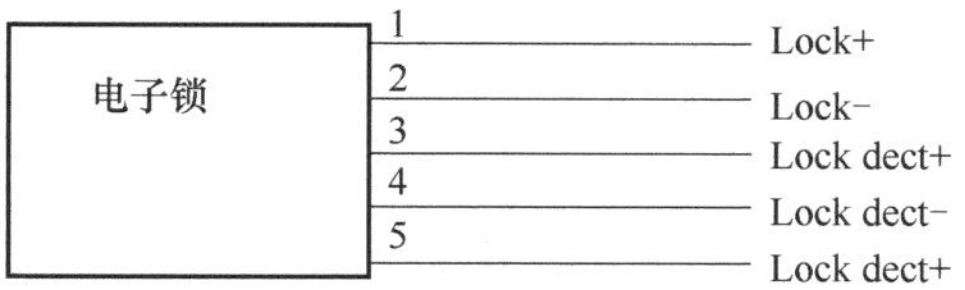


4）完成以下电子锁工作逻辑图。

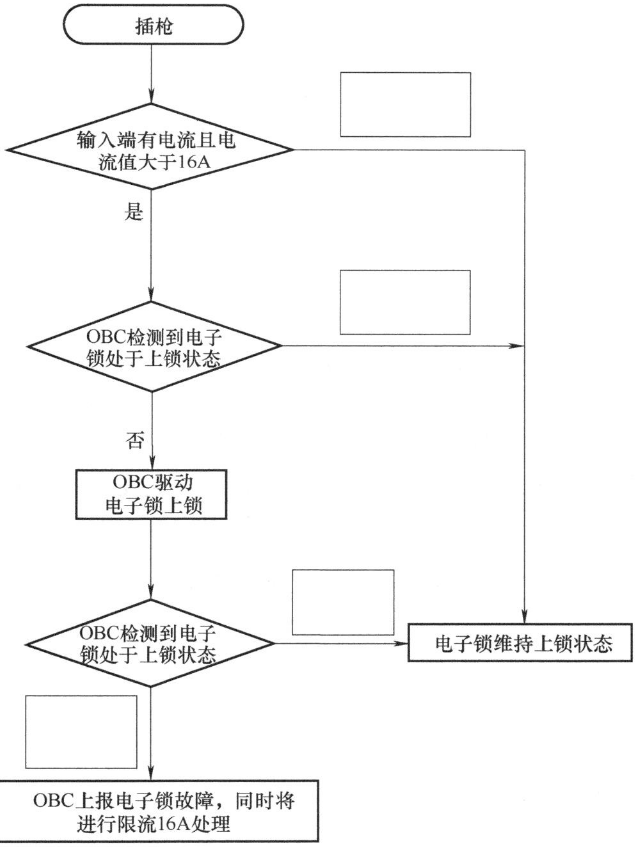


| 三、制订计划 | 成绩： |
|---|---|

1）根据纯电动汽车电子锁检查规范及要求制订电子锁测试实训计划。

| 作业流程 | | |
|---|---|---|
| 序号 | 作业项目 | 操作要点 |
| | | |
| | | |
| | | |
| | | |
| | | |
| | | |
| | | |
| | | |
| 计划审核 | 审核意见：<br>年　月　日　签字： | |

2）根据维修作业计划完成小组成员的任务分工。

| | | | |
|---|---|---|---|
| 主修人 | | 记录员 | |
| 监护人 | | 展示员 | |

作业注意事项

① 实训开始前，应摘掉饰品，换上实训服，穿好绝缘鞋，长头发应挽起固定于脑后。

② 整车实训时，应确保起动开关处于 Lock 位，操作另有要求的除外。

③ 当就车工作时，应施加驻车制动，除非特定操作要求置于其他档位。

④ 当使用汽车举升机时，应严格按照举升机的操作规程进行作业。

⑤ 使用实训台架操作时，应按照规范进行，避免发生意外事故。

⑥ 按正确的方法使用状态良好的工具，使用后应立即清理并归还原处。

检测设备、工具、材料

| 序号 | 名称 | 数量 | 清点 |
|---|---|---|---|
| 1 | 拆装工具 | | □已清点 |
| 2 | 检测仪表 | | □已清点 |
| 3 | 绝缘电阻表 | | □已清点 |
| 4 | 故障诊断仪 | | □已清点 |
| 5 | 防护用品 | | □已清点 |

## 四、计划实施

成绩：

1）完成纯电动汽车维修作业前检查及车辆防护，并记录信息。

① 维修作业前现场环境检查。

| | |
|---|---|
|  | 作业内容：________________。<br>作业结果：________________。 |

② 维修作业前防护用具检查。

| | |
|---|---|
| 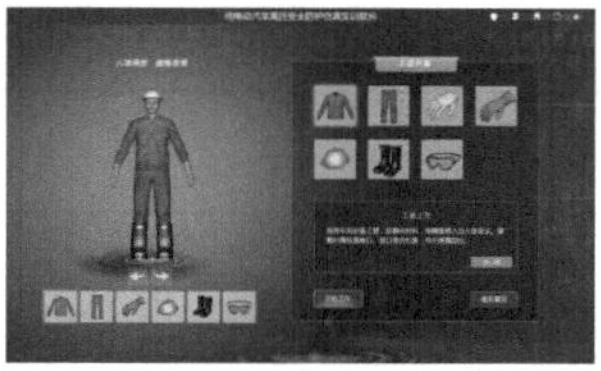 | 作业内容：________________。<br>作业结果：________________。 |

③ 维修作业前仪表、工具检查。

| | |
|---|---|
|  | 作业内容：________________。<br>作业结果：________________。 |

④ 维修作业前实施车辆防护。

| | |
|---|---|
|  | 作业内容：________________。<br>作业结果：________________。 |

2）检查电子锁情况。

| 序号 | 实物图 | 检查对象 | 检查项目 | 检查结果 |
|---|---|---|---|---|
| 1 | 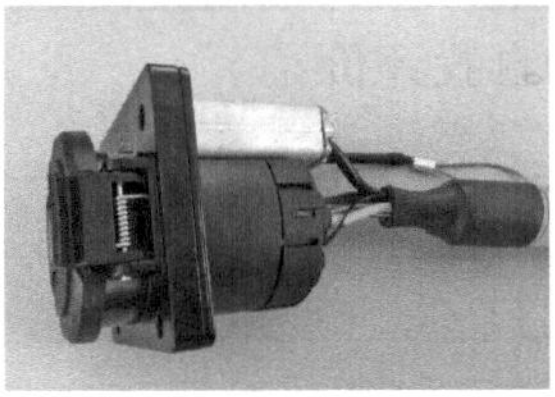 | 电子锁孔 | 检查电子锁孔中是否有毛刺或其他异物 | □正常□破损□脏污 |

（续）

| 序号 | 实物图 | 检查对象 | 检查项目 | 检查结果 |
|---|---|---|---|---|
| 2 |  | 电子锁与慢充座结合面 | 检查结合面是否完全贴合到位 | □到位□不到位 |

3）电子锁拆卸流程。

| 序号 | 工作内容 | 拆卸零部件个数（螺栓、螺钉、螺母等） | 使用工具 | 注意事项（标准力矩等） |
|---|---|---|---|---|
| 1 | | | | |
| 2 | | | | |
| 3 | | | | |
| 4 | | | | |
| 5 | | | | |
| 6 | | | | |
| 7 | | | | |

## 五、质量检查　　成绩：

请实训指导教师检查本组作业结果并针对实训过程出现的问题提出改进措施及建议。

| 序号 | 评价标准 | 评价结果 |
|---|---|---|
| 1 | 维修作业前检查及车辆防护 | |
| 2 | 电子锁外观检查 | |
| 3 | 电子锁拆卸 | |
| 综合评价 | ☆ ☆ ☆ ☆ ☆ | |
| 综合评语 | | |

## 六、评价反馈　　成绩：

根据自己在课堂中的实际表现进行自我反思和自我评价：

自我反思：______________________________________________。

自我评价：______________________________________________。

## 实训成绩单

| 项目 | 评分标准 | 分值 | 得分 |
|---|---|---|---|
| 接受工作任务 | 明确工作任务，理解任务在企业工作中的重要程度 | 5 | |
| 信息收集 | 掌握电子锁功能 | 5 | |
| | 掌握电子锁位置布局 | 5 | |
| | 掌握紧急解锁操作 | 5 | |
| | 掌握电子锁引脚定义 | 5 | |
| 制订计划 | 按照电子锁外观检查流程制订合适的行动计划 | 10 | |
| | 能协同小组人员安排任务分工 | 5 | |
| | 能在实施前准备好所需要的工具器材 | 5 | |
| 计划实施 | 规范地进行场地布置及工具检查 | 10 | |
| | 识别前机舱高压实物部件 | 10 | |
| | 认真规范地拆卸电子锁 | 10 | |
| | 认真规范地装配电子锁 | 10 | |
| 质量检查 | 学生任务完成，操作过程规范标准 | 5 | |
| 评价反馈 | 学生能对自身表现情况进行客观评价 | 5 | |
| | 学生能在任务实施过程中发现自身问题 | 5 | |
| 得分（满分100） | | | |

# 技能训练七　绝缘故障诊断与排查

| 专业 | | 班级 | |
|---|---|---|---|
| 姓名 | | 座号 | |
| 小组成员 | | 组长姓名 | |

**一、接受工作任务**　　成绩：

某新能源汽车4S店接收了一辆待维修车辆，车辆型号为东南DX3 EV400，据车主反映，车辆仪表盘故障灯常亮。技师老刘首先委派学徒工小王对绝缘故障系统平台数据进行排查，发现确实有高压绝缘故障，故要求小王排查高压绝缘故障原因并进行记录。如果您是小王，该如何完成工作呢？

**二、信息收集**　　成绩：

1）在电动汽车高压系统设计时，绝缘检测具体实施标准一定要参照国家标准GB/T 18384.1—2015《电动汽车 安全要求 第1部分：车载可充电储能系统(REESS)》。首先，应确保绝缘电阻值大于________Ω/V；其次，当汽车绝缘电阻值低于规定值时，高压管理系统应及时切断所有的高压回路并发出声光警告并持续一定时间，待原先故障消失后，汽车才能允许进行下一次上电。

2）根据DX3 EV400各个高压设备输出端参数，得出各高压部件绝缘电阻值标准。

| 测量对象 | 标准参数 |
|---|---|
| 动力蓄电池端正、负极输出端子 | >____ MΩ |
| 动力蓄电池线束端正、负输出端子 | >____ MΩ |
| 车载充电机正、负极 | >10MΩ |
| 空调压缩机正、负极 | >10MΩ |
| PTC正、负极 | >500MΩ |
| MCU正、负极 | >10MΩ |

**三、制订计划**　　成绩：

1）根据纯电动汽车绝缘故障检查规范及要求制订绝缘故障测试实训计划。

| 序号 | 作业项目 | 操作要点 |
| --- | --- | --- |
| | | |
| | | |
| | | |
| 计划审核 | 审核意见：<br>年　月　日　签字： | |

2）根据维修作业计划完成小组成员的任务分工。

| 主修人 | | 记录员 | |
| --- | --- | --- | --- |
| 监护人 | | 展示员 | |

作业注意事项

① 实训开始前，应摘掉饰品，换上实训服，穿好绝缘鞋，长头发应挽起固定于脑后。

② 整车实训时，应确保起动开关处于 Lock 位，操作另有要求的除外。

③ 当就车工作时，应施加驻车制动，除非特定操作要求置于其他档位。

④ 当使用汽车举升机时，应严格按照举升机的操作规程进行作业。

⑤ 使用实训台架操作时，应按照规范进行，避免发生意外事故。

⑥ 按正确的方法使用状态良好的工具，使用后应立即清理并归还原处。

检测设备、工具、材料

| 序号 | 名称 | 数量 | 清点 |
| --- | --- | --- | --- |
| 1 | 拆装工具 | | □已清点 |
| 2 | 检测仪表 | | □已清点 |
| 3 | 绝缘电阻表 | | □已清点 |
| 4 | 故障诊断仪 | | □已清点 |
| 5 | 防护用品 | | □已清点 |

## 四、计划实施

成绩：

1）完成纯电动汽车维修作业前检查及车辆防护，并记录信息。

① 维修作业前现场环境检查。

作业内容：
______________________________。

作业结果：
______________________________。

② 维修作业前防护用具检查。

| | |
|---|---|
| 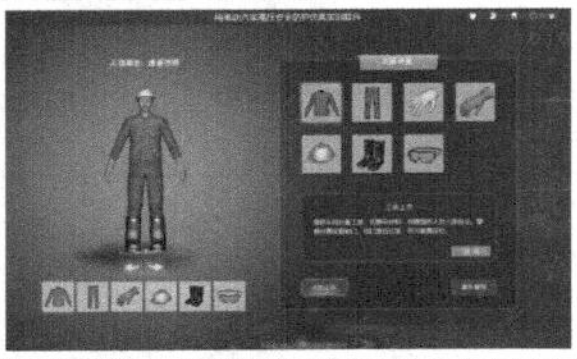 | 作业内容：<br>________________________________。<br>作业结果：<br>________________________________。 |

③ 维修作业前仪表、工具检查。

| | |
|---|---|
| 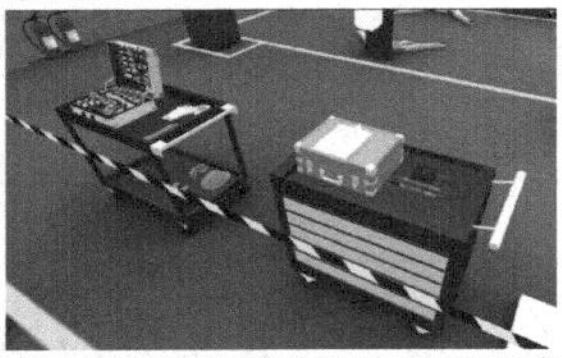 | 作业内容：<br>________________________________。<br>作业结果：<br>________________________________。 |

④ 维修作业前实施车辆防护。

| | |
|---|---|
|  | 作业内容：<br>________________________________。<br>作业结果：<br>________________________________。 |

2）前期准备。

① 车辆状态：故障灯亮起，如下图所示。

② 检测工具：绝缘电阻表、绝缘手套等。

③ 检测原则：从大范围到小范围；从简单易测到复杂难测。

3）排查过程。

| 序号 | 检查项目 | 绝缘电阻值 | 检查结果 |
|---|---|---|---|
| 1 | | | 合格　不合格 |
| 2 | | | 合格　不合格 |
| 3 | | | 合格　不合格 |
| 4 | | | 合格　不合格 |
| 5 | | | 合格　不合格 |
| 6 | | | 合格　不合格 |
| 7 | | | 合格　不合格 |
| 8 | | | 合格　不合格 |

## 五、质量检查

成绩：

请实训指导教师检查本组作业结果并针对实训过程出现的问题提出改进措施及建议。

| 序号 | 评价标准 | 评价结果 |
|---|---|---|
| 1 | 维修作业前检查及车辆防护 | |
| 2 | 绝缘电阻表的使用 | |
| 3 | 绝缘故障排查 | |
| 综合评价 | ☆ ☆ ☆ ☆ ☆ | |
| 综合评语 | | |

## 六、评价反馈

成绩：

根据自己在课堂中的实际表现进行自我反思和自我评价。

自我反思：________________________________________________

________________________________________________________。

自我评价：________________________________________________

________________________________________________________。

### 实训成绩单

| 项目 | 评分标准 | 分值 | 得分 |
|---|---|---|---|
| 接受工作任务 | 明确工作任务，理解任务在企业工作中的重要程度 | 5 | |
| 信息收集 | 掌握高压系统安全知识 | 5 | |
| | 掌握高压电气原理 | 10 | |
| | 掌握绝缘电阻表的使用方法 | 5 | |
| 制订计划 | 按照绝缘故障排查流程制订合适的行动计划 | 10 | |
| | 能协同小组人员安排任务分工 | 5 | |
| | 能在实施前准备好所需要的工具、器材 | 5 | |
| 计划实施 | 规范地进行场地布置及工具检查 | 10 | |
| | 识别前机舱高压部件实物 | 10 | |
| | 规范地使用绝缘电阻表 | 10 | |
| | 正确有条理地排查 | 10 | |
| 质量检查 | 学生任务完成，操作过程规范标准 | 5 | |
| 评价反馈 | 学生能对自身表现情况进行客观评价 | 5 | |
| | 学生能在任务实施过程中发现自身问题 | 5 | |
| 得分（满分100） | | | |

# 技能训练八　电动汽车空调系统拆装与检修

| 专业 | | 班级 | |
|---|---|---|---|
| 姓名 | | 座号 | |
| 小组成员 | | 组长姓名 | |

| **一、接受工作任务** | 成绩： |
|---|---|

某新能源汽车4S店接收了一辆待维修车辆，车辆型号为东南DX3 EV400，据车主反映，车辆行驶了20000km，打开空调时发现暖风效果不好。技师老刘首先委派学徒工小王对空调系统进行一次全面检查，并对空调系统PTC装置进行拆装与检修。如果您是小王，该如何完成工作呢？

| **二、信息收集** | 成绩： |
|---|---|

**1. 电动汽车空调系统的组成**

电动汽车空调系统由________、________、________、________等部分组成。

**2. 电动汽车空调操作安全注意事项**

□空调压缩机以及PTC为高压元器件，检修时要注意安全

□电动压缩机控制器内部电路自身会在3min内放电完毕，若不进行强制放电则________________________________。

1）维护空调系统必须由专业技术人员进行。

2）维修前应使工作区通风，请勿在封闭的空间或接近明火的地方操作制冷剂。维修前应戴好护目镜，保持至维修完毕。

3）避免液体制冷剂接触眼睛和皮肤。若液体制冷剂接触眼睛和皮肤，应用冷水冲洗，并注意不要揉眼睛或擦皮肤，可在皮肤上涂凡士林软膏，严重的要立刻找医生或到医院寻求专业治疗。

4）制冷系统中如果没有足够的制冷剂，请勿运转压缩机；避免由于系统中无充足的制冷剂或润滑不足造成的压缩机可能烧坏的情况。

5）压缩机运转时不要打开压力表高压阀，只能打开和关闭低压阀。

6）冷冻机油必须使用专用冷冻机油，不可乱用其他品牌的机油代替，更不能混用（不同牌号）。

7）维修中严格按技术要求操作（充注量、冷冻机油型号、力矩要求等），按照要求检修空调，保证空调系统的正常工作和使用寿命。

| **三、制订计划** | 成绩： |
|---|---|

1）根据作业要求制订作业计划。

| 序号 | 作业项目 | 操作要点 |
|---|---|---|
| | | |
| | | |
| | | |
| | | |
| | | |
| | | |
| | | |
| 计划审核 | 审核意见：<br>年　　月　　日　　签字： | |

2）根据维修作业计划完成小组成员的任务分工。

| 主修人 | | 记录员 | |
|---|---|---|---|
| 监护人 | | 展示员 | |

作业注意事项

① 实训开始前，应摘掉饰品，换上实训服，穿好绝缘鞋，长头发应挽起固定于脑后。

② 整车实训时，应确保起动开关处于 Lock 位，操作另有要求的除外。

③ 当就车工作时，应施加驻车制动，除非特定操作要求置于其他档位。

④ 当使用汽车举升机时，应严格按照举升机的操作规程进行作业。

⑤ 使用实训台架操作时，应按照规范进行，避免发生意外事故。

⑥ 按正确的方法使用状态良好的工具，使用后应立即清理并归还原处。

检测设备、工具、材料

| 序号 | 名称 | 数量 | 清点 |
|---|---|---|---|
| 1 | 拆装工具 | | □已清点 |
| 2 | 检测仪表 | | □已清点 |
| 3 | 绝缘电阻表 | | □已清点 |
| 4 | 故障诊断仪 | | □已清点 |
| 5 | 防护用品 | | □已清点 |

| 四、计划实施 | 成绩： |
| --- | --- |

**1. 完成纯电动汽车维修作业前检查及车辆防护，并记录信息**

① 维修作业前现场环境检查。

| | |
| --- | --- |
|  | 作业内容：<br>________________。<br>作业结果：<br>________________。 |

② 维修作业前防护用具检查。

| | |
| --- | --- |
| 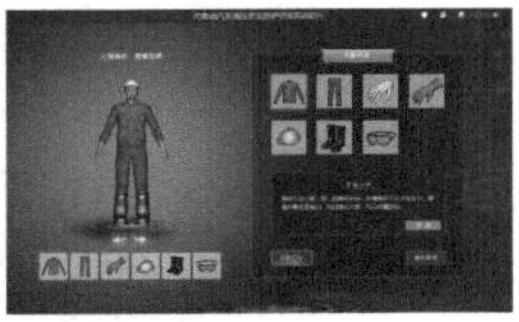 | 作业内容：<br>________________。<br>作业结果：<br>________________。 |

③ 维修作业前仪表、工具检查。

| | |
| --- | --- |
| 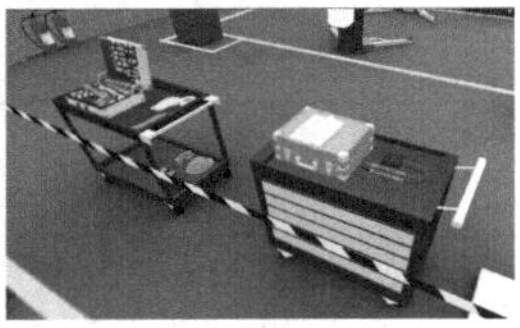 | 作业内容：<br>________________。<br>作业结果：<br>________________。 |

④ 维修作业前实施车辆防护。

| | |
| --- | --- |
|  | 作业内容：<br>________________。<br>作业结果：<br>________________。 |

**2. 实施内容**

1）认识 PTC 的组成，学会拆卸与安装 PTC 的方法。

2）对 PTC 进行拆卸、维护保养、故障维修。

3）测量 PTC 的电阻值（安装使用 PTC）。

4）恢复整个空调系统功能。

**3. 操作过程准备**

1）关闭起动开关，拔下开关钥匙。

2）拆下辅助蓄电池负极电缆。

3）佩戴绝缘手套，断开动力蓄电池维修开关。

4）拆下动力蓄电池总正、总负和低压线束插头。

5）检查电路线束。

6）检查联锁螺栓。

7）检查 PTC 绝缘性。

**4. PTC 的拆装及检测任务**

（1）拆卸

1）将电源档位退至 OFF 位。

2）断开动力蓄电池负极电缆。

3）拆掉四合一控制装置。

4）拆掉连接 PTC 的暖风管路。

5）拆卸 PTC。

a. 断开 PTC 上的插接器。

b. 用棘轮扳手拆卸两个固定螺栓和一个双头螺柱，取下 PTC。

（2）安装

1）安装 PTC。

a. 将 PTC 与大支架固定，用棘轮扳手打紧两颗固定螺栓和一个双头螺柱。

b. 接上 PTC 上的插接器，装上四合一控制装置。

2）加注制冷剂。

3）接上动力蓄电池负极电缆。

**5. PTC 电阻值的测量**（参考下图，测量 PTC 加热器的电阻值）

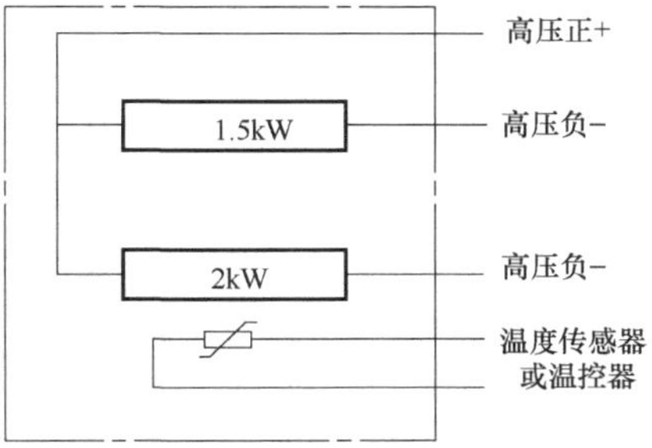


| **五、质量检查** | 成绩： |
|---|---|

请实训指导教师检查本组作业结果并针对实训过程出现的问题提出改进措施及建议。

| 序号 | 评价标准 | 评价结果 |
|---|---|---|
| 1 | 工具准备情况，操作准备过程 | |
| 2 | 纯电动汽车维修作业前检查及车辆防护 | |
| 3 | 电动汽车空调系统 PTC 拆装完成情况 | |
| 4 | 空调系统 PTC 的电阻值测量结果 | |
| 综合评价 | ☆ ☆ ☆ ☆ ☆ | |
| 综合评语 | | |

## 六、评价反馈

成绩：

根据自己在课堂中的实际表现进行自我反思和自我评价。

自我反思：________________________________________________

________________________________________________________。

自我评价：________________________________________________

________________________________________________________。

### 实训成绩单

| 项目 | 评分标准 | 分值 | 得分 |
|---|---|---|---|
| 接收工作任务 | 明确工作任务，理解任务在企业工作中的重要程度 | 5 | |
| 信息收集 | 掌握部件在原车上位置、相应名称及其作用 | 5 | |
| | 掌握部件在教学平台的对应位置及名称 | 5 | |
| | 掌握常见安全标识的含义 | 5 | |
| 制订计划 | 按照维修作业流程制订合适的行动计划 | 10 | |
| | 能协同小组人员安排任务分工 | 5 | |
| | 能在实施前准备好所需要的工具、器材 | 5 | |
| 计划实施 | 规范地进行场地布置及工具检查 | 5 | |
| | 掌握高压安全基本知识，做好高压安全防护 | 5 | |
| | 熟知电动汽车高压辅助系统，认真、规范地拆卸和安装空调系统 | 10 | |
| | 熟知维修空调系统 PTC 装置，认真、规范地拆卸、安装和维修 | 10 | |
| | 熟知电动汽车上电的流程，上电恢复空调系统正常工作 | 10 | |
| 质量检查 | 学生任务完成，操作过程规范标准 | 10 | |
| 评价反馈 | 学生能对自身表现情况进行客观评价 | 5 | |
| | 学生能在任务实施过程中发现自身问题 | 5 | |
| 得分（满分 100） | | | |

### 5. 慢充充电相关标准

① GB/T 18487.1—2015《电动汽车传导充电系统 第1部分：通用要求》。

② GB/T 20234.1—2015《电动汽车传导充电用连接装置 第1部分：通用要求》。

③ GB/T 20234.2—2015《电动汽车传导充电用连接装置 第2部分：交流充电接口》。

④ GB/T 27930—2015《电动汽车非车载传导式充电机与电池管理系统之间的通信协议》。

⑤ GB/T 34657.2—2017《电动汽车传导充电互操作性测试规范 第2部分：车辆》。

### 6. 慢充电子锁

（1）对充电口的规定　GB/T 18487.1—2015《电动汽车传导充电系统 第1部分：通用要求》要求交流充电电流大于16A时，供电接口和车辆接口应具有锁止功能，该锁止功能应符合GB/T 20234.1—2015的相关要求。供电插座和车辆插座应安装电子锁止装置，防止充电过程中意外断开。当电子锁未可靠锁止时，供电设备或电动汽车应停止充电或不启动充电。

（2）东南DX3 EV电子锁　外形如图6-15所示，电子锁锁附在慢充座上。

（3）电子锁的接线关系及控制原理

1）引脚定义。如图6-16所示，1（红）和2（黑）为电磁铁电源线正、负极，3（棕绿色）和4（粉色）为状态反馈脚。引脚动作顺序如下。

① 锁紧：1接（12±2）V电压，2接0V电压，电磁铁开始运动，电子锁锁紧，3和4导通。

② 解锁：2接（12±2）V电压，1接0V电压，电磁铁开始反向运动，电子锁解锁，3和4断开。

2）重要提示。引脚1和2控制电子锁驱动，配有紧急解锁拉绳。

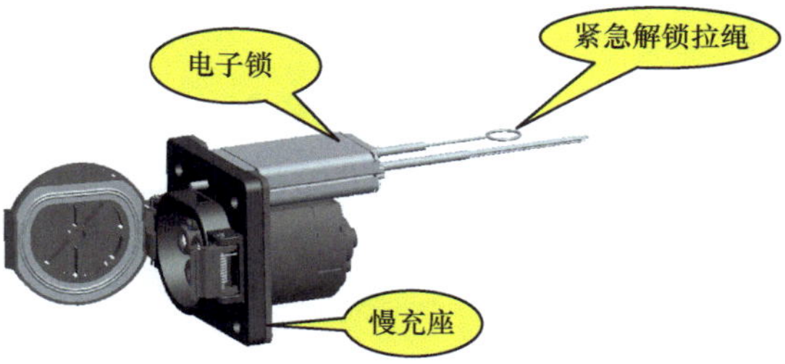


图6-15　东南DX3 EV慢充电子锁外形

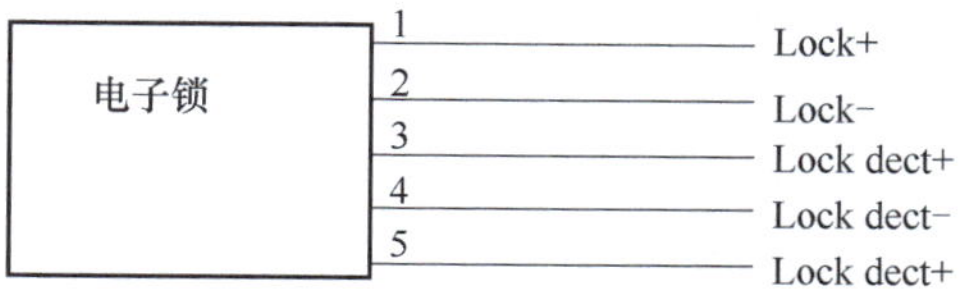


图6-16　东南DX3 EV慢充电子锁控制电路

（4）电子锁故障定义　车辆驱动电子锁的指令与电子锁实际状态不一致时，车辆即判定为电子锁故障。

为了同时满足客户能够持续充电以及国标要求，当充电输入端电流大于16A时，车辆驱动电子锁上锁；当出现电子锁故障时，车辆端不进行停止充电处理，而是采用将充电电流限制在16A以下的处理方式。

电子锁工作逻辑如图6-17所示。

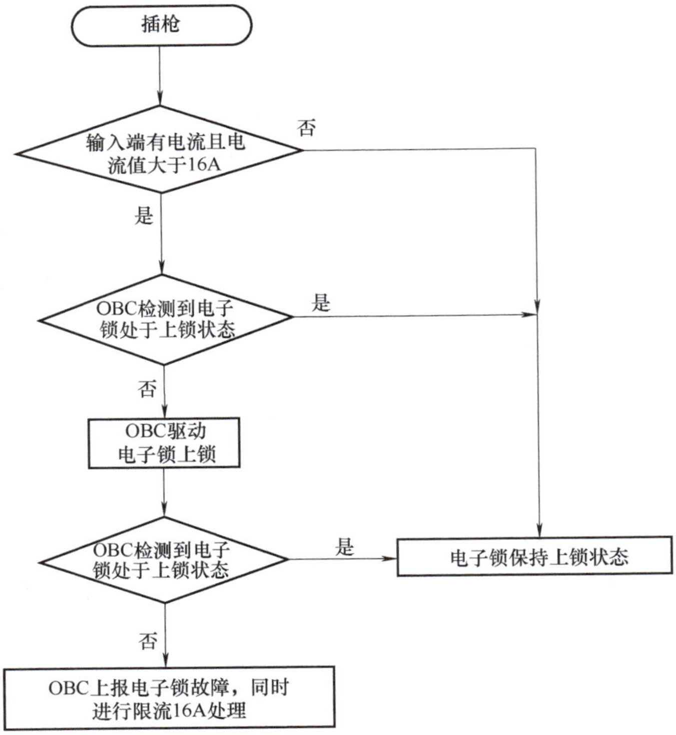


图 6-17　东南 DX3 EV 慢充电子锁工作逻辑

# 任务三　快充的工作原理

随堂笔记

## 学习目标

1. 了解电动汽车快充系统的组成。
2. 理解电动汽车快充的工作原理。
3. 能按照充电标准流程进行电动汽车快充实际操作。

## 任务描述

今天你接受公司委托对抛锚在高速公路上的电动汽车进行施救，请根据本任务所学知识对该电动汽车进行拖车施救，将其拖至就近的充电桩进行充电。

## 知识储备

### 1. 快充系统的构成

（1）快充系统介绍　快充又称为直流充电，即非车载充电机（直流充电桩）将电网交流电转化为高压直流电给动力蓄电池充电，功率较大，可高效、快速地在短时间内为电动汽车充满电。充电是电动汽车使用过程中重要的一环，很大程度上影响了消费者的购买决策和用车体验，且充电时间已成为车辆配置的一个重要参数。

电动汽车在充电过程中车辆端与充电桩需实时进行充电信息交互（CAN 通信），BMS 向非车载充电机控制装置实时发送动力蓄电池充电需求参数，非车载充电机根据需求参数调整充电电压和充电电流。BMS 和直流充电桩在充电过程中互相发送各自状态信息，可根据状态变化做出响应，达到充电安全、可靠的目的。图 6-18 所示为电动汽车快充系统示意图。

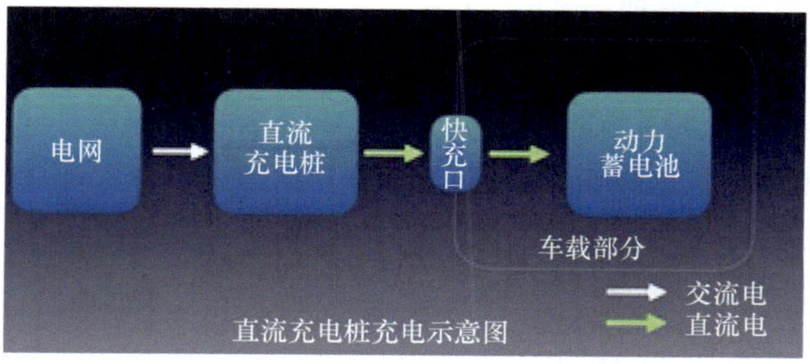


图 6-18　电动汽车快充系统示意图

直流充电桩一般用于高速公路服务区、公交场站、小区停车场等场所，由 380V 三相电供电，功率可达几十千瓦至百千瓦，常见的有 45kW、60kW、120kW、150kW、180kW 等，输出电压范围有 200 ~ 500V、500 ~ 750V 或 200 ~ 750V 等，最大输出电流为几百安。车辆充电速率与 BMS 充电策略及充电桩功率和输出电流有关，直流充电桩功率越大、持续输出电流越大、BMS 请求电流越大，则充电速率越快，但是充电速率过快会导致动力蓄电池温升快，电芯一致性差，造成对动力蓄电池无法恢复的损坏及充电安全问题。充电性能关系到动力蓄电池的使用寿命和充电时间，BMS 需根据电芯特性选择合适的充电速率，基于充电安全适当提高充电速率，从而提高汽车的使用性能。

车辆端无须车载转换装置，直流电通过快充口直接输入到动力蓄电池，与慢充有较大区别，因此在系统组成、结构、工作原理等方面存在较大差异。表 6-1 为快充、慢充的差异。

表 6-1　快充、慢充的差异

| | 车上是否有转换装置 | 输入电压/V | 输出功率 | 输出电流 |
|---|---|---|---|---|
| 非车载充电机（快充） | 否 | 380 | 大 | 大 |
| 车载充电机（慢充） | 是 | 220/380 | 小 | 小 |

（2）快充系统现状　直流充电桩市场主要存在以下问题：

① 兼容性问题。车多、桩多，但不能保证都能充得上。随着电动汽车行业的飞速发展，出现了很多新能源造车厂、充电桩厂，导致产品良莠不齐以及各个公司对标准理解各有不同，导致没有一种充电桩能充所有的电动汽车，也没有一种电动汽车可以匹配所有的充电桩，而无法充电直接引起消费者对电动汽车的抱怨，因此，充电兼容是市面上最主要的问题。

② 充电安全问题。充电桩与车辆未能正确交互，导致信息异常或故障未能及时处理引发充电安全问题。例如绝缘检测异常而车辆仍然请求充电或者车辆故障请求中止充电而充电桩仍对外输出。此外，车辆端过于追求充电速率会导致电芯过热从而引发充电安全问题。

③ 充电中断问题。充电协议不一致，信号交互不顺畅，控制逻辑不严谨，均会导致充电过程中意外中断；整车厂和充电桩厂对充电标准理解不一致，导致充电信息在交互过程中冲突，停止充电。

图 6-19　电动汽车快充系统的组成

（3）快充系统的组成　如图 6-19 所示，快充系统由直流充电桩、电缆组件、快充接口构成。电网接入 380V 工业用电，经过直流充电桩的转换装置，将 380V 交流电转换为高压直流电，通过车辆快充口直接进入动力蓄电池。直流充电桩的 ECU 单元与车辆的 BMS 之间进

随堂笔记

行通信，保证充电过程中的安全、可靠。

① 充电桩。充电桩有不同电压和功率等级，可供不同型号的电动汽车充电。充电桩由转换功率模块、充电显示屏、充电桩体组成。

功率转换模块将380V交流电转换为高压直流电，输出电压根据车辆端请求输出，电压平台有200~500V、500~750V或200~750V，可根据车辆平台进行选择。直流充电桩功率转换模块如图6-20所示。

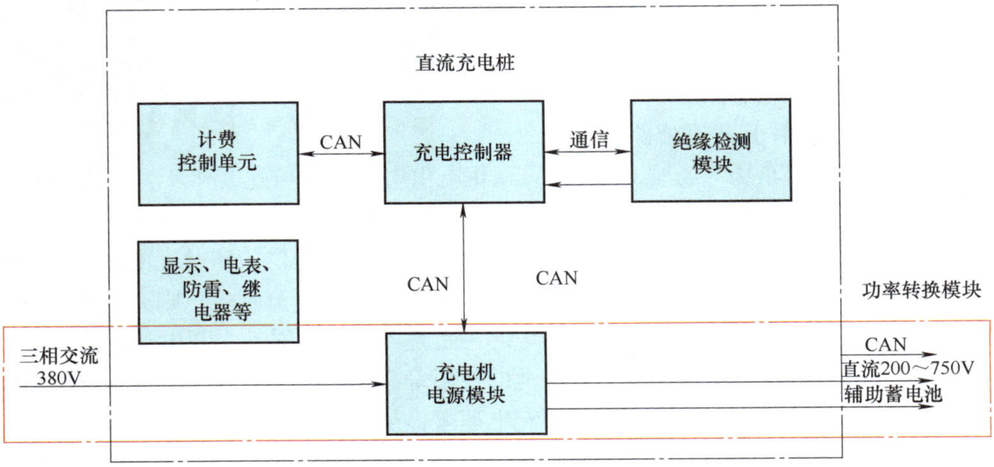


图6-20 直流充电桩功率转换模块

充电桩体有充电指示灯，常见指示灯有电源灯、充电灯、故障灯，可直观了解充电状态。充电显示屏主要用于显示车辆及直流充电桩的实时信息，可显示充电状态、车辆SOC、动力蓄电池电压、充电电流、电量、费用、故障等数据。刷卡区需使用特定的充电卡进行刷卡，并进行相应的充电方式、充电时间等操作。插枪接口用于放置充电枪头，保证充电枪合理放置及保护充电枪口的不必要损坏。急断开关用于在充电紧急异常情况下使用，一般终止充电不能使用该开关，以免过度使用引起桩体的损坏。

② 电缆组件。电缆组件用于将电动汽车和交流电网连接起来，使用了和供电设备永久连接在一起的充电电缆和车辆插头。充电电缆需承载的电流较大，因此线缆较粗，电缆电流承载能力需大于直流充电桩的最大输出电流，保证充电桩可以保持最大输出能力。

③ 快充接口。快充接口仅用于提供直流电。快充接口由3个电源Pin（DC+、DC-、PE）和6个信号Pin（S+、S-、A+、A-、CC1、CC2）组成。直流充电车辆端插座如图6-21所示，充电插头与充电插座对应。图6-22所示为直流充电供电插头。

### 2. 快充的工作原理

直流充电控制导引电路如图6-23所示，开关S为充电枪上的机械按钮，当充电枪与车辆插座完全连接后，开关S闭合。在整个充电过程中，非车载充电机控制装置应能检测接触器K1、K2、K3、K4，车辆控制装置一般集成在BMS中，控制接触器K5、K6。检测点1由非车载充电控制装置检测，检测点2由车辆控制装置检测，$R1=R2=R3=R4=R5=1000\times(1\pm3\%)\Omega$，$U1=U2=12\times(1\pm5\%)\text{V}$。充电桩内有绝缘检测回路（IMD）和泄放回路。

快充流程以及检测点情况如下：

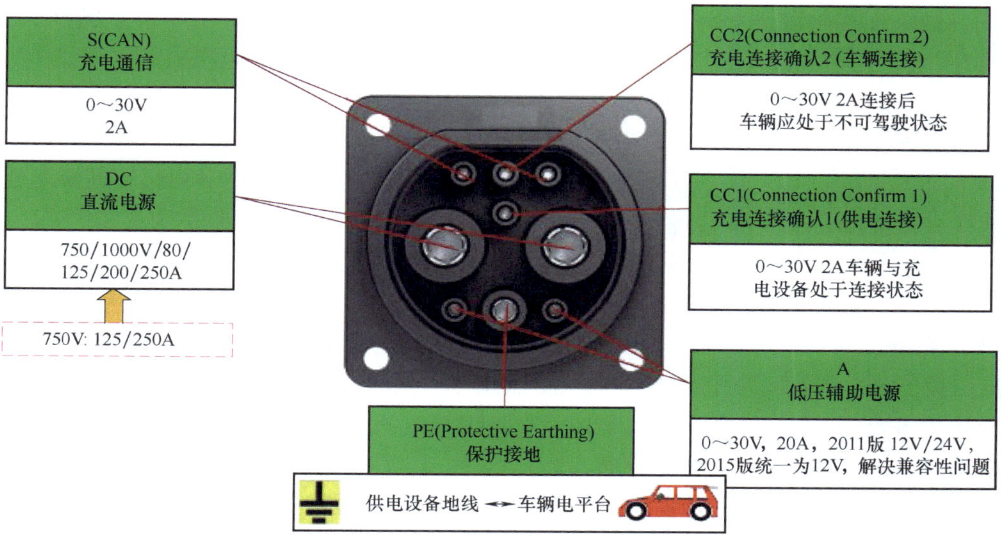


图 6-21　直流充电车辆端插座

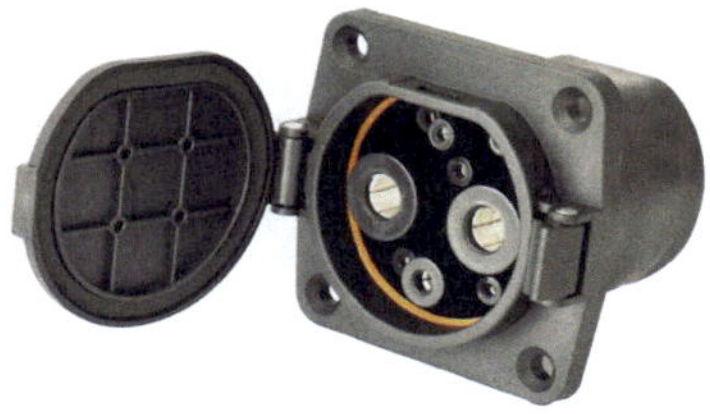

图 6-22　直流充电供电插头

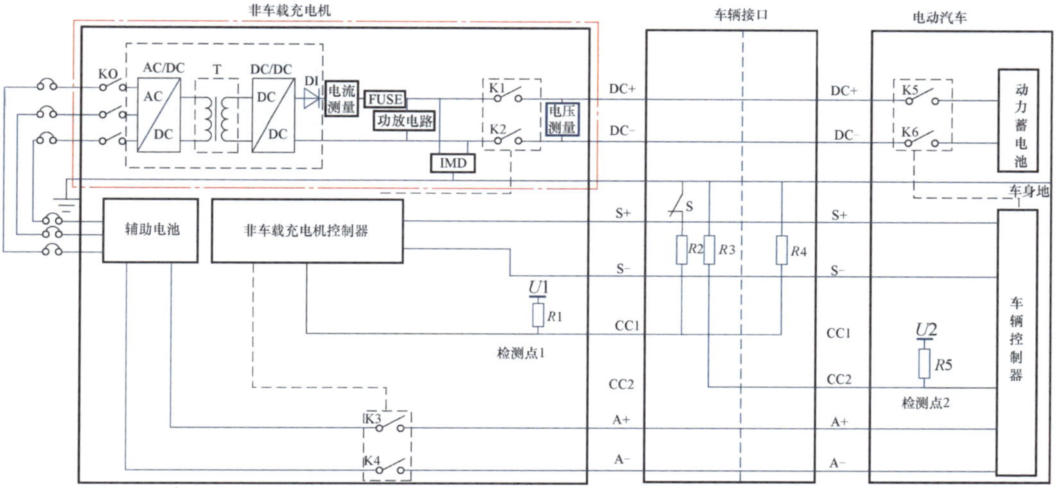


图 6-23　直流充电控制导引电路

（1）插头连接阶段——S 闭合、未插入插座（摘充电枪）　S 开关为常闭开关，此时检测点 1 检测电压为 6V，检测点 2 检测电压为 12V，接触器均为打开状态。

（2）插头连接阶段——S 打开、未插入插座（按下机械按钮 S）　按下机械按钮，则 S 打开，检测点 1 检测电压由 6V 变为 12V。

（3）插头连接阶段——S 打开、插入插座（按下机械按钮 S，插枪） 车辆插头插入，检测到 $R4$ 电阻，检测点 1 检测电压由 12V 变为 6V，检测点 2 检测电压由 12V 变为 6V。

（4）插头连接阶段——S 闭合、完全连接（插入充电枪后松开手） S 开关闭合，检测点 1 检测电压由 6V 变为 4V，此时电子锁锁止。

（5）非车载充电机自检——辅助电源闭合 检测点 1 检测电压为 4V 时，判断车辆接口完全连接，然后闭合 K3、K4，使低压辅助供电回路导通，发送充电握手报文。

（6）非车载充电机绝缘检测 闭合 K1、K2，非车载充电机进行绝缘检测，绝缘检测完成后对输出电压进行泄放，随后断开 K1、K2。

（7）充电桩与车辆 BMS 识别匹配阶段 充电桩发送识别匹配报文，BMS 闭合 K5、K6，使充电回路导通，同时车辆进行绝缘检测，且在充电过程中 BMS 持续进行绝缘检测，绝缘检测成功后 BMS 发送充电准备就绪报文。非车载充电机检测到车辆端动力蓄电池电压正常后闭合 K1、K2，使直流供电回路导通。

（8）充电阶段 车辆控制装置向非车载充电装置实时发送动力蓄电池充电需求参数，非车载充电装置根据动力蓄电池充电需求参数实时调整充电电压和充电电流。此外，充电桩和 BMS 相互发送各自的状态信息，且在充电过程中车辆端应能检测 PE 是否断线。

（9）停止充电阶段 根据动力蓄电池是否正常充满电或非车载充电机是否收到 BMS 充电终止报文来判断是否结束充电。当 BMS 确认充电电流降至 5A 以内后断开 K5、K6 并停止绝缘检测，非车载充电机输出电流小于 5A 时，断开 K1、K2，并将输出电压进行泄放，然后断开 K3、K4。

**3. 快充操作流程**

（1）快充口位置 东南 DX3 EV400 快充口位于车辆前部汽车 LOGO 处，沿右侧轻轻按下后，即可打开此 LOGO，向右拨动快充插座右边锁扣便可打开快充座盖，之后便可进行充电连接操作。图 6-24 所示为东南 DX3 EV400 快充口位置。

图 6-24 东南 DX3 EV400 快充口位置

（2）充电前检查工作

① 检查充电枪口、电缆等，确保充电设备没有刮破、生锈、破裂。

② 检查充电插座，确保充电插座没有刮破、生锈、破裂或异物存在。

（3）快充充电操作步骤

① 使用直流充电站进行快充时，需将车辆驶近直流充电站，确保充电枪可以接入车辆前端快充口，确认充电桩所使用的辅助电源为 12V。

② 按照正确的方式打开车辆充电口，并确认充电座内清洁无异物，无雨水等导电液体。

③ 从充电桩取下充电枪，确认充电枪内清洁无异物。

④ 插合完成后，按照充电桩的指示进行刷卡/APP 操作充电，直流充电站开始对车载动力蓄电池进行充电。

⑤ 充电完成并由充电桩自动切断电流，或手动断开充电桩电源后才可以进行拔枪操作。

⑥ 扣动车辆充电枪扳机，拔出充电枪，插回充电桩。

⑦ 将车辆快充座的盖子合上，将快充口盖恢复到原位置。

随堂笔记

**4. 快充充电相关标准**

① GB/T 18487.1—2015《电动汽车传导充电系统 第1部分：通用要求》。
② GB/T 20234.1—2015《电动汽车传导充电用连接装置 第1部分：通用要求》。
③ GB/T 20234.3—2015《电动汽车传导充电用连接装置 第3部分：直流充电接口》。
④ GB/T 27930—2015《电动汽车非车载传导式充电机与电池管理系统之间的通信协议》。
⑤ GB/T 34657.2—2017《电动汽车传导充电互操作性测试规范 第2部分：车辆》。

# 任务四　充电桩及充电模式的选择

## 学习目标

1. 了解电动汽车充电桩的不同类型。
2. 熟悉充电桩的常规充电和快速充电模式。
3. 了解充电桩的设计思路和未来发展趋势。

## 任务描述

公司决定在某1万人住宅小区内投入50万元的费用用于安装充电桩，请你根据本任务所学知识针对这个小区物业所提供的平面图设计充电桩的位置、数量和类型。

## 知识储备

**1. 充电桩概述**

充电桩的功能类似于加油站里面的加油机，可以固定在地面或墙壁上，安装于公共建筑（公共楼宇、商场、公共停车场等）和居民小区停车场或充电站内，可以根据不同的电压等级为各种型号的电动汽车充电。充电桩的输入端与交流电网直接连接，输出端装有充电插头用于为电动汽车充电。充电桩根据类型的不同，一般提供常规充电和快速充电两种充电方式。车主可以使用特定的充电卡在充电桩提供的人机交互操作界面上刷卡，进行相应的充电方式、充电时间、费用数据打印等操作，充电桩显示屏能显示充电量、费用、充电时间等数据。图6-25所示为充电桩的组成。

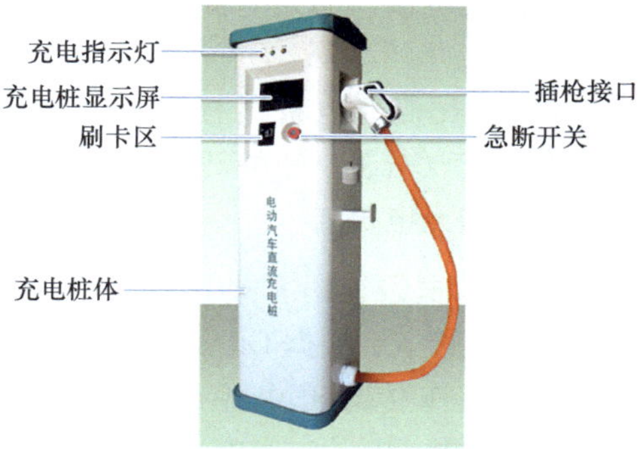


图6-25　充电桩的组成

**2. 充电桩分类**

（1）按安装方式分　可分为落地式充电桩和挂壁式充电桩。落地式充电桩适合安装在不靠近墙体的停车位，挂壁式充电桩适合安装在靠近墙体的停车位。图6-26所示为不同安装方式的充电桩。

（2）按安装地点分　可分为公共充电桩、专用充电桩和自用充电桩。公共充电桩是建设

随堂笔记

图 6-26　不同安装方式的充电桩

在公共停车场（库）结合停车泊位，为社会车辆提供公共充电服务的充电桩。专用充电桩是建设单位（企业）自有停车场（库），供单位（企业）内部人员使用的充电桩。自用充电桩是建设在个人自有车位（库），为私人用户提供充电的充电桩。充电桩一般结合停车场（库）的停车位建设。安装在户外的充电桩防护等级不应低于 IP54。安装在户内的充电桩防护等级不应低于 IP32。图 6-27 所示为不同安装地点的充电桩。

图 6-27　不同安装地点的充电桩

随堂笔记

（3）按充电接口数分　可分为一桩一充充电桩和一桩多充充电桩。图 6-28 所示为不同充电接口的充电桩。

（4）按充电方式分　可分为直流充电桩（栓）、交流充电桩（栓）和交直流一体充电桩（栓）。图 6-29 所示为不同充电方式的充电桩。

图 6-28　不同充电接口的充电桩

### 3. 充电模式及连接方式

（1）充电模式　根据 GB/T 18487.1—2015《电动汽车传导充电系统 第 1 部分：通用要求》，电动汽车充电有 4 种模式。

1）模式 1：充电系统使用家用和类似用途的插座和插头，能量传输过程采用单相交流供电，不允许超过 250V、8A，在电源侧使用了剩余电流保护器。充电模式 1 没有控制导引功能，只是采用家用插头和插座。

2）模式 2：充电系统使用家用和类似用途的 16A 插头和插座时，输出不能超过 13A；使用家用和类似用途的 10A 插头和插座时，输出不能超过 8A；在电源侧使用了剩余电流保护器。模式 2 采用了缆上控制与保护装置 IC-CPD（即在充电模式 2 下连接电动汽车的一组部件或元件，包括功能盒、电缆、供电插头和车辆插头，执行控制功能和安全功能），但是采用家用插座最大电流不能超过 13A。

3）模式 3：用于电动汽车连接到交流供电设备的情况，将电动汽车与交流电网连接起来，采用专用供电设备为电动汽车充电。当电动汽车专用供电设备上有多个充电枪时，每一个充电枪应具有专用保护装置，并采用了控制导引功能，可独立运行。本模式在电源侧使用了剩余电流保护器。

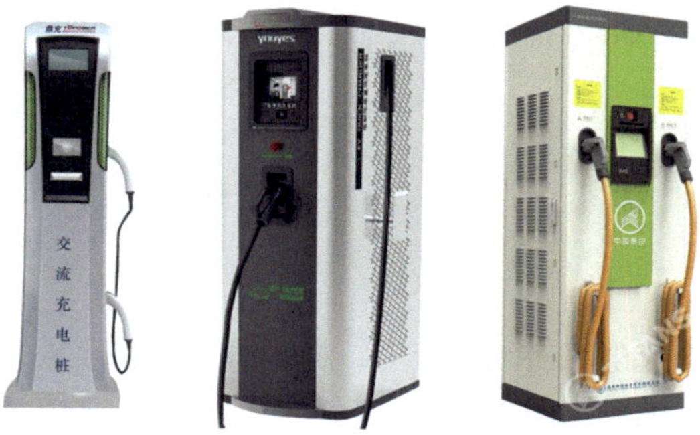


图 6-29 不同充电方式的充电桩

4）模式 4：用于电动汽车连接到直流供电设备的情况，电源采用交流电网（整流为直流电）或直流电网。

（2）连接方式 连接方式 A：将电动汽车和交流电网连接时，电动汽车自身携带电缆组件和供电插头，如图 6-30 所示。

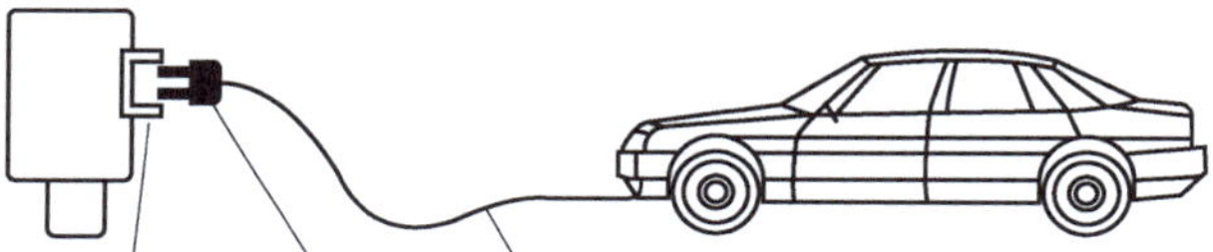


图 6-30 连接方式 A

连接方式 B：将电动汽车和交流电网连接时，电缆组件和供电插头是独立可拆卸的，如图 6-31 所示。

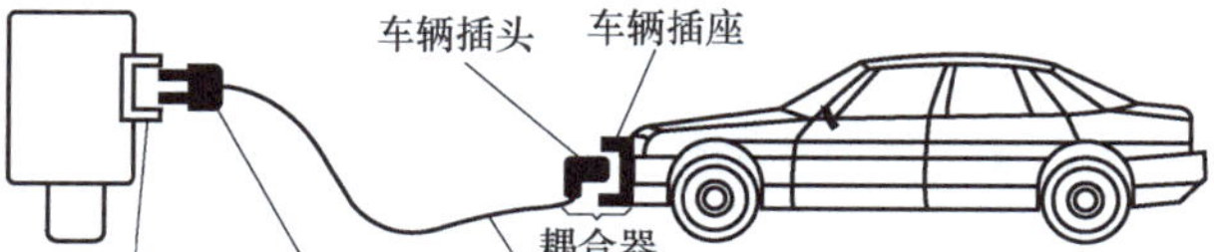


图 6-31 连接方式 B

连接方式 C：将电动汽车和交流电网连接时，电缆组件、车辆插头（充电枪）和供电设备永久连接在一起，电动汽车上具有车辆插座，如图 6-32 所示。

现阶段的充电设备，包括非车载充电机（直流充电桩）、充电主机系统的直流充电终端和交流充电桩都采用连接方式 C，也就是电缆附件是充电设备的一部分，充电枪和电缆附件结合在一起的连接方式。

### 4. 充电模式差异性概述

（1）常规（慢）充电模式 常规充电即采用随车配备的便携式充电设备进行充电，可使用家用电源或专用的充电桩电源，充电电流较小，一般在 16～32A，电流可采用直流或两

随堂笔记

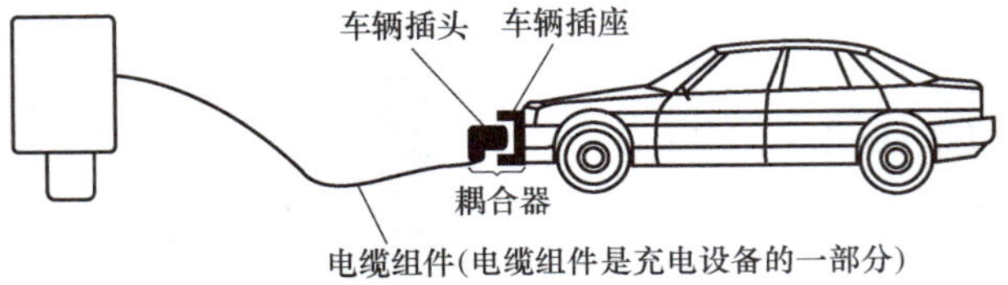


图 6-32　连接方式 C

相交流电和三相交流电，视动力蓄电池容量大小充电时间为 5 ~ 8h。

电动汽车多数采用额定电流为 16A 的带插头的电源线，配合合适的插座和车载充电机即可在家中为电动汽车充电。值得注意的是，一般家用插座的额定电流为 10A，额定电流为 16A 的插头并不通用，需要用电热水器或空调的插座。电源线上的插头有标明该插头的额定电流是 10A 还是 16A。当然也可以采用厂家配备的充电设备。

尽管常规充电模式缺点非常明显，充电时间较长，但其对充电设备的要求并不高，充电器和安装成本较低；可充分利用电力低谷时段进行充电，降低充电成本；更为重要的是可对动力蓄电池进行深度充电，提升动力蓄电池充放电效率，延长动力蓄电池的使用寿命。

常规充电模式适用范围非常广泛，可设立在家中、公共停车场与公共充电站等可长时间停放的地方，因充电时间较长，可大大满足白天运作、晚上休息的车辆。

常规充电模式主要采用定流充电和定压充电两种方式进行充电。定流充电是指充电全过程中保持充电电流基本恒定的充电方法。在充电过程中，因为充电电流会随着动力蓄电池的电动势逐渐升高而下降，所以需要随时根据充电程度调整电压和分级调整定流电流。定流充电主要应用于初充电、补充充电和去硫化充电。

定压充电是指充电过程中电源电压始终保持不变的充电方法。采用定压充电时，动力蓄电池必须并联在充电电源之间。随着动力蓄电池电动势的增加，充电电流会逐渐减小，若充电电压调节恰当，充电电流变为 0 时充电自动停止，即为充电终了。定压充电的缺点是必须适当地选择充电电压，若电压过高，容易过充电，导致动力蓄电池活性物质脱落，出现整体发热，容易自燃；定压充电不能保证彻底充满电。

定流充电适应性强，可以任意选择和调整充电电流，因此可对各种不同情况的动力蓄电池进行深度充电，对动力蓄电池的损害非常小，可延长动力蓄电池的使用寿命；这种充电方法最大的弊端是充电时间过长，且需要经常调节充电电压来调节电流。定压充电可减少充电时不必要的麻烦。现在的常规充电模式基本都采用定流和定压充电混合的方式，充电前期采用定流充电，可保证动力蓄电池深度充电；后期则采用定压充电，可自动减少电流大小结束充电，避免过充电。

现在的常规充电模式都为定流与定压充电方法配合充电，并且由电路控制自动切换。图 6-33 所示为定压充电与定流充电充电电压、电流以及时间关系示意图。

（2）快速充电模式　快速充电是能快速充满电的充电方式，通过非车载充电机采用大电流给动力蓄电池直接充电，使动力蓄电池在短时间内可充至 80% 左右的电量，因此也称为应急充电。快速充电模式的电流和电压一般在 150 ~ 400A 和 200 ~ 750V，充电功率大于 50kW。此种方式多为直流供电方式，地面的充电机功率大，输出电流和电压变化范围宽。

快速充电的充电速度非常快，但充电设备安装要求和成本非常高，并且快速充电的电流电压较高，短时间内对动力蓄电池的冲击较大，容易令动力蓄电池的活性物质脱落和动力蓄

随堂笔记

电池发热，因此对动力蓄电池保护散热方面要求有更高的要求，并不是每款车型都可快速充电。无论动力蓄电池多完美，长期快速充电都会影响动力蓄电池的使用寿命。

快速充电会给动力蓄电池带来伤害，是因为其充电方法采用脉冲快速充电。脉冲快速充电是指充电过程中不断反复放电、充电的循环充电。首先给动力蓄电池用0.8～1倍额定容量的大电流进行定流充电，使动力蓄电池在短时间内充至额定容量的50%～60%。接着由电路控制先停止充电25～40ms，然后放电或反充电，使动力蓄电池反向通过一个较大的脉冲电流，然后停止充电。之后的充电都按照正脉冲充电—前停充—负脉冲瞬间放电—后停充—正脉冲充电的循环，直至充满电。

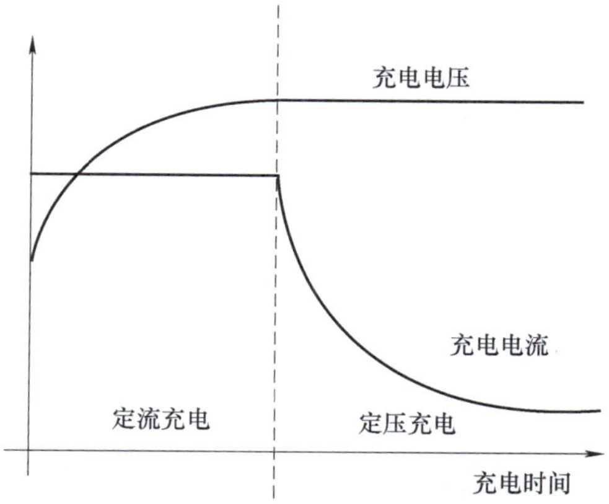

图6-33　定压充电与定流充电充电电压、电流以及时间关系示意图

**小知识**

脉冲快速充电的特点是：

1）充电时间大为缩短。

2）充电时充分加快反应速度，消除极化，可增加动力蓄电池的容量，提升起动性能。

3）电流过大，对极板活性物质冲刷力强，活性物质易脱落，对动力蓄电池使用寿命有一定的影响。

快速充电模式实质上为应急充电模式，其目的是短时间内给电动汽车充满电。高功率高电压的工作条件使得快速充电模式仅存在在大型充电站或公路旁作为应急使用。总体使用层面来考虑，并不建议常使用快速充电模式进行充电。

（3）机械充电模式　除了常规的直接给车辆充电外，还可以采用更换动力蓄电池的方式给动力蓄电池充电。即在动力蓄电池电量耗尽时，用充满电的动力蓄电池替换电量过低的动力蓄电池。将动力蓄电池从电动汽车上更换下来的方式有：纯手动形式、半自动形式和机器人更换3种模式。

更换动力蓄电池集成了常规充电模式和快速充电模式的优点，既可以用低谷电给动力蓄电池进行深度充电，又能在很短时间内为车辆完成充电的过程。通过使用机械设备更换，整个动力蓄电池更换过程所花费的时间与现有燃油汽车加油时间大致相当。

机械充电模式最大的限制是各大厂商需要统一动力蓄电池的规格、大小等标准，并且无法保证每块动力蓄电池的性能一致，从而制约其发展。充电模式并没有大规模使用，仅适用出租车、公交车等规律的商业运营车辆。

随堂笔记

## 知识拓展　无线充电模式（未来充电模式）

无线充电模式即无须通过电缆来传递能量，采用电磁感应、电场耦合、磁共振和无线电波等方式进行能量的传递。采用无线充电模式首先需要在电动汽车上安装车载感应充电机，车辆的受电部分与供电部分没有机械连接，但需要受电体与供电体对接较为准确。

现在受制于技术成熟度和基础设备的限制，无线充电技术暂时没有大批量产应用。业内主流的无线充电技术主要采用电磁感应和磁共振方式传递电能，相比电磁感应方式，磁共振方式的充电效率高、电磁辐射强度更低（比手机通话时强度要小）、送电线圈与受电线圈无须非常对齐。图 6-34 所示为磁共振结构示意图。

未来无线充电模式将不再需要停在固定位置进行充电，可以边走边充电，所用电能可能来自于路面铺装的供电系统，或者来自于汽车上接受的电磁波能量。图 6-35 所示为无线电磁波充电概念示意图。

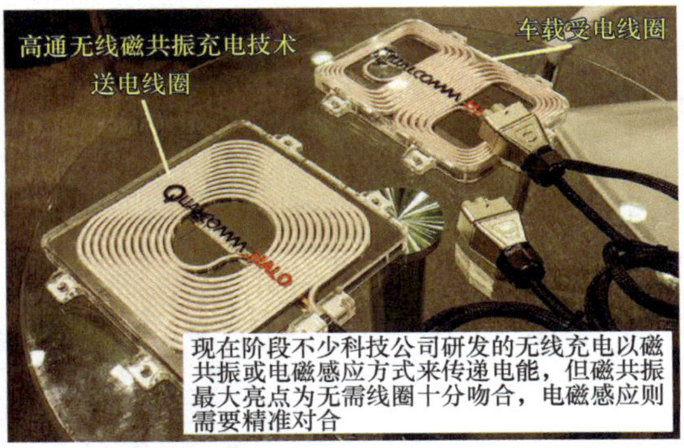


图 6-34　磁共振结构示意图

图 6-35　无线电磁波充电概念示意图

现阶段每一种充电模式都有明显短板，并不能很好地满足人们出行的需求，常规充电模式时间太长，快速充电模式损害动力蓄电池的使用寿命。未来一段时间内，基本都以常规充电模式为主导地位，这种不伤害动力蓄电池的充电模式更得到厂商的青睐，而且成本更低。若能解决充电模式的问题，电动汽车的发展将再上一个台阶。

随堂笔记

# 项目七

# 电气系统

## 任务一　PDU 功能与结构的认知

### 学习目标

1. 了解电动汽车 PDU 的功能与内部结构。
2. 了解电动汽车 PDU 的设计思路。
3. 了解电动汽车 PDU 的发展趋势。

### 任务描述

某电动汽车研发单位根据客户需求为其冷藏车设计车载 PDU，作为设计项目组的一名设计人员，请根据本任务所学知识对该项目进行产品研发设计，并对应该产品初步设计方案制作 PPT 用于产品宣传。

### 知识储备

随堂笔记

扫一扫

新能源汽车高压部件的认知

#### 1. PDU 的概念

高压配电盒（Power Distribution Unit，PDU）简称配电盒，是新能源汽车高压系统解决方案中的高压电源分配单元。PDU 通过铜排及线束将高压元器件连接，为新能源汽车高压系统提供充放电控制、高压部件上电控制、电路过载短路保护、高压采样、低压控制等功能，保护和监控高压系统的运行。

PDU 能够集成 BMS 主控模块、充电模块、DC 模块、PTC 控制模块等功能，与传统配电盒相比多了整车功能模块，功能上更加集成化，结构上更复杂，具有水冷或风冷等散热结构。PDU 配置灵活，可以根据客户要求进行定制开发，能够满足不同客户不同车型的需求。电动汽车 PDU 如图 7-1 所示。

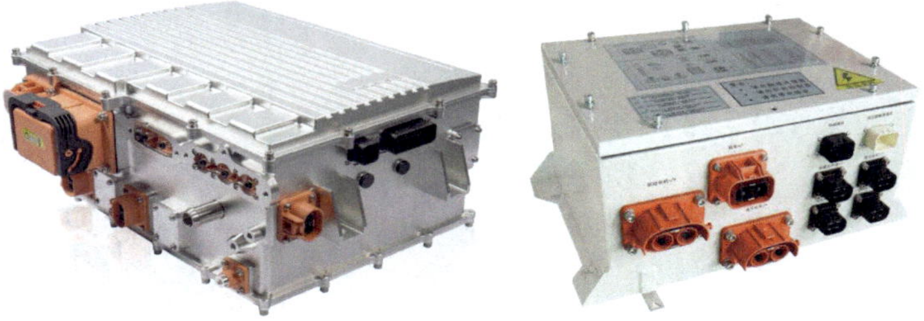

图 7-1　电动汽车 PDU

#### 2. PDU 的工作原理

PDU 的功能是保障整车系统电能的传输，是动力蓄电池与各高压设备的电源和信号传递的桥梁。在电动汽车上，与 PDU 相连接的高压部件包括动力蓄电池、MCU、DC/DC 变换器、电动空调、电动除霜、充电口等。典型 PDU 的工作原理如图 7-2 所示。

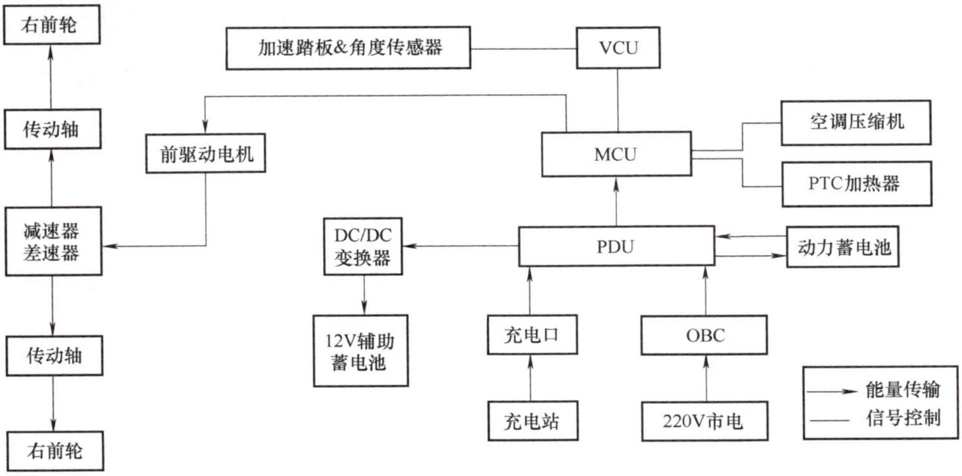


图 7-2　典型 PDU 的工作原理

**3. PDU 的结构**

PDU 外壳一般采用压铸铝材料，板厚 4.0mm 左右；搭铁（PDU 安装孔部件）和壳体压铸一体成型，也采用压铸铝材料，厚度为 5.0mm 左右。PDU 内部主要部件有铜排、插接器、继电器、熔断器、线束等。

新能源汽车主电路电压一般都大于 200V，远高于传统汽车的 12～48V，新能源汽车除需要传统汽车所需的低电压继电器外，还需配备特殊的高压直流继电器，电动汽车中电路属于高压直流，一般继电器无法满足要求，目前应用最多的是真空型和充气型继电器。电动汽车用插接器不同于传统工业及传统汽车用插接器，传统的插接器设备难以满足其大电流、高电压的要求，所以插接器厂商都在布局针对新能源汽车的大功率连接产品。直流熔断器在电动汽车 PDU 中，其输出端主要连接辅助蓄电池，在 PDU 内部一般情况下会包括电加热风机支路、空调压缩机支路、DC/DC 变换器支路及充电机支路。这 4 个支路上都需要安装线路保护熔断器，目的是在各负载发生短路时能够及时切断电源保护电路，避免车辆发生火灾。PDU 内连有低压信号线，根据线束通过载流量选用合适线径，由于 PDU 内部空间很紧凑，线束截面积一般不超过 $4mm^2$，否则线缆折弯半径太大导致装配不方便。

随堂笔记

**4. PDU 集成方式**

（1）单个 PDU　东南第一款电动汽车 V5 采用单个 PDU 的布置方式，如图 7-3 所示。

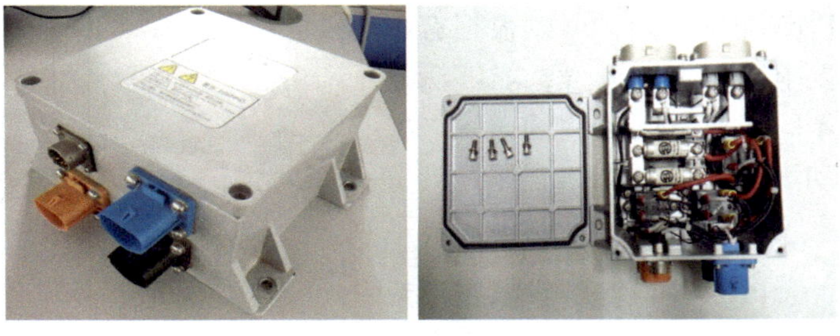

图 7-3　东南 V5 电动汽车 PDU

PDU 内零部件如熔断器、继电器、电流传感器、预充电电阻、铜排等依次安置在 PDU 盒体内，各个零部件按照电气架构通过线束进行连接，盒体内依次排布着电源线插座，盒体内部零部件按照与各个对应的插座依次布置。

采用此种布置方式，要注意将线束按照正、负极性及高、低压进行区分，分别进行固定，以降低整体的凌乱感，减少电路短路的安全隐患。由于大电流采用线束线径较粗，在有限的空间里弯折度较难满足，故电流较大的电路需考虑用铜排连接。此种布置方式是最传统的布置方式，其优点是外部结构简洁明朗、各个元器件一目了然，非常便于生产及维护；缺点是线束容易凌乱容易造成错误连接，占用整车空间尺寸较大，裸露的铜排也存在较大的安全隐患。由于电动汽车前机舱空间有限，该种布置方式空间利用率不大，成本较高，单个PDU的架构方式已很少应用。

（2）多个集成　从整车空间、整车架构的复杂度及成本考虑，业界广泛采用集中式高压电气系统架构配电。高压动力电源直接进入高压配电盒后根据系统的需要分配到系统高压电气产品，对整个高压系统及其各个电器设备的安全性、系统绝缘、电磁干扰及屏蔽、密封及耐振动等具有很高的要求。

图7-4所示为东南DX3 EV400的集成PDU。PDU作为一个零部件集成在MCU中。

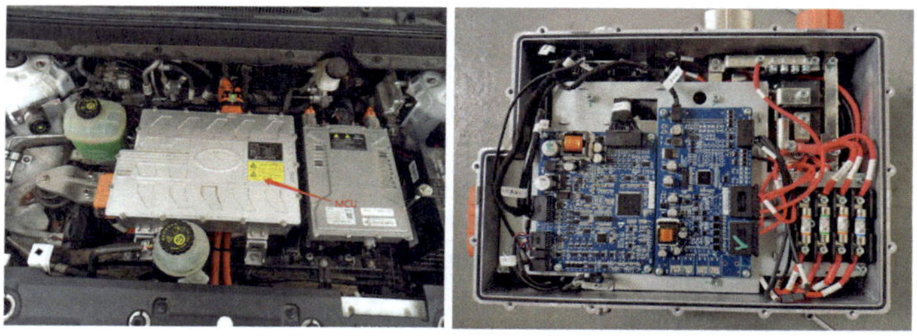

图7-4　东南DX3 EV400的集成PDU

此种布局能最大限度地减小整车空间与减少线束，但不可避免地加大了集成里每个零部件的维修、更换难度。所以在进行集成时要注意合理布局，尽量使易损件处于集成盒体首层，发热量大的元器件紧邻散热器，以便于进行维护及元器件能充分发挥自己的功能，降低损坏的频率。

# 任务二　高压线束的认知

随堂笔记

## 学习目标

1. 了解电动汽车高压线束的组成。
2. 能够区分不同种类的高压线束。
3. 能够完成高压线束的养护。

## 任务描述

现需要把实训室所有高压线束按照类型分类入库。请根据本任务所学知识对实训室所有高压线束进行登记分类和归档，并对损坏的线束进行统计后统一购买。

## 知识储备

### 1. 高压线束的概念

纯电动汽车中高压线束是高压系统最重要的部件之一，主要作用是输送能量和传递信号，即将动力蓄电池的电量和信号转移至用电器或将电源的电量和信号转移至动力蓄电池所用的连接线缆。区别于低压线束，高压线束有着高电压的特点，其电压可达到400V以上。高压线束实物图如图7-5所示。

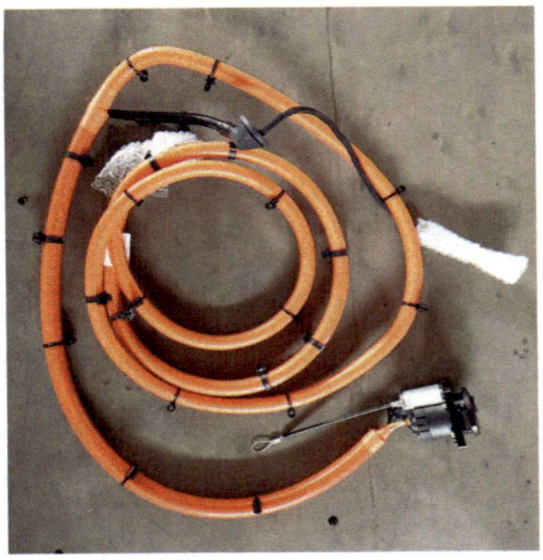

图7-5　高压线束实物图

### 2. 高压线束的组成

典型高压线束一般由插接器、电缆、波纹管、热缩管、胶布、线束扣组成，如图7-6所示。

（1）插接器　插接器用来传输电信号或电子能量。因此，有电子系统存在的地方都可以找到插接器。插接器是保证各种电子系统正常工作和安全运行的关键元件之一。

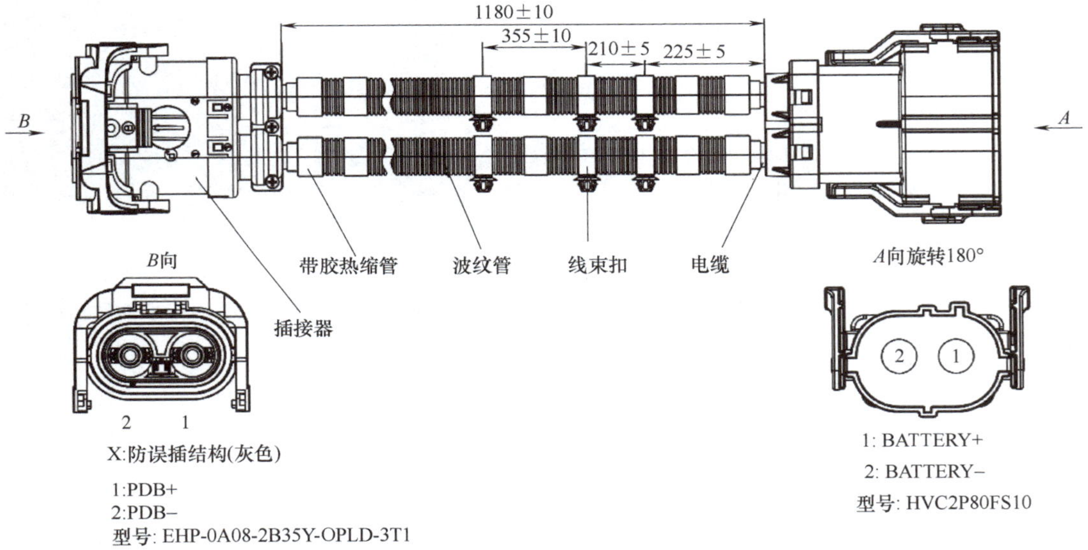


图7-6　高压线束构成简图

插接器广泛应用于航空/航天、军事设备、通信、计算机、汽车、工业、家用电器、电子设备等，现已发展成为电子信息基础产品的支柱产业之一。常见插接器如图7-7所示。

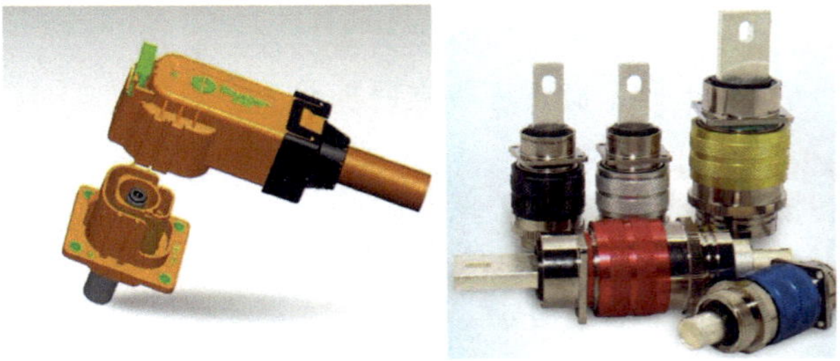

图7-7　常见插接器

使用插接器可以简化电子设备的生产过程和装配过程，使得电缆的产品平台化，易于维修及快速更换零部件；同时利于产品升级和提升设计的灵活性。图7-8所示为纯电动汽车插接器的典型结构。

（2）电缆　电缆在电动汽车中起到了“血管”的作用。电缆可以将动力蓄电池中的电流输送到各用电器中，也可以将增程器和充电枪提供的电流输送到动力蓄电池。

电缆主要由导体、绝缘层、屏蔽层和保护层组成，如图7-9和图7-10所示，部分电缆

随堂笔记

没有屏蔽层和保护层，如图 7-11 所示。

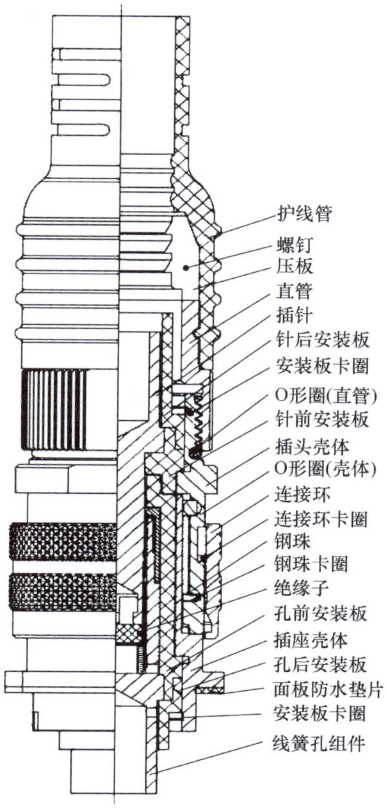


图 7-8　纯电动汽车插接器的典型结构

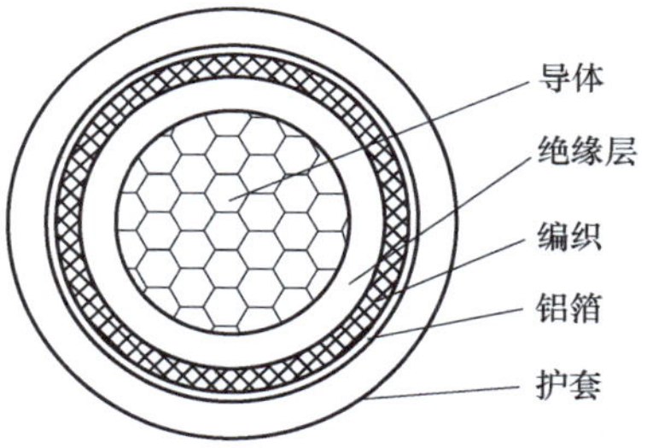


图 7-9　电缆横截面示意图

随堂笔记

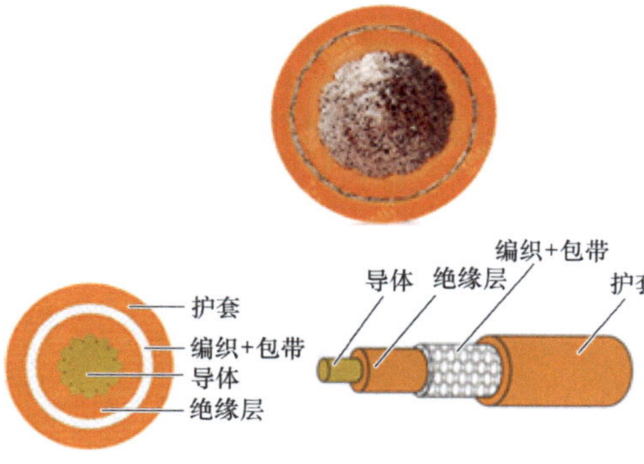


图 7-10　有屏蔽层和保护层的电缆

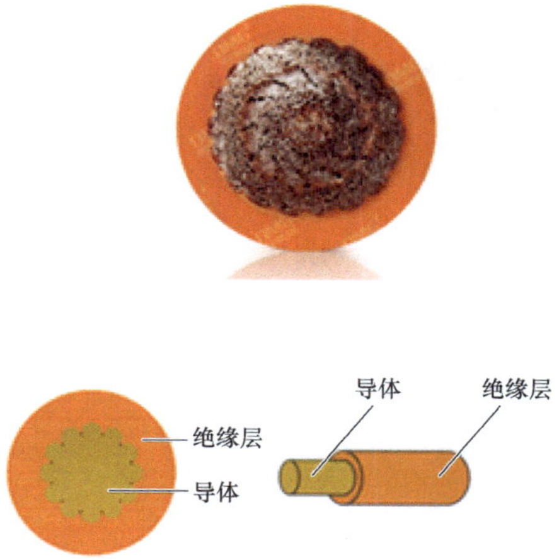


图 7-11　没有屏蔽层和保护层的电缆

电缆的导体使用退火铜或镀锡退火铜作为原材料，铜有着电阻小、电导率高、密度大、强度高、耐氧化性好等优点；屏蔽层采用镀锡退火铜编织而成，用于减少高压辐射对外信号线束的干扰；绝缘层与护套使用的是无卤绝缘材料，用于对铜导体进行保护，常用的材料有 XPLE（交联热固性材料）、EDPM（三元乙丙橡胶）、TPE（热塑性材料）、PVC（聚氯乙烯）、硅胶等。

(3) 波纹管　波纹管（图 7-12）是用于保护高压电缆的保护装置，用来防止电缆被刮磨，其颜色为橙红色以满足警示性的需求。波纹管设置成凹凸不平的形状，可以增加强度，更好地保护电缆。

图 7-12　波纹管

(4) 线束扣　线束扣是通过塑料弹性卡接对线束进行固定、导向的机构，线束扣有多种形式，如图 7-13 所示。

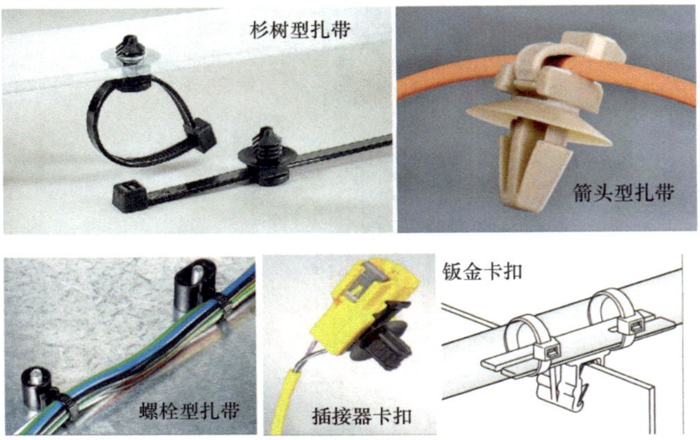


图 7-13　线束扣

### 3. 各种高压线束介绍

动力蓄电池高压线束、驱动电机三相线、空调高压线束、OBC 线束、快充线束、慢充线束等都为高压线束，但是各个线束有不同的作用、规格和连接方式。

(1) 动力蓄电池高压线束　动力蓄电池高压线束是连接动力蓄电池与 PDU 的线束，如图 7-14 所示。

(2) 驱动电机三相线　驱动电机三相线是连接驱动电机与 MCU 的线束，如图 7-15 所示。

随堂笔记

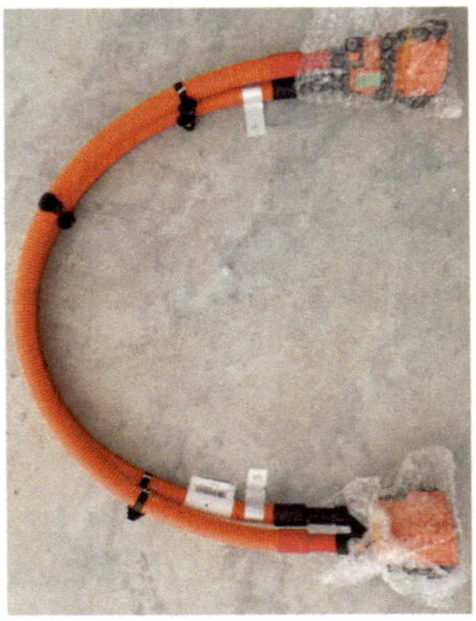

图 7-14　动力蓄电池高压线束

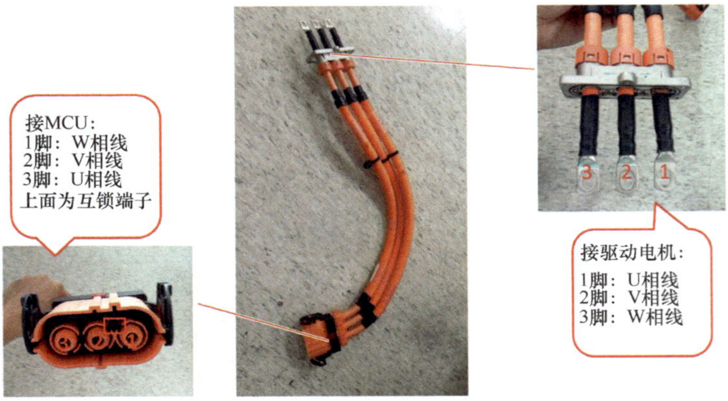


图 7-15　驱动电机三相线

(3) 空调高压线束　空调高压线束是连接高压分线盒与空调压缩机的线束，如图 7-16 所示。

(4) OBC 线束　OBC 线束是连接 OBC 与动力蓄电池的线束，如图 7-17 所示。

(5) 快充线束　快充线束是连接快充口与动力蓄电池的线束，如图 7-18 所示，其接口示意图如图 7-19 所示。

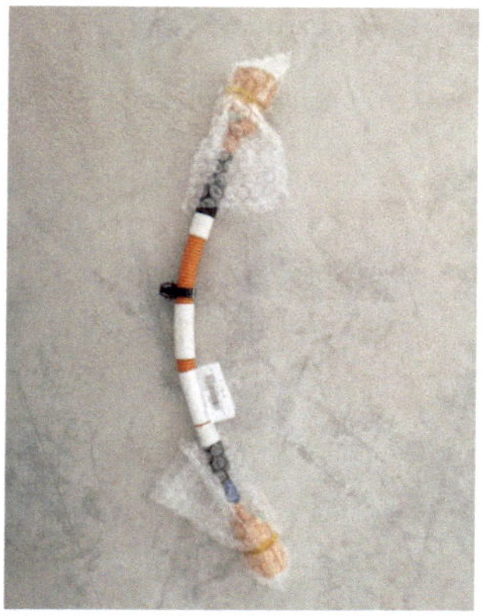

图 7-16　空调高压线束

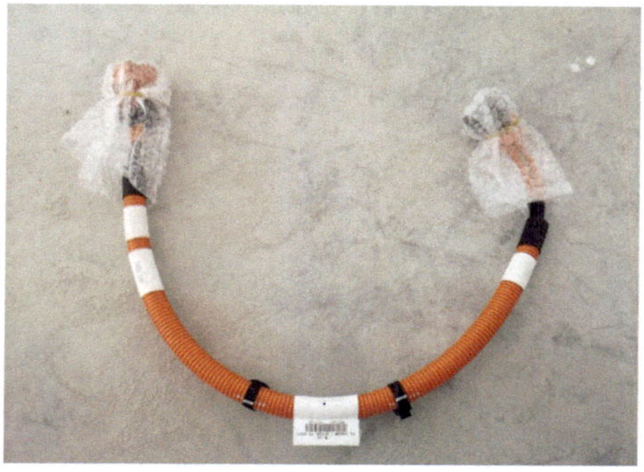

图 7-17　OBC 线束

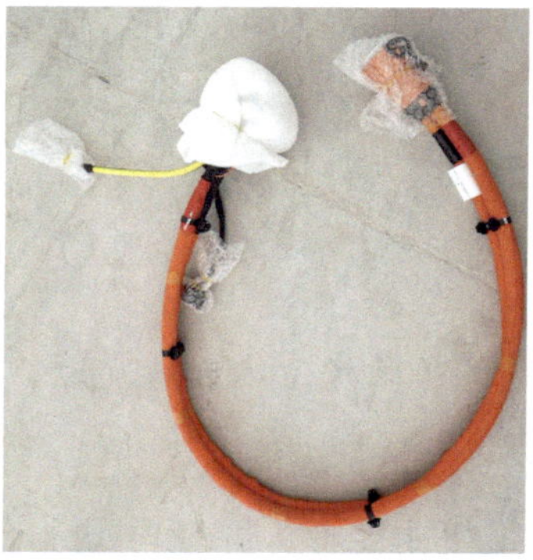

图 7-18　快充线束

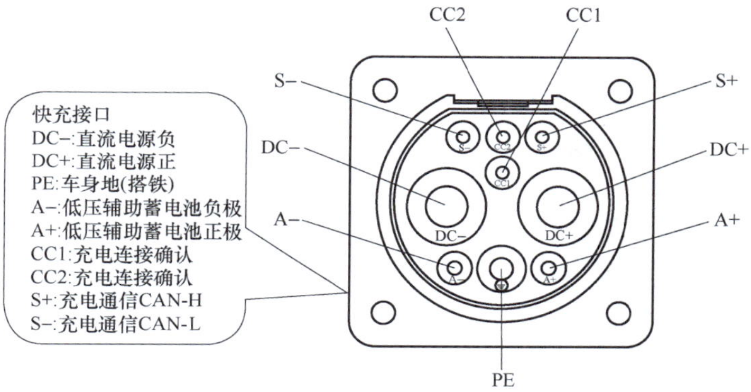


图 7-19　快充线束接口示意图

随堂笔记

(6) 慢充线束　慢充线束是连接慢充口与车载充电机的线束，如图 7-20 所示，其接口示意图如图 7-21 所示。

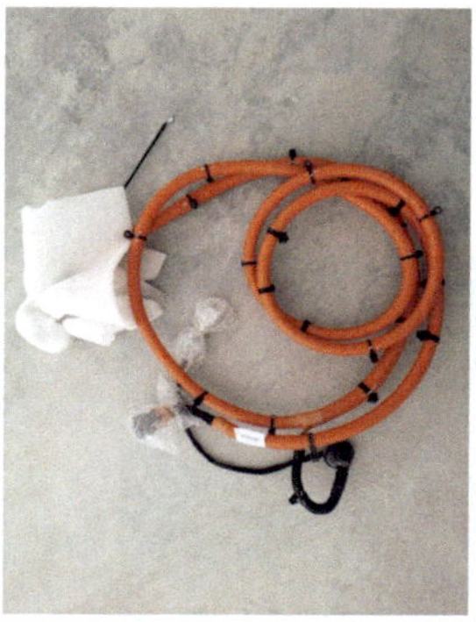

图 7-20　慢充线束

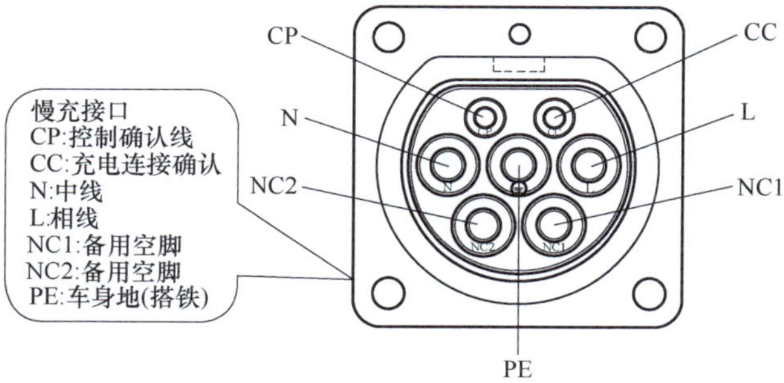


图 7-21　慢充线束接口示意图

**4. 高压线束的保养及维护**

在实际用车过程中，随着时间的推移，高压线束会产生一些损伤或损坏，下面讲解一些常见损坏现象及对应办法。

（1）波纹管损坏　波纹管是具备高耐磨性、阻燃性、警示性的保护电缆不被刮磨的保护装置，通过波纹的形状增强其强度以更好地保护电缆。其常见损坏现象有磨损、割破、捏瘪、熔化等，如图 7-22 所示。

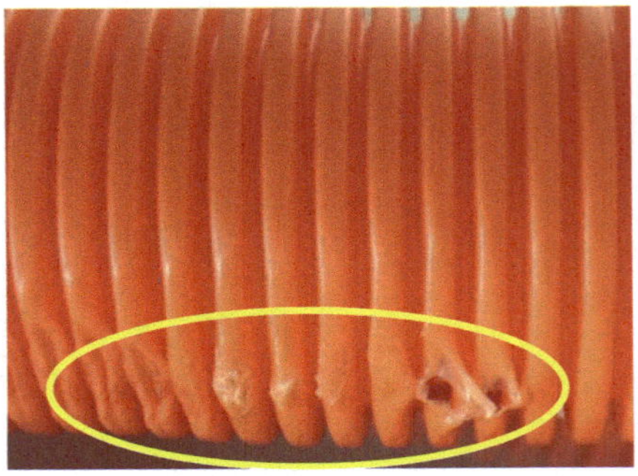

图 7-22　波纹管损坏

**小知识**

对于此类损伤，可根据 3 条原则进行维护：

1）如果是小面积破损，应该用绝缘胶布对破损部分进行包裹处理。

2）如果是大面积破损，检查破损内部的电缆是否有异常。若无异常，则参照 1）处理方式进行。

3）如果是大面积破损，且电缆有一定破损，应先对电缆进行维护，然后对波纹管进行包裹处理。

（2）电缆过度折痕　长期过度弯折会导致电缆护套材料严重扭曲变形，并且电缆上有严重的瘀痕，如图 7-23 所示。

随堂笔记

**小知识**

对于此类损伤，建议更换整条高压线束。若更换完后此处弯折半径还是一样小，应查看线束的安装固定方式是否正确，应该避免此种弯折现象。

（3）电缆磨损、割破　线束与其他零部件或利物存在长期摩擦/干涉会导致电缆有磨损或被割破现象，如图 7-24 所示。

图 7-23　电缆过度弯折

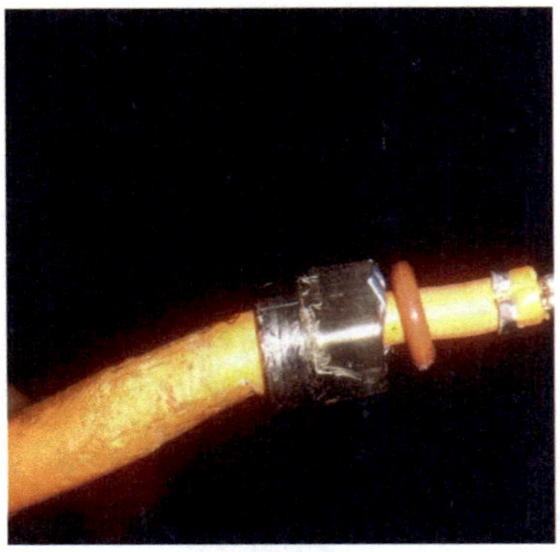

图 7-24　电缆磨损、割破

**小知识**

对于此类损伤，应遵循两条原则：

1）若轻微磨损/割破，用绝缘胶布进行包裹，下次保养时重点检查是否仍然出现磨损。

2）若磨损面积大，清晰可见内部屏蔽层的金属部分，应直接更换此条高压线束。

（4）插接器损坏　线束与其他零部件存在长期摩擦会导致插接器有磨损，如图 7-25 所示。

**小知识**

当出现此类损坏时，应更换整条高压线束。

（5）插接器积尘　长期使用后，插接器表面会有严重灰尘堆积，如图 7-26 所示。

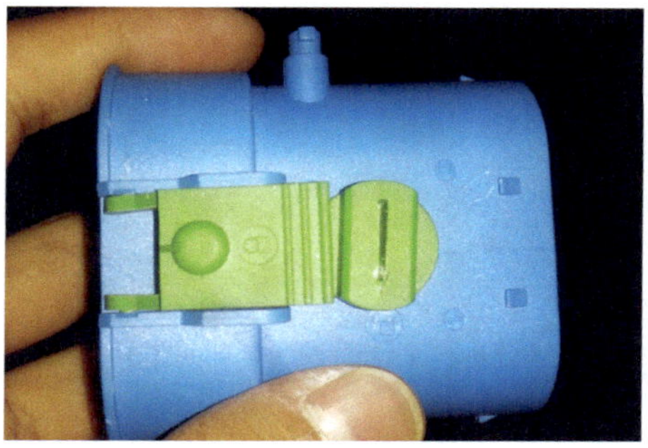

图 7-25　插接器损坏

图 7-26　插接器积尘

随堂笔记

**小知识**

对于此类损伤，应用干布将插接器表面大粒积土清除，小部分无法清除的灰尘用吹风机（常温）吹净，避免积土积尘对插接器长期腐蚀。

（6）热缩管/胶布松脱　长期在前机舱等苛刻环境下工作的胶布和热缩管会因过热等因素导致提前老化、松脱，如图 7-27 所示。

**小知识**

对于此类损伤，应将热缩管用绝缘胶布粘好。

**5. 高压安全防护标识**

（1）高压安全防护标识的认识　安全防护标识可以警示车主或维护人员，预防触电以及其他事故的发生。相比于汽油汽车，电动汽车上许多部件的电压都很高，稍不注意，可能发生重大的事故，所以电动汽车部件上布置了醒目的安全标识，使用者需认真观察标识内容，并依照标识进行作业。

（2）高压系统的各类安全标识

1）各类元器件的安全标识。图 7-28 所示为东南 DX3 纯电动汽车 OBC 上的安全标识，黄色三角形符号为常规警示标识，感叹号标识注意安全，闪电符号标识高压危险，下方文字标识一些操作的注意事项。

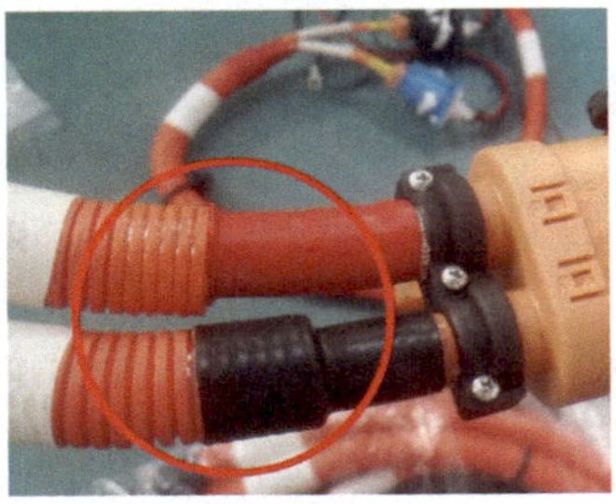

图 7-27　热缩管松脱

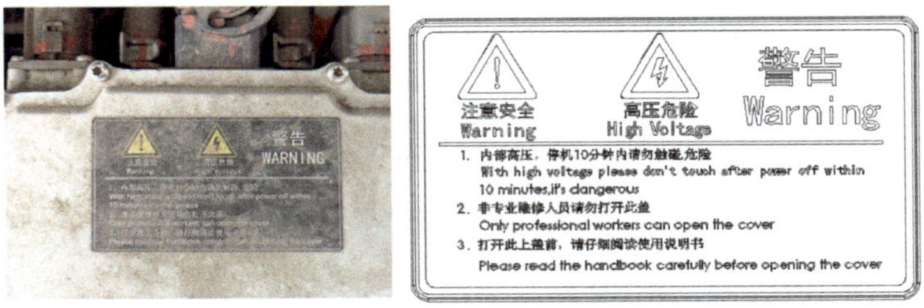


图 7-28　东南 DX3 纯电动汽车 OBC 上的安全标识

2）高压线缆的安全标识。为提示和警示用户和维修人员，高压线束应采用橙色线缆并用橙色波纹管对其进行防护，如图 7-29 所示。

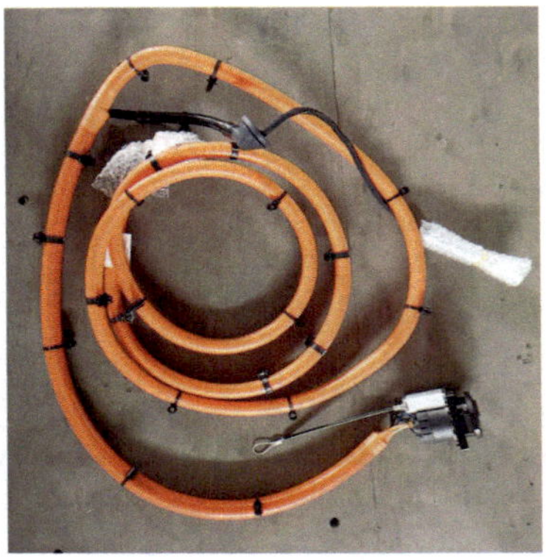

图 7-29　橙色线束

随堂笔记

## 任务三　高压系统故障排查

### 学习目标

1. 了解电动汽车高压系统故障的类型。
2. 理解电动汽车高压电路绝缘故障的排除步骤。
3. 能够进行电动汽车高压电路绝缘故障的排除。

### 任务描述

李先生购买的电动汽车在起动时绝缘故障灯亮起，他将车辆开到特约维修站进行维修，请根据所学知识对该故障车辆进行故障诊断并确定具体维修方案。

### 知识储备

电动汽车电气化程度相对传统汽车要高，动力蓄电池、电力驱动系统、高压用电辅助设备、充电机及高压线束等在汽车发生碰撞、翻转及汽车运行的恶劣环境（汽车振动、外部环境湿度及温度）影响下，都有可能导致高压电路与汽车底盘间的绝缘性能降低，由此可能造成汽车火灾的发生，直接影响汽车驾乘人员的生命安全。因此，在电动汽车高压系统设计时，绝缘检测具体实施标准一定要参照国家标准 GB/T 18384.1—2015《电动汽车 安全要求 第1部分：车载可充电储能系统（REESS）》。首先，应确保绝缘电阻值大于100Ω/V；其次，当汽车发生绝缘电阻值低于规定值时，高压管理系统应及时切断所有的高压回路并发出声光警告并持续一定时间，待原先故障消失后，汽车才能允许进行下一次上电。

绝缘故障按照故障位置分类，可分为高压电路绝缘故障和动力蓄电池内部绝缘故障两种。两种故障可能分别单独发生，也可能同时发生。高压电路绝缘故障是指高压电缆或用电零部件带电部分与车身之间的绝缘阻值过低；动力蓄电池内部绝缘故障是指动力蓄电池内部或高压回路与动力蓄电池壳体间绝缘阻值过低。

国家标准规定动力蓄电池或高压回路与底盘（车身）之间的绝缘电阻不可低于100Ω/V，DX3 纯电动汽车最高电压为400V，则整车绝缘电阻不可低于0.04MΩ。由于整车线缆或高压零部件带电部分的绝缘层可能出现破损、老化等现象，导致绝缘耐压电压性能下降，当高压电路和车身之间的电压高于绝缘层破损部位的击穿电压时，会在破损部位产生漏电流，而破损部位仍有电阻，在破损部位就会积聚能量，最终发生起火。综合考虑以上因素，根据 DX3 纯电动汽车各个高压设备输出端参数，各高压部件绝缘阻值检测按表7-1中列的标准执行。

表7-1　各高压部件绝缘阻值检测标准

| 测量对象 | 标准参数 |
|---|---|
| 动力蓄电池端正、负极输出端子 | >500MΩ |
| 动力蓄电池线束端正、负输出端子 | >500MΩ |
| 车载充电机正、负极 | >10MΩ |
| 空调压缩机正、负极 | >10MΩ |
| PTC 正、负极 | >500MΩ |
| MCU 正、负极 | >10MΩ |

### 1. 绝缘电阻表的使用

如图7-30所示，DX3 BEV 最高电压为400V，整车绝缘检测使用500V 绝缘电压检测档。

图7-30　绝缘电阻表实物

测量步骤：

1）红表笔插入“Line”输入端口，黑表笔插入“Earth”输入端口。

2）按下功能旋钮选择测试电压500V。

3）将红、黑表笔接入被测电路，红表笔接被测高压接触件，黑表笔被视为地的接触件

（通常为插接器屏蔽层或车身接地点）。

4）按下 Test 键，自锁进行连续测量。

测量注意事项：

1）测试前，做好个人安全防护，穿戴绝缘手套。

2）两只表笔要处于高电压输出状态，更不许碰到人的身体。

3）测试前，确认被测电路处于断电状态。

4）测试完毕，勿用手触摸电路和导线等。

### 2. 检测前准备

在排查绝缘故障前，首先要明确整车高压系统的构成。如图 7-31 所示，DX3 纯电动汽车的高压系统由各高压部件系统组成，通过高压电缆进行连接。其中，驱动电机系统（驱动电机、MCU）、充电系统（OBC）、PTC、A/C 等部件及其附件位于前机舱，动力蓄电池位于整车底部，慢充座设于加油口位置。测量上电时，整车的 B 级回路（含高压线、高压用电设备）均有超过人体安全电压的高电压，操作时需要特别注意。

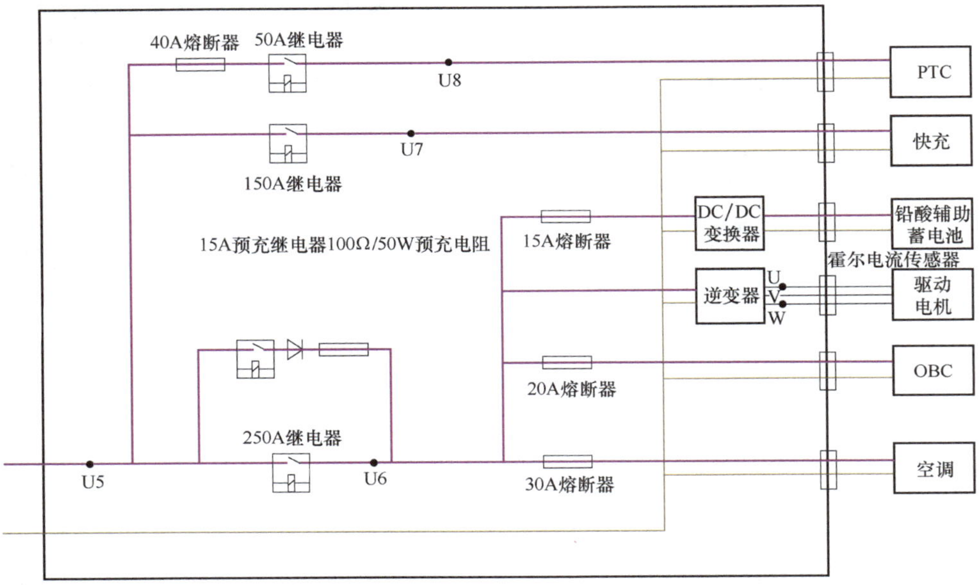


图 7-31　东南 DX3 纯电动汽车高压系统电路

检测应根据图 7-31 对各段高压回路进行逐一排查，因在高压回路中为了实现各个附件高压系统的独立控制，使用了继电器作为各附件的独立开关。在故障排查时，车辆为下电状态，继电器 OPEN 不导通，故各段回路应以继电器为节点分别进行单独测量，直至排查出故障部件。为了确保安全，一定要按照相应的高压安全操作规程进行作业，必须按规定穿戴好防护用具，检查工具的绝缘性。操作时，应戴绝缘手套、穿绝缘靴及站在绝缘台上。

### 3. 操作步骤

（1）车辆状态　绝缘故障灯亮起，如图 7-32 所示。

（2）检测工具　绝缘电阻表、绝缘手套等。

（3）检测原则　从大范围到小范围；从简单易测到复杂难测。

随堂笔记

图 7-32　绝缘故障灯

(4) 检测顺序

1）检测快充负极的绝缘阻值≥500MΩ。

**小提示**

说明：所有负极在回路全部导通且无继电器连接，因此只要测其中一端就可得到所有负极回路对车身的绝缘状态。考虑到从其他部件开始检测需要插拔插接器，因此选测快充座负极的绝缘阻值为最优选择。

结论：A. 若检测无故障，整个负极回路无故障。

B. 若检测有故障，因负极回路各部件直接相连并且没有继电器，无法直接进行判断，则需要将各个部件回路拆卸后单独进行测量。

2）检测快充正极的绝缘阻值≥500MΩ。

**小提示**

说明：检测此段可直接得出快充座正极到继电器之间是否发生绝缘故障。

随堂笔记

3）检测 OBC 绝缘阻值≥10MΩ。

**小提示**

说明：从东南 DX3 纯电动汽车高压系统电路可知，铅酸辅助蓄电池、电机、OBC 及空调并联在同一回路上，且无继电器单独进行控制，检测其中一端的正极即可检测该部分所有用电器回路的绝缘阻值。从东南 DX3 纯电动汽车前机舱实际情况出发，考虑到操作空间及插接器插拔难易程度的问题，选 OBC 正极作为测量点。

结论：A. 若检测结果为正常，该部分回路全部正常。

B. 若检测出故障，需要单独对各用电器进行测量。

4）检测驱动电机三相线正极的绝缘阻值≥10MΩ。

**小提示**

说明：驱动电机由 MCU 进行控制，且驱动电机与 MCU 直接串联，故可直接检查出驱动电机三相线是否发生绝缘故障。

5）检测 PTC 正极的绝缘阻值≥500MΩ。

**小提示**

说明：在东南 DX3 纯电动汽车上，PTC 位于前机舱底部驱动电机边上，对其操作较为不便且空间较小，可能还需要使用顶升机等设备。因此在可测试的情况下进行 PTC 的正极检查，可直接测得 PTC 到继电器之间是否发生了绝缘故障。

6）检测动力蓄电池输出线正极绝缘阻值≥500MΩ。

**小提示**

说明：若对其他用电器进行排查完毕，最后对动力蓄电池输出线的正极进行故障排查。可直接测得动力蓄电池输出线到继电器之间是否发生绝缘故障。

7）检测慢充线绝缘阻值≥500MΩ。

**小提示**

说明：慢充线使用家用交流电，与 OBC 连接。测量 L、N 两线分别对地的电阻值可直接确定慢充线是否发生绝缘故障。

随堂笔记

# 项目八

# 高压辅助系统

## 任务一 功率转换设备的认知

### 学习目标

1. 掌握功率转换设备的结构与工作原理。
2. 能拆装 MCU 并识别其各个接口。
3. 培养安全规范操作、文明生产的职业素质及节约能源、原材料与爱护工具设备、保护环境的观念和意识。

### 任务描述

当前，各主流品牌纯电动汽车除配备高压直流供电系统外，都有配备 12V 低压直流供电系统，用来给 VCU、BMS、车灯、玻璃升降器、中控屏、仪表、门锁等低压系统供电，并给辅助蓄电池充电，该系统虽然电压不高，但功率却不低，使用过程中也会出现故障，如 DC/DC 变换器高压互锁故障或 DC/DC 变换器状态异常故障，导致高压供电无法顺利转换为低压。本次任务通过拆装 MCU，了解 DC/DC 变换器系统、DC/AC 变换器系统的结构原理及故障检修方法。

随堂笔记

## 知识储备

### 1. MCU

东南 DX3 纯电动汽车的 MCU 位于前机舱内，如图 8-1 所示。该装置的任务是将动力蓄电池的直流电压（最高约 DC400V）转换为用于控制驱动电机的三相交流电压（最高约 AC360V）。反之，当驱动电机作为发电机使用时，MCU 将驱动电机的三相交流电压转换为直流电压，从而为动力蓄电池充电。该过程在制动能量回收利用期间进行。这两种运行方式都需使用双向 DC/AC 变换器。

图 8-1 MCU 位置

通过集成在 MCU 内的 DC/DC 变换器可确保为 12V 车载网络供电。东南 DX3 纯电动汽车的整个 MCU 位于一个铝合金壳体内。在该壳体内装有控制单元、双向 AC/DC 变换器和

DC/DC 变换器。双向 AC/DC 变换器用于将交流电压转换为直流电压从而为动力蓄电池充电以及将动力蓄电池直流电压转换为三相交流电压，DC/DC 变换器用于为 12V 车载网络供电。

MCU 内部由 3 个子组件（双向 DC/AC 变换器、单向 AC/DC 变换器、DC/DC 变换器）和 MCU 控制单元构成。MCU 的高压接口设备如图 8-2 所示。从图中不难看出，AC/DC 变换器位于 MCU 内、驱动电机和动力蓄电池之间，具有整流和逆变的双重功能，可以控制驱动电机的转速和转矩；DC/DC 变换器位于动力蓄电池和辅助蓄电池之间，可以在需要的时候利用动力蓄电池来为 12V 车载网络供电，并给辅助蓄电池充电。

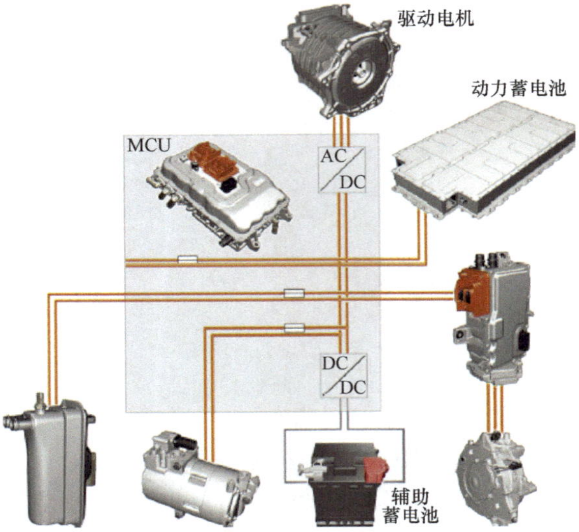

图 8-2　MCU 的高压接口设备

## 2. DC/DC 变换器

从技术角度而言，东南 DX3 纯电动汽车 MCU 内的 DC/DC 变换器能够启用以下运行模式：待机、向下转换（“下降模式”）、高压中间电路放电。MCU 未运行时，DC/DC 变换器处于“待机”运行模式，例如总线端状态等未向 MCU 控制单元供电时就会出现这种情况。但出现故障时，MCU 控制单元会要求 DC/DC 变换器执行“待机”运行模式。在此运行模式下不会在两个车载网络间进行能量传输，并断开两者之间的导电连接。运行模式“向下转换”又称为“下降模式”，是高电压系统启用状态下的正常运行模式。DC/DC 变换器将电能从高压车载网络传输到 12V 车载网络内，同时执行普通车辆上发电机的功能。为此，DC/DC 变换器必须将来自高压车载网络的变化电压降至低压车载网络的电压。在此高压车载网络内的电压取决于动力蓄电池的充电状态（260～390V）等。DC/DC 变换器通过调节低压车载网络内的电压，确保为 12V 辅助蓄电池提供最佳充电，同时根据辅助蓄电池的充电状态和温度调节出约 14V 的电压。MCU 控制单元与 DC/DC 变换器控制单元进行通信，由后者执行 12V 电源管理系统功能。DC/DC 变换器的持续输出功率为 2500W。DC/DC 变换器的工作原理如图 8-3 所示。

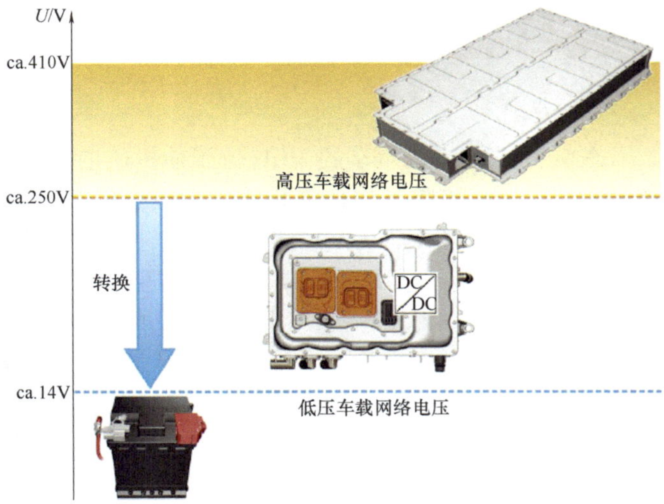

图 8-3　DC/DC 变换器的工作原理

关闭高电压系统时，必须在规定时间内放电至 60V 电压以下。为此 DC/DC 变换器带有一个中间放电电路，如图 8-4 所示。该电路首先尝试将存储在中间电路电容器内的

随堂笔记

能量传输至低压车载网络。如果该能量不足以实现快速降压，就会通过一个为此主动连接的电阻进行放电。通过这种方式使高压车载网络在5s内放电。出于安全考虑，还有一个始终并联连接的被动放电电阻，即使故障导致前两项放电措施无法正常进行，该电阻也能确保高电压车载网络可靠放电。放电至60V电压以下所需的时间较长，最长为120s。DC/DC变换器的温度由一个温度传感器测量并通过DC/DC变换器控制单元监控。如果在冷却液冷却的情况下温度仍超出允许范围，DC/DC变换器控制单元就会降低DC/DC变换器的功率以保护组件。

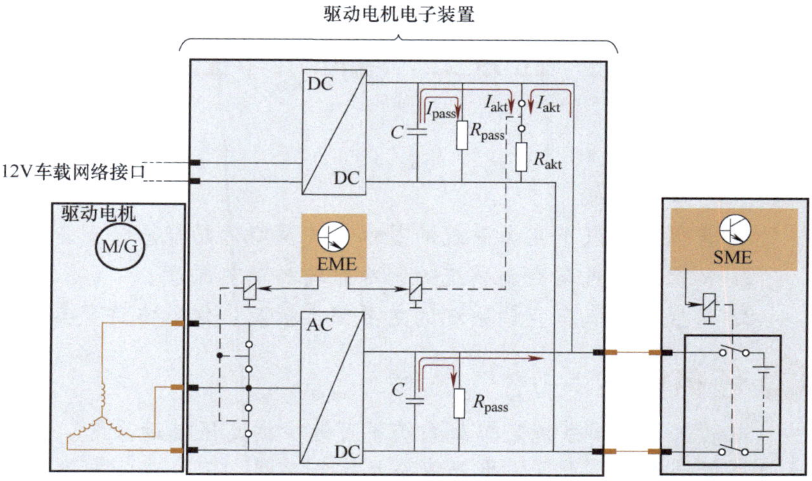

图 8-4　DC/DC 变换器中间放电电路

## 3. DC/AC 变换器

用于控制电机的供电电子装置主要由双向DC/AC变换器构成。这是一种脉冲变流器，带有一个两芯直流电压接口和一个三相交流电压接口。如图8-5所示，该双向DC/AC变换器将电能从动力蓄电池传输至驱动电机。它也可以作为整流器工作，将电能从驱动电机传输至动力蓄电池，进行制动能量回收利用时采用这种运行模式，此时驱动电机作为发电机工作并“产生”电能。

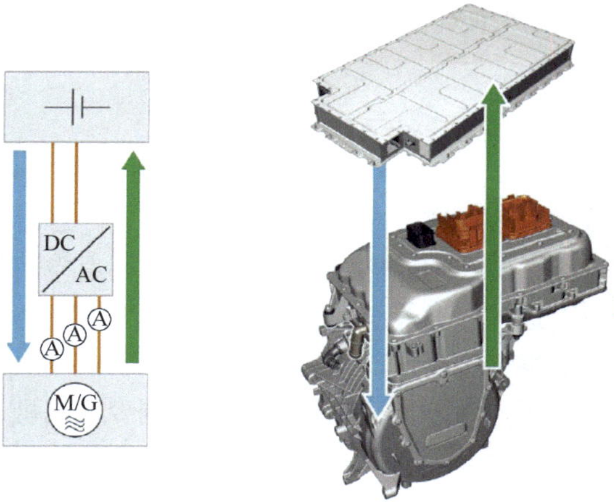

图 8-5　双向 DC/AC 变换器

DC/AC变换器的运行模式由MCU控制单元决定。MCU控制单元从EMCU控制单元接收主要输入参数——驱动电机提供的转矩规定值（数量和符号），根据该规定值和当前驱动电机运行状态（转速和转矩）确定DC/AC变换器的运行模式以及驱动电机相电压的振幅和频率，以脉冲方式控制DC/AC变换器的功率半导体。除DC/AC变换器外，供电控制器装置还包括DC/AC变换器交流电压侧所有三相内的电流传感器。MCU控制单元通过电流传感器信号监控供电控制器装置和驱动电机的电功率以及驱动电机产生的转矩。通过电流传感器信号以及驱动电机内转子位置传感器信号还能接通MCU控制电路。为了防止供电电子装置过载，在DC/AC变换器上还有一个温度传感器。如果根据该传感器信号识别出功率半导体温度过高，MCU控制单元就会降低输出至驱动电机的功率，以保护供电电子装置。如果功率降低程度能够让驾驶人明显感觉到，就会通过一条检查控制信息提示驾驶人。如果驱动电机温度超出允许范围，驾驶人也会获得相同的故障响应（降低功率）和相同的检查控制信息。

随堂笔记

# 任务二　电动汽车空调系统的使用

## 学习目标

1. 掌握电动汽车空调系统的基本结构及组件功能。
2. 掌握电动汽车空调系统的制冷原理和制热原理。
3. 掌握电动汽车空调系统的主要部件拆装、保养方法及其注意事项。

## 任务描述

电动汽车空调系统是车载系统不可缺少的高压辅助系统。纯电动汽车没有发动机给空调系统提供动力源，也没有发动机余热进行采暖，因此不能直接使用传统的汽车空调系统，需要电能作为动力源，所以动力蓄电池不仅要提供行驶所需动力，还要为空调系统提供能量。据了解，空调制热消耗的电能约占电动汽车整车消耗能量的33%。因此，研发符合电动汽车需求的新型空调系统尤为重要。

## 知识储备

### 1. 电动汽车空调系统的认知

（1）空调系统概述　电动汽车空调系统由制冷、供暖、通风、控制等部分组成，制冷系统主要由空调驱动器、电动压缩机、冷凝器、膨胀阀和蒸发器五大部件组成，辅助设备有制冷管路、储液干燥器等；供暖系统主要由空调驱动器、PTC 加热器等组成；通风系统主要由鼓风机、通风管道等组成；控制系统主要由室外温度传感器、室内温度传感器、日照传感器、蒸发器温度传感器、PTC 温度传感器、PTC 一次性熔断器、PTC 温度控制开关、调速模块、三态压力开关、内外循环电机、驾驶人侧冷暖电机、前排乘员侧冷暖电机、空调控制器等组成。电动汽车空调系统主要有制冷、供暖、除霜除雾、换气、除湿等功能，所用制冷剂为 R134a。

（2）制冷系统工作原理　空调制冷系统工作原理如图 8-6 所示，由空调驱动器驱动的电动压缩机将气态的制冷剂从蒸发器中抽出，并将其压入冷凝器。高压气态制冷剂经冷凝器时液化而进行热交换（释放热量），热量被车外的空气带走。高压液态的制冷剂经膨胀阀的节流作用而降压，低压液态制冷剂在蒸发器中汽化而进行热交换（吸收热量），蒸发器附近被冷却

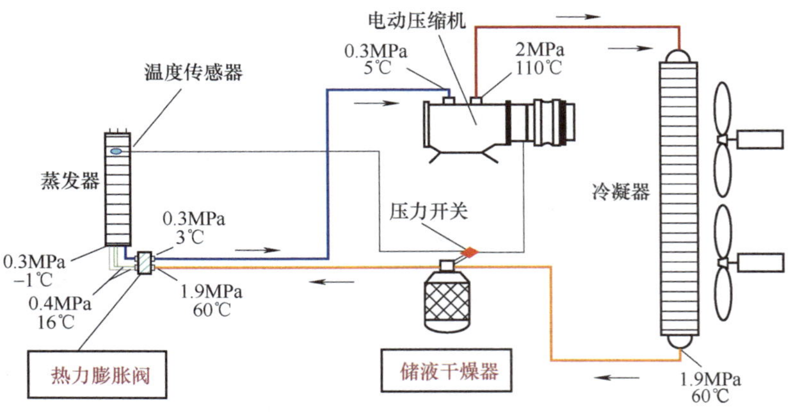

图 8-6　制冷系统工作原理

了的空气通过鼓风机吹入车厢，气态的制冷剂被压缩机抽走，泵入冷凝器。如此使制冷剂进行封闭的循环流动，不断地将车厢内的热量排到车外，使车厢内的气温降至适宜的温度。

（3）供暖系统工作原理　如图8-7所示，供暖系统采用PTC总成加热制冷剂，制冷剂被水泵从空调暖风出水管总成泵进PTC总成，加热后的制冷剂流经暖风芯体总成，再回至空调暖风出水管总成，如此循环。通过鼓风机将热量送至乘员舱或风窗玻璃，用以提高车厢内温度和除霜。

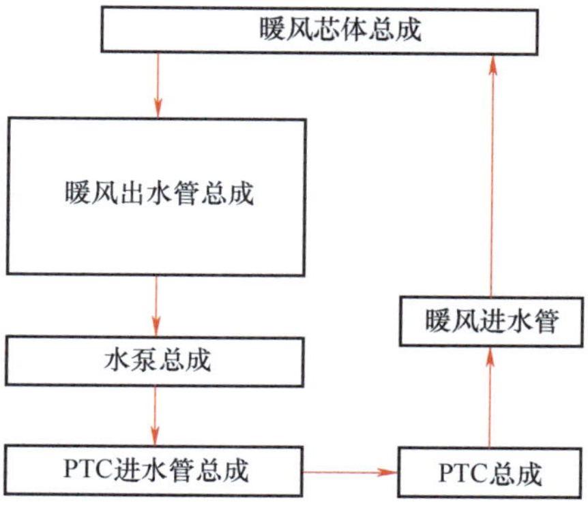

图8-7　供暖系统工作原理

（4）电池热管理系统工作原理　比亚迪5A EV采用如图8-8所示的系统来实现蓄电池冷却。其中，蓄电池冷却介质通过板式换热器和空调制冷剂进行热量交换。在板式换热器里面降温后的蓄电池冷却介质被电动水泵泵到动力蓄电池进行热交换，从而带走动力蓄电池的热量，达到给动力蓄电池降温的效果。

空调根据动力蓄电池目标液温，通过调节板式换热器处冷媒的状态（压力、温度、流量）和电动制冷压缩机的转速（或开启机械压缩机）来控制动力蓄电池进液温度，从而达到较精准的电池热管理控制。

蓄电池热管理工作模式主要有以下4种：

1）乘员舱制冷。关闭动力蓄电池冷却电子膨胀阀；根据目标通道温度来控制电动制冷压缩机的转速。

2）动力蓄电池冷却。关闭空调电子膨胀阀，打开动力蓄电池冷却电子膨胀阀；根据过热度控制电子膨胀阀开度；根据动力蓄电池进液口的液温来控制电动压缩机的转速，且开启水泵。

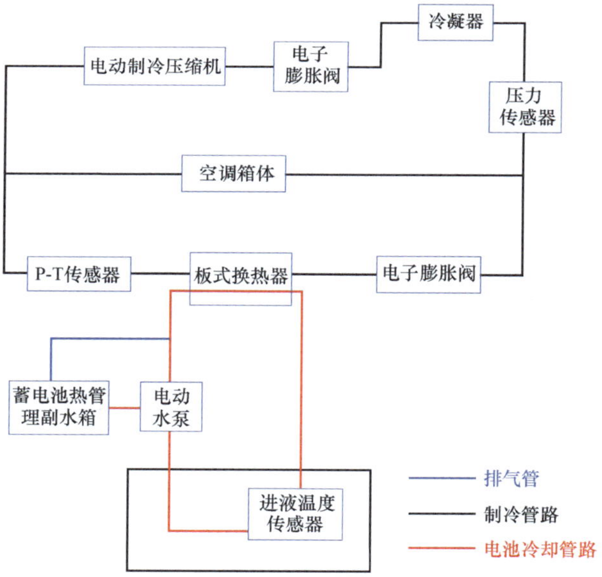

图8-8　电池热管理系统工作原理

3）乘员舱制冷＋动力蓄电池冷却。打开两个电子膨胀阀。根据乘员舱目标通道温度及动力蓄电池进液口的液温共同控制电动制冷压缩机的转速（或者传动带驱动制冷压缩机的开关），且开启水泵。

4）动力蓄电池内循环。空调收到BMS内循环命令后开启电动水泵。

（5）风扇控制逻辑　接收MCU、车载充电器、ECM、空调控制器发送的风扇占空比需求，通过分析采用最高占空比进行风扇控制。

## 2. 电动汽车空调系统的主要组件及其功能

（1）电动制冷压缩机　电动汽车的空调功能需要满足很高的要求：一方面必须使客户

随堂笔记

始终感觉车内温度适宜，另一方面必须使动力蓄电池使用寿命最大化，必须在高温条件下进行动力蓄电池的冷却。为此，电动汽车上安装了一个电动制冷压缩机，用来给制冷剂加压循环，如图 8-9 所示。

图 8-9　电动制冷压缩机

（2）电气加热装置　由于效率较高，驱动电机释放出的热量远远低于内燃机，因此无法利用驱动电机的余热进行空气加热。为了调节出舒适的车内温度，电动汽车上装有一个电气加热装置，如图 8-10 所示。

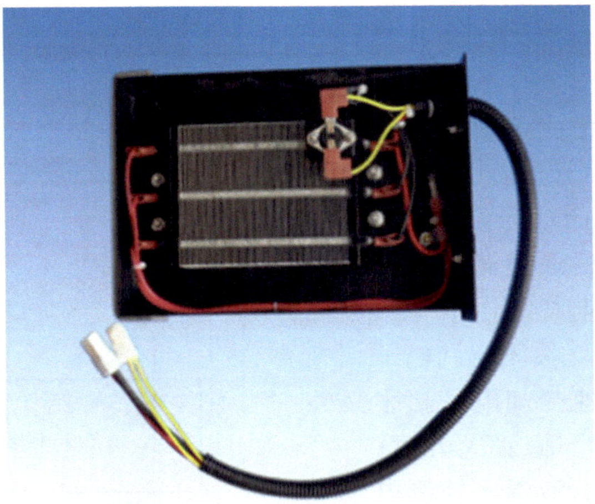

图 8-10　电气加热装置（加热器）

随堂笔记

# 附录

## 电动汽车缩略语中英文对照表

| 英文缩写 | 英文全称 | 中文释义 |
| --- | --- | --- |
| VCU | Vehicle Control Unit | 整车控制器 |
| CAN | Controller Area Network | 控制局域网 |
| MCU | Motor Control Unit | 电机控制器 |
| BMS | Battery Management System | 蓄电池管理系统 |
| PTC | Positive Temperature Conditioning | 制热调节器 |
| A/C | Air Conditioning | 空调 |
| PDB | Power Distribution Box | 配电箱 |
| UDS | Unified Diagnostic Services | 统一诊断服务 |
| OBC | On Board Charger | 车载充电器 |
| T-BOX | Telematics BOX | 远程信息处理器 |
| HAZOP | Hazard and Operability Analysis | 危险与可操作性分析 |
| FMEA | Failure Mode and Effects Analysis | 失效模式及后果分析 |
| ASIL | Automotive Safety Integration Level | 汽车安全完整性等级 |
| OBD | On-Board Diagnostic | 车载诊断系统 |
| PFC | Power Factor Correction | 功率因数校正 |
| EMI | Electromagnetic Interference | 电磁干扰 |
| APFC | Active Power Factor Correction | 有源功率因数校正 |
| PPFC | Passive Power Factor Correction | 无源功率因数校正 |
| BoostPFC | Boost Power Factor Correction | 升压型功率因数校正 |
| LLC | — | 谐振电路，其中 L 为电感的简称，C 为电容的简称 |
| CP | Control Pilot Function | 控制导引功能 |
| CC | Connection Confirm Function | 连接确认功能 |
| PE | Earth | 地线 |
| ECU | Electronic Control Unit | 电控单元 |
| ZVS | Zero Voltage Switch | 零电压开关 |
| SOC | State of Charge | 蓄电池荷电状态，也叫剩余电量 |
| IMD | Insulation Monitoring Device | 绝缘监测设备 |
| IC-CPD | In-cable Control and Protection Device | 缆上控制与保护装置 |
| BTMS | Battery Thermal Management System | 蓄电池热管理系统 |
| IP | Ingress Protection | 防护等级 |
| MSD | Manual Service Disconnect | 手动维护开关 |
| FPC | Flexible Printed Circuit | 软性电路板 |
| BDU | Battery Disconnect Unit | 动力蓄电池断路单元 |
| SOH | State Of Health | 动力蓄电池健康状态 |
| SOE | State Of Energy | 动力蓄电池剩余的可用容量 |
| RAM | Random Access Memory | 随机存取存储器 |
| EEROM | Electrically Erasable Programmable Read Only Memory | 带电可擦可编程只读存储器 |
| FLASH | Flash Memory | 闪存存储器 |

随堂笔记

# 参考文献

[1] 祝良荣，葛东东. 纯电动汽车构造与检修［M］. 北京：机械工业出版社，2019.
[2] 杨效军，朱小菊. 电动汽车结构与原理（配实训工单）［M］. 北京：机械工业出版社，2018.
[3] 陈社会. 混合动力汽车构造与维修［M］. 北京：机械工业出版社，2017.